나는 자주 죽고 싶었고,
가끔 정말 살고 싶었다

나는 자주 죽고 싶었고, 가끔 정말 살고 싶었다

조현병을 이겨낸
심리학자가 전하는
삶의 찬가

아른힐 레우뱅 지음 | 손희주 옮김

생각정원

엄마와 키티에게 이 책을 바친다

▼

일러두기

이 책은 원전 저작권사와 독일어판 번역 저작권자(Günther Frauenlob)의 동의를 얻어 독일어판을 번역했습니다.

차례

나는 예전에 한 마리 양으로 매일 시간을 보냈다.
양치기가 매일 모든 병동의 양들을 불러 모아
함께 밖으로 데리고 나갔다.
누군가 밖으로 나가지 않으려 하면
마치 양치기 개처럼 으르렁거리고 사납게 짖었다.
그들이 나를 복도로 밀어내는 동안
나는 내가 조용히 '매~' 하는 소리를 들었다.
나더러 왜 그러는지 묻는 사람은 아무도 없었다.
양처럼 매~ 하고 울려면 우선 미쳐야 한다.

나는 예전에 한 마리 양으로 매일 시간을 보냈다.
그들은 우리를 한 무리로 모아
병원을 둘러싼 길을 끌고 다녔다.
아무런 관심도 받지 못하는 개개인으로 구성된,
느리고 어울리지 않는 무리를.
우리는 양 떼가 되었기 때문이다.
그리고 양 떼는 전부 밖으로 나가야 했다.
언젠가 다시 우리로 들어가기 위해.

나는 예전에 한 마리 양으로 매일 시간을 보냈다.
양치기들은 내가 다른 무리와 잘 어울리도록
털을 모두 밀고 발톱을 짧게 깎았다.
나는 깔끔하게 머리를 자른
당나귀, 곰, 다람쥐, 악어 사이를 어슬렁거렸다.
그러고는 왜 아무도 무언가를 보려고 하지 않는지
궁금해했다.

나는 예전에 한 마리 양으로 매일 시간을 보냈다.
내 안의 모든 것이
초원에서 사냥하던 때를 간절히 그리워했다.
나는 그들이 이끄는 대로 우리에서 풀밭으로 나갔다.
그들이 양에게는 우리가 가장 좋은 곳이라고 말하면
나는 다시 우리로 들어갔다.
나는 그 말이 틀리다는 것을 알았다.
영원히 이렇게 계속되지 않으리라는 것도 알았다.

나는 예전에 한 마리 양으로 매일 시간을 보냈다.
하지만 내일 나는 사자가 된다.

서문

내가 이 책을 쓴 이유는 매우 특별하다. 나는 한때 조현병 환자였다. 이렇게 말하는 것은 "저는 과거에 에이즈를 앓았습니다" 혹은 "이전에 당뇨병 환자였습니다"라고 말하는 것만큼이나 상상하기 힘든 일이다.

예전에 조현병 환자였는데 지금은 아니라고? 그게 가능해? 절대 있을 수 없는 일이다.

물론 조현병이라고 오진을 받을 수는 있다. 아니면 약을 복용함으로써 병이 억제되어 증상이 나타나지 않는 조현병 환자일 수도 있고, 혹은 자신의 증세를 그대로 받아들이는 법을 배웠거나 현재 컨디션이 좋은 환자일 수도 있다. 모두 그럴듯하게 들리지만 안타깝게도 내게는 해당 사항이 없다.

나는 그냥 조현병 환자였다. 그래서 이 병에 걸린다는 것이 어떤 것인지 안다. 세상이 어떻게 보이고 어떤 느낌으로 다가왔는지, 내가 무엇을 생각하고 무엇을 해야만 했는지 안다. 나에게도 '좋은 시기'가 있었다. 그 시기를 어떻게 경험했는지, 그리고 지금은 어떤지도 안다. 지금은 그때와 완전히 다르다. 나는 건강하다. 사람들은 조현병 환자 중에 나 같은 사람도 있다는 사실을 받아들여야 한다.

내가 얼마 동안 병에 걸렸었는지 정확히 말하기는 쉽지 않다. 병세가 진행되는 데 몇 년이 걸렸고, 병에서 빠져나오는 데 다시 몇 년이 걸렸기 때문이다. 죽고 싶다는 생각이 자주 들었고, 내 조현병 증상을 누군가 알아차리기 전까지 수년간 감각장애를 앓기도 했다. 그러다 병원에서 내가 건강을 되찾을 수 있다고 진단을 내리기도 전에 나는 다시 꽤 건강해지고, 안정을 찾았으며, 내면적으로도 정돈된 상태가 됐다.

사실 아픈 상태와 건강한 상태는 시간적으로 확실하게 구별되지 않는 과정이자 단계다. 나는 열네다섯 살에 이미 상태가 나빠지기 시작했고, 처음 병원에 입원한 것은 열일곱 살 때였다. 그때부터 병원을 들락날락하면서 몇 년 동안 어느 때는 짧게, 어느 때는 좀더 길게 입원했다. 가끔은 정신병원의 응급 병동에서 며칠 혹은 몇 주만 지내다 퇴원한 적도 있고, 가끔은 몇 달, 어떨 때는 더 길게 입원한 적도 있다. 가장 오래 입원했던 기간은 개방 병동과 폐쇄 병동을 모두 합해서 1~2년 정도다. 내 발로 병원에 찾아간 적도 있고, 강제로 끌려간 적도 있다. 병원에서 보낸 기간을 전부 합치면 6~7년 정도 된다. 그러다가 마지막으로 병원에 입원한 것은 스물여섯 살 때였다. 아마 나를 제외한 다른 사람은 거의 알아차리지 못했겠지만, 그때 이미 병세가 상당히 호전된 상태였다.

내가 책에서 늘어놓는 경험담은 나에게만 국한된 이야기일 뿐, 일반화할 수 없다고 생각한다. 모든 조현병 환자가 나와 같은 경험을 하는 것은 아니다. 내 이야기는 누군가 조현병이라는 진단을 받았을 때 일반적으로 접하는 이야기와는 완전히 다를 것이다. 그래서 더욱 내가 직접 겪은 일을 이야기하는 것이 중요하다고 생각했다. 내가 조현병을 앓았을 때 들은 것은 딱 한 가지였다. 이런 병은 선천적으로 생기고 평생을 따라다니기 때문에, 병을 끌어안고 살아가는 법을 배워야 한다는 말이었다.

하지만 내 경우는 이런 이론에 맞지 않았다. 이런 말은 나에게 아무런 용기를 주지 못했고, 간절히 원할 때에 희망과 힘이 되어주지도 못했다. 심지어 내게 해당하는 이야기도 아니었다. 하지만 내가 유일하게 들은 이야기는 이것뿐이었다.

나는 건강을 되찾은 후 대학에서 심리학을 공부했다. 그러면서 내 개인적인 이야기 외에도 조현병 진단을 받은 사람들, 그리고 그들과 같이 살고 함께 일하는 사람들에게 해줄 수 있는 수많은 다른 이야기가 있다는 사실을 알게 됐다. 그래서 이 책을 통해 내 이야기뿐 아니라 몇 가지 다른 이야기도 소개하려 한다. 이 이야기들이 모든 상황에 꼭 들어맞지는 않으리란 것을 물론 안다.

삶은 위대하고, 복잡하고, 각양각색이며, 확정된 결과는 존재하지 않는다. 확실하게 정해진 것은 수학에나 있을 뿐, 현실에서는 찾을 수 없다. 따라서 여기 소개되는 이야기 중에 그 어느 것도 유일하게 훌륭하거나 일반적으로 통용되는 진실이 아니다.

하지만 모든 이야기는 실화다.

1장

아주 자주, 죽음에 대해 생각했다

혼란에 대한 이야기

어느 날, 내 속에서 회색이 자라기 시작했다

내가 눈치도 채지 못할 만큼 이것은 느리고 조심스럽게 시작됐다. 마치 안개가 천천히 끼는 아름다운 여름날처럼 말이다. 처음에는 태양을 가리는 얇은 베일에 가까웠지만, 나중에는 아직 해가 떠 있는데도 안개가 점점 짙어졌다. 햇빛이 더 이상 통과하지 못하고, 모든 것이 차가워지고, 새들이 노래하지 않을 때 무슨 일이 일어날지 느낄 수 있는가? 점점 안개가 짙어지더니 해가 사라지고 도로 표지판이 시야에서 사라졌다. 발을 앞으로 내디딜 수 없을 정도로 짙은 안개가 길 위에 가득하자, 얼른 집으로 돌아가야 한다는 생각이 들었다. 갑자기 무서워지기 시작했다. 앞으로 무슨 일이 벌어질지, 또 얼마나 지속될지 몰랐기 때문이다. 내가 아는 것이라고는 내가 혼자라는 사실과 집으로 돌아가는 길을 영영 찾지 못할 거라는 두려움에 휩싸여 있다는 사실이었다.

언제, 어떻게 시작되었는지는 모르겠지만 학교에서 점점 불안해졌던 것을 기억한다. 내가 무서워한 대상은 사실 그렇게 많지 않았고, 두려움도 그리 크지 않았다. 하지만 무엇인가 잘못되어간다는 느낌이 들었다. 나는 학교에서 혼자서도 잘 지내고, 꿈을 꾸듯이 시간을 보내고, 항상 착하고 조용하며 부지런한 소녀였다. 친구가 많진 않았지만 친한 아이들은 몇 명 있었는데 그중에서도 한 명과 굉장히 가깝게 지냈다. 하지만 많은 아이들과 함께 노는 일은 없었다.

초등학교 때 약간 괴롭힘을 당했다. 심각하게 비참한 경험은 아니었다. 소리 없이, 눈에 띄지 않고, 거의 표시도 나지 않게 자신감과 우정, 웃음을 앗아가고 마지막에는 이것이 최선의 선택이라는 확신 아래 누군가를 혼자 떨어뜨려놓는, 그런 일상적인 따돌림이었을 뿐이다. 상급 학교로 진학하고 나서도 그렇게 심하지는 않았지만 따돌림은 계속됐다. 나는 머리카락에 껌을 붙여놓거나 내가 오는 것을 보고 가버리는 사람들, 옆으로 돌려놓은 의자나 비웃음 섞인 웃음소리를 통해 이를 느낄 수 있었다. 모둠 과제는 악몽이었고, 홀로 쉬는 시간을 보낼 때가 많았다. 점점 더 혼자가 되면서 겉으로 드러나는 외적인 외로움뿐 아니라 내면에서도 외로움이 시작됐다. 그때 무엇인가가 마음속에서 일어났다. 다른 사람과 함께 있지 않을 때만 외롭다고 느낀 것이 아니라 안개가 나의 의사소통을 방해할 때에도 외로웠다.

외로움은 그렇게 내 일부가 됐다.

죽음에 대해
많은 생각을 했다

나는 성적이 좋은 편이었다. 공부를 하지 않을 때는 가장 친한 친구와 함께 시간을 보내고, 극장에 가고, 베이비시터 아르바이트를 하고, 그림을 그리고, 음악을 들었다. 나는 잘 웃었고, 미래에 대한 계획도 굉장히 많았다. 그런데 어느 날부터 저녁때 밖에 나가는 횟수가 잦아졌고, 아주 오랫동안 산책을 했다. 길을 걸으며 모든 것에 대해 생각하거나 혹은 아무것도 생각하지 않고 돌아다녔다. 가끔은 어디에 갔었는지 나중에 떠올리지 못할 때도 있었다.

그 무렵, 죽음에 대해 많은 생각을 했다.

한여름 스키 점프대에 기어 올라가 날개를 펼치고 날아내리며, 다시는 돌아올 수 없는 곳이나 지금과는 완전히 다른 곳에 닿으면 어떨지 상상하곤 했다. 학창 시절 학문적인 글을 제외한 모든 글에 누군가를 죽이는 이야기가 빠지지 않고 등장했다. 이런 글은 굉장히 어두웠다. 나는 점점 말수가 줄어들었고 대신 음악을 자주 들었다. 책도 많이 읽었는데, 대부분 타리에이 베소스, 카프카, 도스토옙스키가 쓴 매우 슬프고 두꺼운 책들로, 열네 살짜리 소녀에게는 사실 너무 무거운 주제를 다루고 있었다. 나는 한편으로는 매우 성숙했지만, 다른 한편으로는 아직 굉장히 어린아이 같았다. 더는 내가 누구인지 정확히 알 수 없었다. 9학년 때는 크리스마스 선물로 라틴어 교재와 인형을 동시에 받고 싶어 할 정도로 혼란스러웠고, 일기에는 우울한 내용이 가득했다.

하지만 이런 증세를 실제로 이상하다고 여긴 사람은 많지 않았다. 나는 10대였고, 일반적으로 이 나이대의 청소년들은 예측 불가능하다고 여겨지기 때문이다. 이들은 아직 아이라는 자각과 어른을 향해 한 걸음 나아가고 싶은 마음 사이에서 매일 갈등한다. 또한 불평이 가득하고 갑자기 생각을 바꾸는 일이 지극히 정상이기 때문에, 사람들은 내 증세를 보고도 특별히 걱정해야 할 필요성을 느끼지 못했다. 되돌아보면 내 안에 무언가가 이상하다는 사실을 가장 확실하게 보여준 경고 신호는, 정체성에 대한 확신이 서서히 사라졌다는 점이다. 바꾸어 말해 내가 정말로 존재하는지, 혹시 책 속의 누가 만들어낸 인물은 아닌지 혼란스러웠다. 누가 내 생각과 행동을 조종하는지도 더 이상 분명하지 않았다. 내가 정말 그 일을 한 걸까? 아니면 다른 사람이었나? 혹시 그 책의 작가가?

나는 내가 실제로 살아 있는지를 묻기 시작했다. 모든 것이 밑도 끝도 없이 텅 비어 있는 것 같았고 회색으로 느껴졌기 때문이다. 언제부턴가 1인칭인 '나' 대신에 3인칭인 '그녀'를 주어로 일기를 썼고, 나중에는 생각할 때조차 그랬다.

"그녀가 길을 건너 학교에 갔다. 그녀는 매우 슬퍼하면서 죽어야만 할지 물었다."

내 마음속 어딘가에 있는 무엇인가가 '그녀'가 아직 '나'인지를 물었지만 그런 일은 불가능하다고 단정 지어버렸다. 슬퍼하는 사람은 결국 '그녀'이지 '나'가 아니었기 때문이다. 나는 단지 회색만 느꼈을 뿐이다.

그때쯤이었다. 나는 도움이 필요하다는 걸 깨달았다. 두려움에 오랫동안 머뭇거리던 어느 날, 혼자 교실에 앉아 노르웨이어 숙제를 하려다가 큰마음을 먹고 양호실로 내려갔다. 양호교사는 매우 친절하게 대해주었지만, 나는 그녀가 이해할 만큼 내 문제를 명료하게 전달하지 못했다. 그녀가 규칙적으로 밥을 먹는지 물어보기에 그렇다고 대답했다. 양호교사는 내가 뚱뚱해지는 것이나 버스 타는 것을 두려워하는지도 물었다. 하지만 나는 그런 것이 하나도 무섭지 않았다.

나는 내가 존재하지 않을까봐, 또 머릿속의 생각이 내 것이 아닐까봐 두려웠다. 그런데 양호교사는 이런 것은 하나도 묻지 않았다. 나는 그녀에게 모든 것이 회색으로 느껴지고, 더는 살 수 없을 것만 같다고 말했다. 그러자 양호교사는 심리상담사와의 면담을 예약해주었다. 갑자기 속이 메스꺼워지고 겁이 났다. 나는 아무에게도 이 일에 대해 말하고 싶지 않았다.

심리상담사와의 면담일은 다행히 겨울방학 기간이라서 집에는 그냥 산책을 간다고 하고 나왔다. 그리고 상담사가 오는 것이 보일 때까지 학교 옆 공동묘지에 숨어 있었다. 무서웠지만 내 이야기를 꼭 들려주고 싶기도 했다. 나는 내가 안갯속에서 길을 잃었고 도움이 필요하다는 사실을 분명히 알았다. 하지만 어떻게 부탁해야 할지, 그리고 내 안에서 일어나는 일을 어떻게 설명해야 할지 몰랐다. 이미 안개가 너무나도 짙게 드리워져서 내 의사를 전달하는 일조차 어렵게 느껴졌다.

내가 정말 혼란스럽다고 용기를 내어 말하자 심리상담사는 10대는 원래 그렇다고 대답했다. 나는 그에게 내 생각과 행동을 조종하는 것이 더는 나 같지 않다는 느낌이 든다고 설명했다. 그러자 심리상담사는 프로이트의 모델을 그려 보이며, '원초아id'와 '자아ego', 그리고 '초자아superego'라는 단어를 원 안에 썼다. 나는 아무것도 이해하지 못했다. 그리고 심리상담사 역시 내 말을 이해하지 못했다는 사실이 이 모델을 통해 확실해졌다. 나는 양호교사를 찾아가 심리상담사와의 다음번 만남이 학교의 시험 날짜와 겹쳐서 시간이 없기도 하고, 또 내 상태도 호전되어서 더 이상 면담은 필요 없다고 말했다.

상태가 좋아지고 있다는 것은 순전히 거짓말이었다. 사실 이 시기에는 안개가 너무 짙게 깔려서 이성적으로 생각하는 일이 점점 힘들어졌고, 더구나 이런 문제가 있다고 말하는 것은 아예 꿈도 꾸지 못했다. 이렇다 보니 가장 쉬운 해결 방법은 거짓말이었다. 나는 내가 정말 어떻게 느끼는지를 다른 사람에게 절대 표현하지 못하리라는 사실을 알았다. 그래서 모든 것이 괜찮다고 말하며 다시 혼자 제자리를 맴돌았다.

놀랍게도 학교생활은 아직 별문제 없이 잘 굴러갔다. 작문의 내용에 비극적인 면이 없지 않았지만 글솜씨는 예전처럼 좋았고 다른 과목의 성적도 우수했다. 역사상의 연도, 꽃잎, 전쟁, 화학기호는 점점 더 혼란스러워져가는 내 주변의 세상에 존재하는 확실하고 쉽고 변하지 않는 진실이었다. 이것들은 내가 처한 상황에서 아무런 문제도 일으키지 않았고, 감정도 없었으며, 변하지 않았고, 내 마음속 혼란에 같이 동요하지도 않았다. 그냥 무조건 숫자와 기호를 외우기만 하면 모든 것이 괜찮았다. 나는 여전히 산책을 하고, 어린아이들을 돌보고, 숙제를 하고, 시험을 보았다. 달라진 것이 있다면 내가 매일 조금씩 더 길을 잃고, 집에서 점점 더 멀리 떨어진 곳으로 간다는 것이었다. 하지만 아무도 이를 눈치채지 못했다.

이런 상태에서 김나지움(초등학교 이후의 인문계 중·고등학교가 합쳐진 상급 학교 체제-옮긴이)에 입학했다. 처음에는 모든 것이 순조로웠다. 나는 낯익은 아이도 몇 명 있지만 새로운 얼굴이 많은, 분위기 좋은 반에 배정받았다. 이 학급에는 착한 사람도 있으니, 어쩌면 새로운 친구를 사귀어 즐겁게 지낼 수 있을지도 모른다 생각이 들었다. 저녁에 극장에서 초콜릿을 파는 새로운 아르바이트도 구했다. 그곳까지는 버스를 타고 오래 가야 했지만 일이 맘에 들었고 함께 일하는 사람들도 좋았다. 나는 잘 지냈고, 건강 상태도 매우 양호했다. 하지만 내가 있는 세상은 그렇지 않았기 때문에 나는 그런 분위기에 익숙해질 수가 없었다. 모든 것이 잘 돌아가면 이전에 내 주변을 지배하던 고통스러운 고독감이 더욱 뚜렷해졌다.

슬픔 또한 여전히 내 가슴속 깊은 곳에 숨어 있었다.

내가 다른 사람과 함께 웃고 있을 때면 고독이 내 속으로 파고들어, 삶은 쉽고 즐겁고 좋은 것이 아니라 외롭고 슬프고 고통스러운 것이라는 사실을 상기시켰다. 그러면 나는 더 외롭다고 느꼈다. 게다가 사람들이 갑자기 친절하게 다가오면 거기에 적응하지 못해서 부담감에 고통을 느낄 정도였다. 그들의 친절은 진심이고 그들이 괜히 상냥한 척할 이유가 없다는 사실을 인정하려고 하면, 예전에 겪었던 슬픔이 다시 나를 잠식했다. 나는 사람들을 있는 그대로 받아들이지 못했다.

내 속에서 회색이 자라기 시작했다. 나는 내게 주어진 조용하고 착하고 똑똑한 소녀로서의 역할을 더 이상 마음 편하게 해낼 수 없다는 사실을 점점 분명히 깨달았다. 날고 싶은 마음이 커져서 빛처럼 빨갛게 불을 뿜는 용을 그리기 시작했다. 나에게는 없는 힘과 생명을 비롯해 모든 것이 넘쳐흐르는 용을 그리고 싶었다. 내 안에 있는 모든 것이 전부 회색을 띠었기 때문이다.

완전히
혼자였다

내 지각 능력이 변하기 시작한 것은 이전에 다니던 학교에서부터였다. 하지만 아주 천천히 조금씩 바뀌어갔기 때문에 처음에는 거의 눈치채지 못했다. 가끔 피곤하면 어떤 소리가 평소와는 다르게 들린다는 것을 느끼긴 했다. 무엇인지 모르게 이상했다. 소리는 가끔은 너무 컸고, 가끔은 너무 작거나 그냥 이상하게 들렸다.

그런데 증세가 좀더 심해졌다. 소리란 일반적으로 분명한 규칙 아래 놓여 있다. 큰 소리와 작은 소리가 있고, 중요한 소리가 있는가 하면 그렇지 않은 소리도 있다. 하지만 이제 규칙이 완전히 사라졌다. 누군가와 함께 산책하면서 대화를 나누면 상대방의 말을 이해하기가 점점 어려워졌다. 내 신발이 아스팔트에 닿는 소리가 우리 목소리를 덮어버렸기 때문이다. 신발이 내는 소리가 너무나 크고 위협적으로 울려서 귀가 아플 정도였고, 가끔은 도대체 무슨 소리인지 분간이 안 될 때도 있었다. 정말 웡웡 울리는 소리만 들리는 건가? 아니면 누가 나에게 말을 하고 있는 건가? 이러다가 학교에서 선생님의 목소리도 사라지고, 단어와 정보 또한 단순한 소음이나 톱날의 날카로운 소리 혹은 바람이 쉬쉬거리는 소리로 변할 것 같았다. 그러더니 보이는 것도 차츰 변하기 시작했다. 명암 대비가 더욱 뚜렷해져서 어떨 때는 너무나 섬뜩했다. 길을 걸어가면 주변의 집들이 갑자기 위협적으로 커지면서 금방이라도 내 위로 무너질까봐 무서웠다. 익숙했던 원근법과 공간에 대한 법칙이 무너져서, 마치 피카소나 살바도르 달리가 그린 초현실적인 그림 속을 걷는 기분이었다. 이런 모든 일을 받아들이기가 너무 힘들고 혼란스러웠다.

한번은 일하러 가던 중 길을 건널 엄두가 나지 않아 30분 동안 가만히 서 있었던 적도 있다. 자동차와의 거리를 가늠하는 일도 어려웠고, 보도블록 끝에서 내려다본 아래는 나를 죽음의 나락으로 빠뜨릴 깊은 구덩이 같았다. 두려움과 절망이 커져갔지만 결국 그냥 발을 내딛는 것 외에는 다른 방도가 없었다. '길을 건너다 죽으면 적어도 모든 것이 지나갈 테지'라는 생각이 들었다. 하지만 다행히 죽지 않았다. 나는 길 건너는 일을 성공적으로 해내고 아르바이트를 하러 갔다. 극장에 도착해서는 버스가 늦게 왔다고 둘러댔다. 그때 처음으로 지각한 거라서 아무 문제는 없었지만, 거짓말을 했다는 사실에 죄책감이 들었다. 하지만 달리 뭐라고 해야 했을까? 보도블록에서 떨어져 죽을까봐 무서웠다고? 이렇게 말했다면 아마 모두 나를 미쳤다고 했을 것이다.

나를 둘러싼 세상이 점점 혼란스러워지는 동안에도 내 안에 있는 무엇인가는 지금 일어나는 일을 전부 기록하며, 어떤 것이 완전히 잘못되어가고 있다는 사실을 알아챘다. 내 안의 어딘가에서는 보도블록이 차도에서 20미터가 아니라 겨우 20센터미터밖에 높지 않다는 것과 발을 아래로 내딛는다고 해도 죽지 않는다는 사실을 알고 있었다. 하지만 나를 둘러싼 세계는 그렇게 보이지 않았다. 내 안의 목소리가 뭔가를 말하면 또 다른 목소리가 완전히 다른 말을 해서 사물을 이해하고 정돈하는 일이 점점 더 힘들어졌다.

그동안에도 계속 일기를 썼다. 여전히 '그녀'에 대해 말이다. 이것도 나를 혼란스럽게 했다. 내가 '그녀'라면 일기를 쓴 그녀는 또 누구란 말인가? 내가 '그녀'였을까? 하지만 '나'가 '그녀'라면 '나'와 '그녀'에 대해 쓴 사람은 누구였을까? 전체가 뒤죽박죽으로 섞이고, 이리저리 둘러봐도 밖으로 향하는 출구가 보이지 않았다.

어느 날 저녁, 나는 모든 것을 완전히 포기하고 모든 '나'를 미지의 X로 대체했다. 내가 더 이상 존재하지 않는 것처럼 느껴졌고, 남은 것이라고는 무질서밖에 없었다. 내가 과연 아직도 존재하는지, 내가 무엇이고 누구인지 아무 생각을 할 수 없었다. 나는 더 이상 이곳에 없었다. 나는 정체성과 한계, 시작과 끝을 갖춘 한 사람으로서 존재하지 않았다. 뭐라고 정의 내리기 힘든, 마치 안개 자락처럼 끝없이 이어진 혼란일 뿐이었다. 나는 명확하지 못하고, 뚜렷한 경계가 없었다. 그래도 나는 여전히 나 자신이었다. 정체성이 완전히 소멸되고 병이 마침내 우위를 차지했다는 인상을 받았던 그날 밤에 쓴 일기를 보면 이 사실이 분명히 드러난다. 나는 점점 위협적으로 다가오는 혼란에 대해 완전히 절망한 채 다음과 같이 썼다.

"이제 X는 더 이상 못 한다. X는 X가 누구인지 전혀 알지 못할뿐더러 더 이상 이에 대해 생각할 힘조차 없다. X는 자러 가서 Y를(목적격) 재운다고 믿는다."

그때 나는 완전히 혼자였고, 더는 확실한 '나'가 존재하지 않았기 때문에 절망과 외로움에 빠져 있었다. 지금도 그 감정이 또렷하게 기억나지만 이 글을 읽다 보면 한편으로는 미소가 지어진다. 당시 내가 무언가를 정확하게 깨달을 수 있는 상태는 아니었지만, 내내 견고한 정체성을 갖추고 있었다는 사실이 확연히 보이기 때문이다. 나는 언어와 문법에 관심이 많다. 이것 역시 나의 정체성을 구성하는 특성들이 만들어낸 조합의 일부이며, 이를 통해 나는 비로소 '나 자신'이 된다. 즉 깨닫지 못했을 뿐, 그 당시에도 나는 존재했다.

안개와 용,
피와 철

세상은 온통 회색빛으로 변했고, 내 감각은 헝클어졌으며, 나는 '사랑스러운 얌전한 소녀'와 '활기찬 삶' 사이의 갈등 속에서 난감했다. 내가 맡은 역할은 너무나 답답해서 영혼은 항상 고통스러운 압박감을 느꼈고, 더는 무엇을 어떻게 해야 할지 알

수가 없었다. 나는 용을 그렸다. 밤하늘을 날아다니는 노란색 피조물을 한 장씩 그리거나 여러 그림을 연속으로 그려서 하나의 커다란 그림으로 완성시킬 때도 있었다.

이 시리즈 가운데 하나는 파란색이 감도는 보라색 드레스를 입은 얼음 공주로 시작한다. 그녀는 나뭇잎이 다 떨어지고 죽은 나무가 들어서 있는 컴컴한 겨울 숲을 혼자 지나간다. 숲속에는 늑대와 뱀 같은 많은 야생동물과 작은 악마가 살고 있지만, 이들은 얼음 공주에게 전혀 신경 쓰지 않고 각자 갈 길을 간다. 공주는 완전히 혼자다. 다음 그림에서 공주는 불을 뿜는 노란 용에게 잡아먹힌다. 하지만 용은 사실 굉장히 착하게 생겼고, 공주를 잡아먹는 순간에도 이런 성품에는 변함이 없다. 세 번째 그림에서는 용이 크고 하얀 알을 부화시키는 장면을 볼 수 있다. 네 번째 그림에서는 껍데기가 갈라지고 알에서 황적색의 공주가 나온다. 공주는 용과 마찬가지로 행복한 미소를 짓는다. 마지막 그림에서는 불의 공주가 다시 겨울 숲을 지나간다. 숲속은 여전히 춥고 어두우며 위험한 야생동물도 모두 아직 그대로 있다. 하지만 공주는 더 이상 이 숲에 어울리지 않는다. 동물들도 이 점을 즉시 알아차리고 공주를 공격한다. 더 이상 얼음으로 감싸여 있지 않은 공주는 보호받지 못하는 생명체이며, 상처를 입기도 쉬워서 동물에게 잡아먹힐 위험이 크다. 나는 계속해서 일기를 써 내려갔다.

"상관없어. 어떤 대가를 치러도 괜찮아. 크레파스의 모든 색깔을 다 사용할 때까지 공주는 죽지 않을 거야. 파스텔톤으로 가득한 삶을 살고 싶지는 않아."

그 당시에는 모르고 있었지만 사실 나는 무서울 정도로 정확하게 미래에 대한 그림을 그렸던 것이다. 나는 내가 잡아먹히리라는 것을 알았다. 그리고 살아남으리라는 것도.

또 다른 일련의 그림에도 얼음 공주가 등장한다. 그녀는 여기서 몸통이 없는 대신 아가리가 커다란, 작은 회색 털뭉치 떼에게 잡아먹힌다. 공주는 이들에게서 도망치려고 용에게 자기를 집어삼키라고 한다. 하지만 용은 이번에는 알을 낳지 않는다. 대신 풀밭에 누워 울 뿐이다. 용의 눈물이 모여서 강물이 되고, 강의 끝자락에 꽃 한 송이가 피어난다. 이윽고 꽃봉오리가 벌어지더니 그곳에서 불의 공주가 나온다. 공주는 노래를 부른다.

나는 완전히 혼란스러웠고, 아무것도 이해하지 못했으며, 내 안에서 무슨 일이 벌어지는지 설명할 수도 없었다. 아직도 기억이 생생하다. 하지만 처음부터 꼼꼼히 날짜를 매긴 스케치들은 혼란 속에서도 전체 이야기를 풀어나가고 있다. 이 그림들은 내가 아무것도 파악하지 못했지만, 동시에 모든 것을 이해했음을 보여준다.

다른 면에서도 나는 뭐라 딱히 알맞은 단어를 찾지는 못하겠지만 마음 가는 대로 즐기며 살았다. 내가 맡은 역할을 잘 해내지 못해서 마음이 불편했지만, 그 역할을 포기하는 대신 그 역할에 완벽해졌다. 매일 방과 후에 일을 하면서도 더 우수한 성적을 받고 싶었다. 그래서 일을 마치면 항상 책상에 앉아 밤이 깊을 때까지 열심히 공부했다. 잠깐 눈을 붙였다가 동틀 때쯤 다시 일어나서 아무도 모르게 조용히 공부를 이어 하든지 숙제를 했다. 등교하기 전까지 계속 이런 식으로 시간을 보내다가 학교에 가고, 수업이 끝나면 다시 아르바이트를 하러 갔다. 매일 똑같은 생활을 반복했다. 그러다 보니 정작 친구들과 만나거나 여가를 즐기지는 못했다. 물론 이렇게 하는 것이 항상 좋은 것은 아니었지만, 바쁘고 열심히 사는 동안에는 외롭게 몇 년을 보낼 생각을 하지 않아도 되었다. 좋지 않게 느껴진 모든 것이 예전과 마찬가지로 여전히 형편없었지만, 최소한 이제는 이런 것에 익숙해져 있었다.

나는 덜 자고, 덜 먹기 시작했다. 살을 빼고 싶어서가 아니라 혼란을 통제하기 위해 스스로를 압박하고 싶어서였다. 그 무렵 선장이 등장했다. 나는 처음에는 일기를 마구 써 내려갔다. 그러다 갑자기 생각했던 것과 다르게 문장이 끝난 것이 눈에 들어왔다. 나는 겁이 나서 이렇게 썼다.

"누가 이 문장을 썼지?"

그랬더니 그가 대답했다.

"내가 썼어."

모든 것은 이렇게 시작됐다. 일기와 생각의 간격은 크게 벌어지지 않았고, 생각과 말도 그리 멀지 않았다. 어쨌든 나는 그렇게 생각했다. 내 감각은 이미 오랫동안 뒤죽박죽되었기에 사실상 다른 목소리를 듣는 것이 그리 먼 단계의 일은 아니었다. 아마 좀더 이른 시기에도 이런 목소리가 들렸을 수도 있다. 하지만 그때는 모든 것이 아직 불분명했기 때문에 내가 무엇을 들었는지는 확실하지 않았다. 멀리

서 들리는 웅성거리는 소리, 쉬쉬거리는 바람 소리, 떠들어대는 사람의 목소리 같기는 했지만 단어를 하나씩 떨어뜨려 구별하기에는 어려운 소리, 혹은 누가 하는 말인지 알아낼 수 없는 소리들.

그런데 이제는 전혀 의심할 필요가 없었다. 말하는 사람은 바로 선장이었다. 그는 매우 또박또박 말을 했다. 절대 오해가 없게, 분명하게 말했다. 명색이 선장이라 그런가. 선장들은 명령을 내리는 데도 익숙하다. 하지만 이 선장은 친절하기까지 했다. 어쨌든 처음에는 그랬다. 그는 나를 돌봐주겠다고 상냥하게 약속하고는 자기가 다 알아서 하겠다면서, 다른 사람이 어떻게 생각하는지에 대해서는 아예 신경 쓰지 말라고 했다. 그는 자기보다 나를 잘 아는 사람은 없을 거라면서, 내 꿈과 희망을 들려줌으로써 이를 증명해 보였다. 증명할 수 있는 게 당연했다. 결국 선장은 나 자신이었으니까. 그는 다른 사람이 나를 좋아할지 아닐지, 나와 함께 지내고 싶어 할지 아닐지, 내가 원하는 것이 무엇인지, 내가 누구인지를 더는 끊임없이 질문할 필요가 없다고 했다. 그리고 내가 다시는 혼자 지내지 않도록 하겠다고 약속했다. 그냥 자기를 믿고, 자기 말을 따르면 된다고 했다. 나는 선장이 시키는 대로 했다. 그건 어렵지 않았다. 어쨌든 처음에는 그랬다.

"숙제를 조금 더 하는 게 좋겠다"라고 선장이 말했다. 그러면 나는 전부 한 번씩 더 했다. "아직도 별로인데"라고 선장이 말했다. "내 말을 믿으라고. 아직 좋아지려면 멀었어. 한 번 더 해!" 나는 선장을 믿었기에 숙제를 다시 했고, 참고 서적에서 다른 사례들을 찾아 전체를 한 번 더 매끄럽게 수정했다. "아직이야." 선장이 또 말했다. "너는 진짜 멍청하구나. 내가 옆에서 도와주기에 망정이지. 한 번 더 해. 이번에는 정말 제대로 하라고." 하지만 더 이상은 무리였다. 너무 피곤했고 어느덧 새벽 4시가 다 돼 있었다. 게다가 간단한 숙제에 불과한데 벌써 세 번이나 하고 있었다. 이만큼이나 많은 시간을 투자할 가치가 없는 숙제였다.

"너는 멍청한 데다가 게으르기까지 해."

선장은 이렇게 말하면서 내가 똑바로 행동하도록 하기 위해, 그리고 완전히 타락하도록 방치하지 않기 위해 뺨을 몇 차례 세게 때렸다. 나를 때리는 손이 다름 아닌 내 손이라는 사실을 알았고, 또 보았다. 하지만 동시에 내가 왜 이러는지를 알지 못했다. 이상하게 들리겠지만 누가 실제로 내 생각과 행동을 조종하는지를 모르는 채로 산 지 벌써 몇 년이 지나 있었다. 나는 내가 정말 존재하는지 전혀 확신할 수 없었다. 그래서 내 손을 움직이는 통제력을 잃은 것은 단순히 다음 단계이고, 단지 몇 걸음 떨어져 있는 일일 뿐이었다. 그렇지만 그동안 나는 성숙했고 이런 일을 이미 각오하고 있어서, 나를 때린 사람이 선장이라는 것을 1초도 의심하지 않았다. 나는 겁이 났고 선장을 말릴 수도 없었다. 그는 나를 세게 때리면서 모욕적인 말을 퍼부으며 고래고래 소리를 질렀다. 그의 목소리가 점점 커졌다. 그러다가 갑자기 그가 침묵하면 나는 눈물을 닦고 새로 숙제를 하기 시작했다. 숙제가 또다시 잘 안 되었지만 더 이상 고칠 수 없었다. 그사이에 벌써 아침이 찾아와 등교할 시간이 되었기 때문이다. 선장은 학교까지 따라왔다. 그는 언제 그랬냐는 듯 친절해졌고 나도 그런 선장을 굉장히 상냥하게 대했다. 내가 멍청한 짓을 하지 않도록 돌봐주는 그의 모습에 감사한 마음이 들기까지 했다.

그 뒤로 선장은 내가 무엇인가 잘못할 때마다 나를 때렸다. 문제는, 내가 무엇을 하든 선장은 항상 잘못됐다고 생각한다는 데 있었다. 그는 내가 굼뜬 데다 너무 멍청하고 게으르다고 했다. 아르바이트하는 가게에서 계산에 시간이 걸리면, 휴식 시간에 나를 화장실로 데려가 얼굴을 몇 차례나 때렸다. 학교에 책을 안 가지고 가거나 숙제를 빠뜨려도 마찬가지였다. 그는 내가 학교에 갈 때 속도가 너무 느리다고 생각되면 허벅지를 때리기 위해, 짧은 나무막대기를 들고 다니게 했다. 정말 싫었다. 아플 뿐 아니라 너무나 굴욕적이었기 때문이다. 나와 선장만 있을 때면 항상 뺨을 맞았다. 또 선장은 우리 둘이 어딘가 가는 길에는 아무데서나 막대기를 들었다. 뺨을 맞는 것과는 달리 막대기로 맞으면 흔적이 남아서 더욱 견디기 힘들었다. 어쩌다 상처가 생겼는지 다른 사람에게 변명하기란 어려운 일이었다. 나는 내가 스스로 때렸다는 사실을 너무나 잘 알았지만 달리 선택의 여지가 없다고 믿었다. 또 마땅한 단어가 떠오르지 않아 분명하게 설명할 수는 없었지만 내 손으로 나를 때린 사람은 선장이라는 사실을 알았고, 또 느꼈다. 그래서 가능하면 여기에 대해 아무에게도 말하지 않았다.

선장은 내가 답답할 정도로 굼뜨다고 여겼다. 내가 잠도 너무 많이 자고, 밥도 너무 많이 먹는다며 못마땅해했다. 그래서 선장은 새로운 것을 요구하기 시작했다. 그는 내가 일주일에 25시간만 자도 충분하다고 믿었다. 심지어 나중에는 수면 시간을 20시간으로 줄였다. 그보다 더 많이 자면 때리고 욕을 해댔다. 또한 하루에 한 끼만 먹어도 된다면서 사실은 한 끼조차 과하다고 했다. 결국 나중에는 일주일에 세 번만 먹게 되었다. 나는 당장 뭐라도 먹어야 될 것 같은 날에도 규칙대로 버텨야 했다. 그동안에도 선장은 가끔씩 다시 친절하게 굴면서 모두 나를 위한 일이라고 말했고, 나는 그의 말을 여전히 곧이곧대로 믿었다.

나는 그의 목소리를 끊임없이 들었다. 그런데 이와 동시에 또 다른 목소리가 들려왔다. 이 목소리는 아직 그렇게 또렷하게 들리지는 않았지만 이전에 비해 커졌다. 선장이 처음부터 자기를 부를 때 항상 '우리'라고 말했기 때문에 나는 여러 명의 선장이 있고, 그가 그중 대장이라는 것을 눈치챘다. 선장은 나에게 비밀스러운 이름 하나를 주었다. 그 이름은 오직 선장들만을 위한 것이었기 때문에, 그 이름을 통해 나도 그들 중 한 명이 됐다. 선장은 철로 이루어진 숲이 있는 나라 이야기를 해주었는데, 그 숲에 있는 나무의 이파리들은 전부 핏빛이었다. 피와 철. 순수한 힘. 내가 갈구하던 것이었다. 하지만 그 숲에 가려면 내가 그럴 만한 가치가 있고 지금처럼 비참한 겁쟁이가 아니라는 사실을 증명해야 했다. 납득이 됐다. 나는 내가 정말 가치가 있는지 확신하지 못했다. 분명 반대일 터였다. 그래서 선장이 나를 도와준다고 했을 때 정말 기뻤다. 그가 때릴 때 아프기는 했지만.

고독이었고,
아름다웠다

11월의 축축한 어느 날이었다. 무거운 책가방을 등에 메고 축 처져서 집으로 오는데 한 여자가 우리 집 우편함 옆에 서 있었다. 그녀는 까만 머리를 높이 올려 묶었고 하얀색과 짙은 파란색의 소박하고 부드러운 느낌을 주는 원피스를 입고 있었다. 예쁜 얼굴의 그녀는 나를 보더니 미소를 지었다. 그날은 학교에서 정말 힘들었다. 다른 학생들과 팀을 이루어 진행하는 문제 풀이랑 토론 수업이 안 그래도 지옥 같았는데, 그 시간 내내 선장까지 상대해야 했다. 결국 성적이 나쁘게 나오자 선장이 화를 내는 바람에 모든 것이 너무 피곤했다. 나는 누군가 미소 짓는 모습을 보고 싶었다. 그래서 여자가 나를 보고 미소 지었을 때 날아갈 듯이 기뻤다. 한 번도 본 적 없지만 단숨에 그녀가 누군지 알아챘다.

그 여자는 고독이었고, 아름다웠다.

고독이 이처럼 아름다운데 다른 누가 더 필요할까?

나는 그날 이후 그녀를 자주 보았다. 그녀는 말이 별로 없었지만 약간은 우수에 젖은 매혹적인 미소를 지었다. 그리고 가끔은 나를 위해 하얀색과 짙은 파란색의 원피스를 입고 춤을 추었다. 얼마 안 가 선장도 내 앞에 모습을 드러냈다. 내가 그의 목소리를 들을 때마다 그를 본 것은 아니었다. 특별히 뚜렷하지는 않았지만 그가 어떤 모습을 하고 있는지 짐작할 수 있을 만큼은 똑똑하게 보였다. 그다지 놀랄 만한 경험은 아니었다. 선장의 목소리를 이미 꽤 오래전부터 들었기 때문에 그의 모습이 보인다고 해서 딱히 달라질 것은 없었다. 거의 이와 동시에 학교 복도에 처음으로 늑대들이 나타났다. 늑대와 악어였다. 정말 무섭게 생긴 녀석들이라 겁이 났다. 게다가 나 외에는 아무도 그들을 보지 못했기 때문에 더욱 무서웠다. 나는 이 모든 혼돈에서 빠져나올 출구를 간절히 찾고 싶었지만, 붉은 숲이 있는 나라로 갈 만한 가치는 아직 없었다.

나는 과연 죽음이 모든 문제의 해답일까, 스스로에게 점점 더 자주 물었다.

어쨌든 죽음이 모든 것에서 도망칠 수 있는 가능성을 제시한다고 생각했다. 그리고 내가 처한 상황에서는 도망만이 유일한 답이었다. 당연한 말이지만, 엄마는 늑대는 물론 선장도 보지 못했다. 하지만 내가 점점 덜 먹다가 결국에는 엄마가 아무리 강요해도 먹지 않는 것을 보았다. 내가 점점 더 창백해지고 피곤해하고 말라가는 것을 보았다. 내가 실제로 얼마나 자는지는 몰랐지만 잠이 부족하다는 것을 눈치챘다.

엄마는 병원을 예약했다. 썩 내키지는 않았지만 누군가의 도움을 받아야 된다는 사실은 알았다. 단지 문제가 무엇인지를 쉽게 말할 수 없었다. 나는 의사와 몇 차례 면담을 가졌다. 무슨 일이 일어났는지 혹은 내가 보는 세상이 어떻게 생겼는지를 제대로 설명하지 못했지만, 이상하게도 의사와 대화를 나누는 일은 좋았다. 의사는 친절한 사람 같았다. 그런데 그가 나에게 아동청소년 심리치료소에 가라며 소견서를 써주려는 순간에는 심한 공포가 밀려왔다. 나는 의사에게 학교 심리상담사와 면담을 해보았지만 아무 도움이 안 됐다고 설명했다. 그러자 의사는 이번에는 완전히 다르다며 나를 안심시켰다. 훨씬 더 발전되고 좋은 곳이라면서 말이다. 하지만 나는 더 무서워졌다. 더 좋다는 말보다는 완전히 다르다는 말만 귀에 들어왔다.

나는 나 자신이 작고 멍청한 겁쟁이라고만 생각됐다.

주치의는 나에게 소견서를 써주었고, 진찰 날짜를 예약해주었다. 괜찮았다. 사실 진짜 맘에 들었다. 나는 나를 담당하는 치료사가 좋았다. 나를 둘러싼 세계가 마치 카드로 만든 집처럼 무너져 내리고 있었기 때문에 치료는 매우 중요했다. 한동안은 모든 것을 숨기는 일이 가능했지만 이제는 모든 기둥들이 산산이 부서져, 나를 둘러싼 세계가 더 이상 서로 아무런 연관이 없는 혼란 자체라는 것이 분명해졌다. 나는 절망에 사로잡힌 채 피와 불, 용을 갈구했다.

한편으로는 짙은 안갯속에 갇혀서 내가 아직 살아 있음을 느끼고, 내 몸에 여전히 피가 흐른다는 사실을 스스로에게 증명해 보이려고 피가 날 때까지 몸을 할퀴었다. 나는 선장과 또 다른 사람들과 더 많이 대화를 나누었고, 내가 지각하는 것이 진짜인지를 점점 더 확신하지 못했다. 학교 여자 화장실에 앉아서 선장과 늑대를 상대로 싸우는 시간도 점점 더 늘어났다. 뺨을 때리고, 손을 물고, 더 이상 목소리가 들리지 않도록 머리를 벽에 부딪쳤다. 맨 마지막 칸에서 이런 짓을 했지만 금세 내 정체가 밝혀지고 말았다. 나는 영리했던 소녀에서 이제 완전히 미친 사람이 됐지만, 선생님들이 나를 보는 눈빛이 달라졌다는 사실을 알아차릴 만큼은 아직 감각이 깨어 있었다. 나를 높이 평가하던 사람들의 눈빛이 동정심 가득한 시선으로 바뀌었다. 중간고사에서는 성적이 학급 최고였지만, 학기말에는 모든 과목의 성적이 곤두박질쳤다.

가을에 다시 학교로 돌아오긴 했지만 여름 동안 모든 것이 훨씬 더 심각해졌다. 학교를 결석한 날이 많고, 수업 시간에 이해되지 않는 내용이 늘어서 진도를 따라가지 못했다. 8월 어느 날인가 나는 자전거를 타고 오래 돌아다녔다. 공동묘지에 묻힌 아빠를 찾아가서 긴 시간 동안 이야기를 했다. 그리고 집에 오는 길에 다른 공동묘지도 몇 군데 더 들렀다. 날씨가 따뜻했는데도 나는 분홍색 스웨터와 하늘색 청바지를 입었다. 두 가지 모두 파스텔톤이었다. 별로 안 예쁜 색이었다. 나는 집으로 돌아와서 거실에 있는 엄마에게 숲으로 갈 준비가 됐다고 말했다. 그러면서 "내가 입은 빨간 원피스 어때?"라고 물었다. 하지만 엄마는 내 원피스를 보지 못했다. 엄마는 청바지와 스웨터밖에 보지 못했다. 나는 "아닌데"라고 대꾸하면서 창가에 앉았다.

"봐봐, 빨간 원피스를 입었잖아. 나는 갈 준비가 됐어. 이제 그들이 나를 데리러 올 거야."

엄마는 당연히 겁을 먹었고 곧바로 심리치료사에게 전화를 했다. 얼마 후 심리치료사가 집으로 왔다. 나는 그녀에게 "안녕하세요"라고 인사하고 싶었지만 대화를 나눌 필요까지는 못 느꼈다. 나는 "병은 이제 다 나았어요"라고 말했다.

"도와주셔서 감사하지만 저는 이제 숲으로 갈 거예요. 그들이 금방 저를 데리러 온다고 했거든요."

그리고 그들은 정말 왔다. 조금 뒤 경찰과 의사가 집으로 와서 나를 정신병원의 폐쇄 병동에 집어넣었다. 유감스럽게 너무 늦은 감이 없지 않았다. 나는 이미 숲으로 사라져버린 뒤였기 때문이다. 그곳은 나무가 빽빽하게 들어찬 숲이었다. 나는 그곳에서 다시 빠져나오기 위해 몇 년을 보내야만 했다.

파랗고 흰
원피스를 입은 외로움

외로움은 긴 원피스를 입은, 날씬하고 피부색이 까무잡잡한 여인이었다. 원피스 색깔은 완전히 하얀색인 동시에 완전히 파란색이었다. 나는 이를 제대로 그려내고, 이해할 수 있도록 설명했던 적이 없다. 어쩌면 담벼락에 드리운 그림자를 떠올리는 것이 가장 가까울지도 모르겠다. 당신은 벽의 흰색을 보는 동시에 회청색의 그림자도 볼 수 있다. 외로움은 자주 내 앞에 모습을 드러냈고 선장만큼이나 나에게는 생생했다. 그리고 시간이 많이 지난 지금은 (그동안 나는 다시 말과 단어들을 찾게 되었다) 외로움에 대해 머릿속에서 그려봤던 그림이 굉장히 마음에 든다. 그림은 약간 독특하고, 몽환적이고, 자립적이고, 외로운 10대가 어떤지를 굉장히 잘 묘사했다. 이것은 때묻지 않은 순수한 흰색과 우울한 월요일의 짙은 파란색을 완벽하게, 그리고 동시에 담고 있었다.

최근에 곰곰이 생각해보면서 나는 외로움의 여인이 어디에서 왔는지 알 것 같았다. 여인의 모습을 떠올리다 보니 다시 생각이 났다. 그녀는 나를 가르치던 발레 선생님과 닮았다. 나는 어렸을 때 몇 년 동안 발레를 배운 적이 있다. 한 번도 특출 났던 적은 없지만 춤추는 것을 좋아했다. 그래서 크리스마스와 생일 때마다 선물로 발레 학원에 보내달라고 졸랐다. 때로는 일주일에 세 번이나 학원에 간 적도 있다. 처음 발레를 가르쳐준 선생님의 이름은 마리였다. 마리 선생님은 한 마리 할미새처럼 작고 우아했으며, 까만 머리를 꽁꽁 땋곤 했다. 그녀는 조용하고 어둡고 날씬했다. 하지만 매우 친절한 데다 작은 몸에서는 힘이 넘쳐흘렀다. 선생님은 항상 짙은 청색의 발레복과 셔츠를 입었다. 연습실이나 무대 외의 다른 장소에서 선생님을 볼 수 있을 거라고는 상상하기 어려웠다. 그녀는 진정한 댄서였다. 어린 내게는 그런 모습을 보는 것이 마치 꿈만 같았다. 나도 마리 선생님처럼 되고 싶었다.

여러 시간 교습을 받은 후 더 이상 마리 선생님 반에서 같이할 수 없어서 마틸데 선생님 반으로 옮겼다. 그녀는 넘치는 힘을 주체하지 못할 정도로 강렬한 힘을 지닌 에너지 폭탄이었다. 마틸데 선생님은 마리 선생님보다 훨씬 덩치가 크고, 완전히 다른 유형의 사람이었으며, 특유의 우아함을 풍겼다. 마틸데 선생님은 수업 시간에 많이 웃었고 큰 무늬가 새겨진 원색의 발레복 여러 벌을 자주 갈아입었다. 우리는 이전과는 약간 다른 음악에 맞춰서도 춤을 추었다. 쫓아가기 힘들었지만 많은 것을 배웠다. 이전에 배웠던 것과는 다른 방식의 춤이었다. 마틸데 선생님은 임신한 후에도 출산 전까지 계속 춤을 추었다. 우리가 더 이상 보지 못한 유일한 동작은 점프였다. 아이를 낳고 얼마 지나지 않아 마틸데 선생님은 예전의 신선하고, 에너지 넘치는 모습으로 다시 나타났다. 이제는 카세트 옆 요람에 아기가 누워 있는 모습이 다를 뿐이었다. 마리 선생님은 부드럽고 우아한 반면에 마틸데 선생님은 힘이 넘치는 생명체였다. 마리 선생님은 전통적인 러시아 발레에 맞추어 춤을 추었고, 마틸데 선생님은 영국식 발레를 선호했다.

오랫동안 일주일에 세 번씩 발레 수업에 간 덕분인지 춤 실력은 조금씩 나아졌다. 발레 학원 원장은 내가 다음 학기에 토댄스를 시작할 수 있다고 여겼고, 나에게 영국식 혹은 러시아식 발레 중 어느 쪽으로 가고 싶은지 방향을 정하라고 했다. 나는 오래전부터 빨리 토댄스를 배우고 싶다고 생각했다. 그래서 원장이 이런 말을 했을 때 너무 기쁘면서도 어느 쪽을 택해야 될지, 어떤 선생님을 결정해야 할지 막막했다. 나는 우선 생각해보겠다고 말했다.

학기가 끝나기 전 마지막 발레 시간에 나는 병이 났다. 그리고 크리스마스 방학 때 나는 엄마에게 발레 때문에 학교 공부가 크게 방해받는 것 같고, 정식으로 발레리나가 될 생각도 없다고 말했다. 이전처럼 자주 발레를 배우러 가기에는 내가 너무 자란 것 같다고도 말했다. 그렇게 나는 발레를 그만두었다. 원장은 아무것도 모른 채 내 영혼의 중심에 있던 갈등을 건드렸던 것이다. 친절하고 똑똑하고 조용하고 부드러운 쪽, 아니면 활기차고 힘이 넘쳐흐르고 다채로운 쪽 중에서 하나를 선택하는 일은 어떤 선생님에게 발레를 배울 것인지가 아니라 내가 두 선생님 중 누가 되고 싶은지, 나를 누구와 동일시하고 싶은지의 문제였다. 나는 사실 마틸데 선생님에게 가고 싶었지만, 그러면 마리 선생님과 나 자신을 배신하는 것처럼 느껴졌다. 내가 마틸데 선생님처럼 활기 넘치는 사람이 될 수 있을지도 알 수 없었다. 나는 어쩌면 마리 선생님의 세계에 속한 사람일 수도 있었다. 그 당시에는 이런 생각을 전혀 하지 못했던 데다 내면에서 이미 모든 것이 얽혀 있어서 한 가지 선택을 하기란 어차피 불가능했다. 나는 선택을 하지 않음으로써 결정해야 하는 상황을 피했다.

몇 년 후 내가 또다시 똑같은 갈등 상황에 처했을 때도, 뜨거운 삶의 유희와 차분한 정진 사이에서 결정을 내려야 했을 때도 마리 선생님이 다시 찾아왔다. 이번에도 짙은 파란색과 천사 같은 하얀색을 동시에 갖춘 채로 우울하게 나타났다. 나는 선생님을 봤지만 누구인지 알아보지 못했다. 하지만 나 외에 그녀를 본 사람은 아무도 없었다.

환시와
'늑대의 시대'

나는 전반적으로 상당히 많은 것을 보았다. 조현병 환자에게서는 일반적으로 드물게 나타나는 증상인데, 나는 환시를 자주 경험했다. 왜 그랬는지는 잘 모르겠다. 하지만 이전부터 무엇인가 사물을 상상하는 것이 항상 쉬웠다. 나는 시각적 기억력도 좋았고, 일상의 문제를 해결할 때 이것저것을 상상하곤 했다. 적절한 단어를 찾을 수 없는 감정과 인식을 표현하는 데는 시각적 지각을 활용하는 것이 매우 현실적으로 보인다. 왜냐면 환영은 이를 경험한 사람과 긴밀히 연관되어 있기 때문이다. 무엇을 믿든지 말든지 간에 병이 들면 환영 등의 증세가 자신으로부터 온다. 즉 이런 현상은 자신의 관심과 삶이 함께 만들어낸 생산물이다.

나는 많은 남자아이가 입원해 있는 청소년 병동에 간 적이 있다. 그곳 아이들은 외계인, 화성인, 감시 기계, 스파이, 제임스 본드 영화에 나오는 사건 등을 겪었다. 모두 남자아이에게 어울리는 것이었다. 반면에 나는 계속해서 여러 동물을 보았다. 늑대, 뱀, 쥐, 괴물 독수리…… 하지만 별로 놀랄 일이 아니다. 나는 절대 외계인을 만들어낼 수 없었을 것이다. 외계인에 관심도 없었고, 아는 바도 별로 없었기 때문이다. 하지만 동물에는 관심이 많았다. 내 그림에 나오는 동물은 생물학적 관점에서 거의 틀렸지만(예컨대 쥐는 50센티미터나 되고 악어는 보라색과 주황색이 섞여 있었다) 내가 그나마 충분히 알고 있는 대상은 동물과 식물이어서 이들을 창조적으로 다룰 수 있었다. 이것은 환영을 만들기 위해 중요했다. 이 그림의 창조자가 바로 자기라는 사실을 깨닫지 못했다고 해도 말이다. 그리고 그것은 내가 아니었다.

나는 자주 늑대에게 쫓겼다. 노란 눈에, 털이 덥수룩하게 헝클어지고, 숨결에서는 냄새가 진동하며, 날카로운 이빨을 드러낸, 커다랗고 험상궂게 생긴 늑대들을 자주 보았다. 이제 이들은 학교와 교실, 병원의 병동마다 나를 따라왔다. 개방 병동이든 폐쇄 병동이든 상관없었다. 심지어 버스 안과 쇼핑몰에서도 늑대가 나타났다. 그들은 내가 가는 모든 곳에 있었다. 말하자면 나는 늑대의 시대에 살았다. 그들이 보였고, 씩씩거리는 소리와 침을 질질 흘리는 소리가 들렸으며, 때로는 그들의 냄새까지 맡을 수 있었다. 무척 혼란스러웠다. 이렇게 많은 늑대가 사방에 있을 리가 없다는 사실을 알고 있었기 때문이다. 내가 다니는 학교는 오슬로 교외 뢰렌스코그의 한가운데, 고속도로와 쇼핑몰 사이에 위치했으니 늑대 따위는 있을 수 없었다! 폐쇄병동 안에도 늑대는 절대 존재할 수 없었다. 문이 어찌나 두껍고 잘 잠겨 있는지, 쉽게 출입하기란 불가능하다는 사실을 분명히 알았다. 그럼에도 나는 늑대를 보았다. 무엇을 믿어야 할까?

우리는 가끔 "내 눈을 믿지 못하겠어"라고 말한다. 눈앞에 보이는 대상이 한없이 놀라울 때 이렇게 말한다. 우리는 눈과 귀가 우리에게 전달해주는 것이 실제라고 믿는다. 그런데 분명 눈에 보이는 것에 대해 내면의 목소리가 저건 사실이 아니라고 말한다면 어떻게 해야 할까?

그때 나는 심리학에 대해 아는 바가 별로 없었다. 하물며 지각과 감각적 인상의 의미와 관련된 신경심리학이나 지각심리학에 대해서는 더욱더 알지 못했다. 나는 사람들이 무엇인가를 머릿속에서 떠올릴 때와 그림이나 상황을 상상할 때, 그리고 무엇인가를 실제 세계에서 경험할 때 동일한 감각 신경을 사용한다는 사실을 몰랐다. 열일곱 살이었던 나는 존재하지 않는 무엇인가를 보는 사람들은 '미친 사람'이라고 알고 있었다. 내가 정신질환에 대해 아는 것이라고는 대부분 〈뻐꾸기 둥지 위로 날아간 새〉 혹은 『난 너에게 장미정원을 약속하지 않았어』와 같은 미국 영화와 책을 통해 얻은 지식이었다. 이런 작품을 본 뒤에 나는 무슨 일이 있어도 절대 미치고 싶지 않다고 생각했다. 내가 정말 미쳤다고 생각하지도 않았다.

나는 혼란스럽고 두렵고 불행했지만, 여전히 나 그대로이며 완전히 정상이라고 여겼다.

그래서 그냥 늑대가 실제로 존재한다고 믿는 것이 결과적으로는 논리적이었다. 늑대가 진짜 그곳에 있다고 믿는 것. 물론 깊은 내면에서는 이상하다고 생각했지만, 그리고 수많은 사람들이 그 문제에 대해 그렇게 많이 논의를 진행했음에도, 그것이 틀렸다고 나를 설득시켜줄 사람은 어디에도 없었다. 내가 이들의 논의를 인정할 수 없었던 것은 아니다. 다만 그러려면 너무나도 큰 대가를 치러야 했다.

늑대를 비롯해서 내가 보고 듣는 모든 것이 환각임을 인정할 수 없었던 또 다른 이유가 있다. 이들이 나에게 얼마나 중요한지 분명히 느꼈기 때문이다. 내가 몇 번이나 심리치료사를 찾아가고 결국에는 정신병원에 입원하자, 사람들은 내가 병에 걸렸기 때문에 이런 것들을 보는 거라고 쉽게 말하곤 했다. 그들에게는 늑대가 기침이나 발진처럼 싸워 이겨야만 하는 증상이었다. 누구도 원하지 않는, 꺼림칙한 증상 말이다. 늑대들은 유전적 결함이나 유년기에 트라우마를 일으킨 사건, 혹은 이 두 가지 모두에서 기인한 손상과 결점, 그리고 내 머릿속 오류의 결과물이 됐다. 하지만 이런 설명은 내가 알고 있던 바와 일치하지 않았다. 아무런 설명이나 증거를 대지 않고도 나는 내 늑대가 오류가 아니라는 사실을 알았다. 그들은 내가 보고 듣던 다른 것들에 속하지 않았다. 그들은 마치 꿈속처럼 서툴고 어색한 방법으로 표현되었을지언정 중요하고 올바른 진실이었다. 그리고 모든 꿈처럼 여기에도 분명 어떤 의미가 있을 터였다. 하지만 이를 해석하려면 그들이 말 그대로의 진실이 아니라 은유적 진실임에도 불구하고, 그들이 진실이고 사실이라는 것을 먼저 이해해야만 했다.

내가 꽤 오랫동안 아팠을 때, 한동안 어느 병원의 개방 병동에서 지냈다. 그때 나도 아직 몰랐지만 벌써 조금씩 상태가 좋아지기 시작했다. 학업을 중단했던 나는 야간 학교에 다니며 예전에 배운 과목들을 다시 공부하기 시작했다. 영어 과목에 들어가기 전까지는 꽤 순조로웠다. 영어는 이전부터 내 취향이 아니었고, 여태 잘한 적이 한 번도 없었다. 조금 알아들을 수는 있었지만 발음도 나빴고, 영작문은 더욱 형편없었다. 어느 정도 노력하다가 결국은 포기했다. 그래도 괜찮았다. 어쨌든 내가 만성적 조현병을 앓고 있고, 환각을 겪으며, 혼란스러워하고, 자해를 한다는 점을 감안하면 고등학교 졸업시험을 통과하지 못하는 것 정도야 전혀 놀랄 일이 아니었다. 그런데 병동에 있던 다른 몇몇 환자가 나를 북돋웠다. 우연의 장난인지 같은 병동에 영어 선생님의 형이 입원해 있었고, 또 다른 착한 여자아이 한 명이 그와 함께 한 번 더 시도해보라며 나를 부추겼다.

하지만 나는 이에 대해 아무에게도 말하지 않았다. 나는 사람들에게 어떤 기대도 주고 싶지 않았고, 내가 스스로 이야기하고 싶지 않으면 누구에게도 말하지 말아야 한다고 생각했다. 그래서 영어 수업을 정식으로 수강하지 않고 혼자 내 방에서 공부했다. 어느 날 저녁에 나는 잠깐 한 바퀴 돌고 싶다고 말하고는, 자전거를 타고 학교로 가서 시험 문제집과 수험료 영수증을 받았다. 선생님을 제외하고는 아무도 이 사실을 몰랐다.

병원으로 돌아오는 길에 여러 마리의 사나운 쥐에게 공격을 당했다. 쥐는 적어도 50센티미터 정도로 컸고, 노란 눈동자와 뾰족한 이빨이 정말 무시무시해 보였다. 쥐들은 자전거 옆을 따라 달리다가 펄쩍 뛰어서는 이빨을 드러내며 다리 위로 올라왔고, 또 나를 빙 둘러쌌다. 쥐가 안 보이는 곳이 없을 정도로 사방에 가득했다. 나는 힘껏 자전거 페달을 밟았지만 제자리였다. 공포에 휩싸여 브레이크를 밟는 것도, 방향을 바꾸는 것도 까맣게 잊었다. 결국 길옆의 구덩이에 빠지고 말았다. 나는 벌떡 일어나서 완전히 정신이 나간 채 병원으로 간신히 돌아왔다. 병동에 도착해서도 공포에 떨며 숨을 헐떡거리기만 했다.

"쥐예요, 쥐. 쥐들이 몰려와요. 나를 데려가려고 해요!"

물론 진단 목록과 심리학 서적을 참조하면 현실과의 교류 부족에서 나타나는 환영과 강박감임을 쉽게 알아낼 수 있다. 하지만 그 사건을 좀더 면밀히 관찰하면 현실은 다르게 보인다. 결국 나는 큰 두려움과 강한 저항감을 느끼며 경쟁 사회에 돌아왔다는 사실을, 쥐들과의 경주로 알린 셈이었다. 나도 예전에는 그런 사회의 일원으로서 성공을 향한 절망적인 싸움에 뛰어들었다. 나중에 반드시 현명한 사람이 되리라는 보장도 없이, 단지 지금 좋은 점수를 따기 위해 공부하고 노력했다. 당시에도 그렇게 하는 것이 싫었고, 지금도 싫다. 이를 제대로 인식하거나 표현하지도 못하면서 말이다. 하지만 말로 표현할 수 없는 무엇인가에 대해서도 은연중에 알 때가 있다. 이런 관점에서 볼 때 이 고약한 짐승들과 힘을 겨루겠다고 선언한다면 쥐들과의 경주는 지극히 자연스러운 일이다. 그리고 나는 바로 그날 저녁에 쥐를 상대로 달리기를 했다. 아무리 적당한 단어를 못 찾았다고 해도 현실과의 교류 부족 때문이라니 말도 안 된다. 사실은 정반대다. 내가 이것에 대해 곰곰이 생각하고, 또 걸맞은 도움을 받았을 때 나는 연관성을 매우 빨리 알아챘다. 하지만 이것은 자신이 경험한 일을 진지하게 받아들이고, 이런 경험이 실재적이고 중요하다고 등급을 매긴 다음, 약물로 다스려야 하는 달갑지 않은 증세라고 무시하지 않을 것을 전제로 한다.

나는 환청도 들렸다. 가끔은 너무 시끄럽고 아무리 애를 써도 벗을 수 없는 워크맨의 헤드폰처럼 웅얼거리는 혼란이 머릿속에 가득했다. 때로는 텅 빈 듯이 울리는 소리가 혼동을 멈춰주리라는 희망으로 벽에 머리를 부딪친 적도 있다. 어느 정도 도움이 됐지만 늘 그렇지는 않았다. 다른 때에는 머리카락을 뽑거나 머리에 구멍을 낼 것처럼 박박 긁었다. 하지만 아무런 도움이 되지 않았다. 이런 행위는 모든 것이 폭발하기 전에 압력을 빼내려고 머리에 구멍을 내는, 일종의 공포스러운 시도였을 것이다. 하여간 그런 느낌이었다. 때로는 아주 작게 중얼거리는 겁에 질린 목소리나, "넌 죽어야 해", 아니면 "손목을 그어서 주위에 피를 뿌려. 그러지 않으면 네 가족 모두 죽게 될 거야"와 같이 명령을 내리는 명확한 목소리도 들렸다. 따르기에는 너무나 힘든 메시지다. 이런 명령을 받으면 어떻게 해야 할까? 당시에 나는 칼로 손목을 긋고, 몸에 상처를 내는 일에 익숙했다. 사실 매우 간단한 일이었다. 고통스럽긴 했지만 살아남았다. 나는 내가 이런 일을 할 수 있다는 것을 알았지만, 목소리가 진실을 말하는 것인지는 알지 못했다. 하지만 아무래도 상관없었다. 어차피 나는 위험을 감수할 준비가 되어 있었기에 목소리가 요구하는 일을 따랐다. 효과가 있었다. 다음 날에도 내 가족은 살아 있었다.

그러나 그다음에는 더욱 심각해졌다. 내가 그렇게 하지 않았더라면 누군가 죽었을 거라는 증거는 없었다. 그런 증거는 내가 명령을 어겼을 때만 나타나는 것이었다. 하지만 난 가족 모두를 죽음으로 몰아갈 수도 있는 위험한 실험을 할 준비가 전혀 안 되어 있었다. 그래서 계속 명령에 복종했다. 그리고 매번 효과가 나타날 때마다 명령에 저항하기는 점점 더 힘들어졌다. 내가 괜히 아무런 의미도 없이 스스로에게 상처를 낸 것은 아닌가는 알고 싶지도 않았다. 만약 그랬다면 너무나 멍청하고, 정말 너무나 아팠을 것이다. 그래서 나는 계속해서 자해를 했다.

이후에 도대체 목소리들이 왜 나에게 이런 짓을 요구했는지 스스로에게 물어보았다. 내 가족을 구하기 위해 왜 내 몸에 상처를 내야 했을까? 질문에 대한 답은 분명 많을 것이다. 그중 몇몇 대답은 의심의 여지 없이 바닥까지 내려간 너무 낮은 자존감과 관련되어 있으며, 또 내가 스스로를 멍청하고 가치 없다고 여겼기 때문이었다. 하지만 어쩌면 내가 사랑하는 사람들을 위해 무엇인가, 그러니까 어떤 중요한 일을 하도록 스스로 결정했다는 사실이 더 중요했는지도 모른다.

이런 시기 나는 한 병원의 폐쇄 병동에 입원하게 되었다. 늘 적극적이었던 내가 소극적인 환자, 즉 순전히 받기만 하는 수동적인 사람이 됐다. 예전에 나는 학교에 다니고, 일을 하고, 활동적인 자유 시간을 즐기고, 집안일을 돕기도 했는데, 지금은 국가의 지원을 받으며 병실에 웅크리고 앉아 있는 환자가 되어버렸다. 가족들은 온갖 정성을 쏟았다. 그들은 내게 편지를 쓰고, 병문안을 오고, 전화를 걸었지만 나는 아무런 보답을 하지 못했다. 내가 자해를 하면 가족들은 당연히 전혀 기뻐하지 않았고, 내가 스스로 상처 내는 일을 그만두기를 바랐다. 하지만 내가 좋아하는 사람들을 위해 무엇인가 능동적인 일을 할 수 있다는 생각은(완전히 나를 망가뜨렸지만) 내 삶에 의미를 부여했다. 또한 통제 불가능한 일상과 갑자기 뒤죽박죽되어버린 삶을 어느 정도 제어해주었다. 내게 아직 제공할 것이 남아 있다는 사실은 내가 느끼는 현실에 어느 정도 영향을 끼쳤다.

물론 당시에는 이를 알지 못했다. 이것이 실은 망상임을 인식하거나 인정했다면, 가족의 생명을 구하는 존재로서의 나와 함께 모든 효과가 공중에서 사라졌을 수도 있다. 이런 견해는 한참 나중에야 생겼다. 그때는 그것이 내게 힘이 되었기 때문이다. 이것은 내 역사의 어떤 부분을 새롭게 해석하는 데도 도움이 됐다. 이를 통해 나는 내 삶을 대하기가 한결 쉬워졌고, 두려움과 자기 경멸도 줄어들었다. 결국 자해가 통제 불가능한 상황을 통제하기 위한, 또 좋아하는 사람을 보호하기 위한 혼란스럽고 병적인 시도였다고 여기는 편이 “내가 조현병을 앓고 있기 때문에 그런 거야"라고 간단히 말하는 것보다 훨씬 좋았다. 이렇게 말한다고 해서 자존감이 높아지는 것은 아니기 때문이다.

내가 나와 벌인 개인적 내전

선장은 계속해서 내가 일하고 자고 먹는 시간을 정해놓고 명령을 따르라고 했다. 그의 규칙은 점점 더 엄격해졌고, 상황별로 요구 사항이 추가되기도 했다. 처음에는 대체적으로 수면과 식사 그리고 숙제에 관한 것이었다. 그는 내가 틀린 것을 모조리 지적했고, 계속 잠과 식사를 줄이라고 다그쳤다. 선장은 늘 존재했다. 그가 내 머릿속에서 윽박을 질러대는 바람에 그로부터 도망치는 것은 전혀 불가능했다. 아니, 그와 조금 거리를 두고 그의 명령이 얼마나 부당한지 곰곰이 생각해볼 틈도 없었다. 그래서 나는 어쩔 수 없이 그가 시키는 대로 했다. 나는 몹시 피곤한 데다 맑은 정신으로 생각하기에는 머릿속이 너무 혼란스러웠다. 나중에 이런 증세가 갈수록 심해지고 있음을 깨달았다. 그렇게 많이 일하면서 선장이 내게 허락한 대로 조금만 쉬고 잠깐만 잠을 청함으로써, 나는 환각 증세가 점점 커지는 위험만 높여놓았다. 이것과는 달리 분명하고 건설적으로 행동하는 능력이 눈에 띄게 줄어들었지만, 당시에는 당연히 이를 전혀 깨닫지 못했다.

나는 피곤하고 정신없는 청소년이었다. 선장이 크게 소리 지르는 것을 그만두기를, 그리고 학교, 숙제, 집안일, 아르바이트, 공부 등 새벽 4시부터 자정까지 이어지는 수많은 요구를 그만두기를 절망적으로 바랄 뿐이었다. 때로는 너무나 피곤해서 당장이라도 쓰러질 것만 같았다. 체육 시간에 다리가 풀려 주저앉을 정도로 완전히 지쳐 있었다. 하지만 쉴 수 없었다. 그러면 선장이 뭐라고 할 테니까. 한편으로는 의식을 잃어 정당하게 쉬는 시간을 얻을 수 있도록, 남은 힘을 모조리 짜내고자 필사적으로 노력했다. 그러나 안타깝게도 내 몸은 젊고 강하고 스스로를 보살필 수 있었기 때문에, 마지막 순간까지도 쓰러지지 않고 달릴 수 있었다. 쥐와의 경주는 다음 라운드에 접어들었고 끝없이 반복되었다.

병세가 깊어지면서 내가 기절하고, 병원에 실려 가고, 약을 복용하는 일이 일상이 되자 선장도 변했다. 그는 상황에 적응해 다른 것을 요구했다. 하지만 여전히 엄격함을 잃지 않았다. 그에게 식사, 수면, 완벽주의, 체벌, 욕설은 아직도 매우 중요했다. 많은 양의 약을 복용해야 했던 기간에는 그의 요구에 더 둔감하고 덜 민감하게 반응했다. 그가 요구하는 것들이 나에게 그리 중요한 문제로 다가오지 않았던 것이다. 선장은 계속 나를 괴롭혔지만 나는 그가 이전만큼 두렵지 않았다. 하지만 그가 큰 목소리로 윽박지르기 시작한 새로운 시기가 찾아왔을 때, 나는 그의 요구를 그냥 흘려듣지 못하고 다시 따르기 시작했다. 몇 년 동안 계속.

지금 생각해보면 당시에 어떻게 이런 일이 가능했는지 궁금하다. 왜 시키는 모든 것을 그냥 다 해내려고 했을까? 어째서 이런 엄청난 요구에 대들지 못했을까? 다른 사람이 나를 그런 식으로 다루도록 내버려둔 이유가 뭘까?

답은 간단하면서도 잔인하다. 내가 바로 그 선장이었기 때문이다. 이것은 내가 나(나와 적대적이었던 또 다른 나)와 벌인 개인적 내전이었다. 내가 선장에 대항하기 위해 필요로 했던 힘은, 결국 내가 선장이 되기 위해 필요했던 힘이었다. 하나도 정당하지 못했던 그의 요구는 결국 내가 나 자신에게 요구한 터무니없는 것들이었다. 이것은 변장하고 왜곡됐지만 감히 그 뒤를 보려고 한다면 진짜 의미를 더 쉽게 인식할 수 있다.

내가 어렸을 때 엄마는 보모로 일했다. 엄마가 돌봤던 아이 중 하나는 에리크라는 착하고 똑똑한 세 살짜리였다. 에리크와 가장 친한 친구는 발펜이라는 작은 강아지 인형이었다. 에리크와 발펜은 밤낮으로 꼭 붙어 있었다. 어느 날, 에리크의 부모는 전날 저녁 아이를 침대에 눕히고 나온 뒤 방에서 욕설과 함께 고함 소리가 들렸다고 말했다. 잠시 후 방이 다시 조용해졌고 에리크는 발펜 없이 홀로 부모의 방으로 왔다고 했다. 에리크의 부모는 놀라서 무슨 일이 있었는지 아이에게 물었다. 에리크는 원래는 침대에서 자야 된다는 것을 알지만 발펜에게 바닥으로 내려가자고 했고, 발펜은 그러면 안 된다고 말했다고 한다. 에리크의 부모는 발펜의 말이 맞다고 대꾸하면서 그 다음에 어떻게 됐는지를 물었다. 에리크는 발펜을 침대에 눕히고 노래를 불러주었다고 대답했다. 그리고는 발펜이 잠들어서 자기가 지금 내려온 것이라고 설명했다.

에리크는 자신에 대한, 서로 상반되고 구분되는 여러 요구 사항과 생각을 내면에서 조화롭게 합의시키고자 할 때 어떤 딜레마가 발생하는지를, 세 살짜리 아이의 입장에서 간단하면서도 훌륭한 방법으로 설명했다.

조현병은 '분열된 감각'을 뜻하는데, 수백 년 동안 많은 학자들이 이런 분리와 분열이 어디에서 기인하는지를 밝히려고 애써왔다. 시간이 지나면서 수많은 이론이 폐기됐고, 어떤 이론은 새로운 이론의 토대가 되기도 했다. 조현병이라는 주제에 대한 의견은 이에 상응해서 다양한 진영으로 갈라졌다. 나는 에리크의 예에서 볼 수 있는 굉장히 간단한 유형을 선호한다. 어떤 사람이 자신의 인격으로 감당하기에는 너무나 많은 감정과 감각적 인상 그리고 지식이 내면에 들어 있으면 그중 일부를 다른 것, 즉 외부의 무엇인가로 옮기려고 한다. 그래서 에리크는 자신의 바람에 반대되는 규칙을 발펜에게 넘기고는 그를 재웠다.

나는 목이 터지도록 크게 명령함으로써 그 요구들이 얼마나 엄격하고 부적절한지를 더욱 뚜렷하게 보여주는 선장에게, 내가 품은 자기 멸시와 엄격함 그리고 터무니없이 높은 요구를 떠넘겼다. 문제는 메시지가 포장 안에만 머물러 있었다는 점이다. 나는 단지 최선을 다해 온힘을 쏟아서 요구를 충족시키게 하려는 명령만을 보았다. 그리고 의료기관은 내 병의 증세를 보았다.

증상이 병에 대한 설명이라고 믿는 것은 의사와 환자 모두에게 쉬운 일이다. 하지만 사실 전혀 그렇지 않다. 선장은 세계보건기구가 정한 국제질병분류 10판ICD-10에 나와 있는 '편집증적인 조현병'의 진단 범주에 제대로 들어맞는다. 여기서 '환청'에는 예컨대, 명령조 혹은 입장을 표명하는 목소리와 같은 것도 포함되어 있다. 여러 가지 다른 관찰과 진찰을 토대로 그런 진단을 위한 기초를 마련할 수 있다. 하지만 우리는 선장이 누구이고, 그가 어디에서 왔으며, 어떻게 그를 없앨 수 있는지를 아직 모른다. 검사를 끝내고 진단이 내려지면 그제야 답을 찾을 수 있다는 게 많은 사람들의 생각이다. "당신은 조현병입니다"라고 진단을 내리면 이것으로 답을 찾았다고 믿는다. 하지만 선장은 아직도 큰 소리로 윽박을 지르고 있으며, 중요한 질문에 대한 답은 아직 듣지 못했다. 삶의 중요한 질문은 다음과 같지 않을까?

"나는 누구인가? 내가 원하는 것은 무엇인가? 나에게 중요한 것은 무엇이며, 나에게 소중한 사람은 누구일까? 삶에서 지켜야 할 기본적인 규칙이 있나? 그중에서 나는 어떤 것을 유지하고 싶어 하나? 내가 좋아하는 것은 무엇이고 좋아하지 않는 것은 무엇인가? 삶에서 내가 바라는 것은 무엇인가?"

ICD-10은 내가 답을 알고 싶어 하는 이런 질문에 답해줄 수 없다. 그래서인지 선장 역시 진단에 크게 신경 쓰지 않았다. 그가 말하는 것이 무엇인지를 알아내기 위해 내가 마침내 도움을 받을 때까지 선장은 악을 써댔다. 내 요구와 두려움을 소화시키고, 삶이 던지는 질문에 전념하고, 이에 대해 답을 구하는 길을 찾기 위해 도움을 청할 때까지. 내가 요구하는 것이 어디에서 기인하는지, 내가 두려워하는 대상이 무엇인지, 어떤 것이 나와 다른 사람에게 올바르고 중요하며 이성적인 요구인지를 인식하는 법을 배웠을 때, 선장은 화를 가라앉혔다. 그는 단순히 계기판의 바늘이자 경고등이었다. 내 삶의 엔진에 존재하던 근본적 오류가 고쳐지자 이 경고등도 거의 저절로 꺼졌다.

말로 표현할 수 없을 만큼
거대한 공허함

내게 나타났던 증상은 환각 말고도 종류가 굉장히 다양했다. 아팠을 때 나는 몇몇 기괴한 짓을 했다. 당시에도 이상하게 보였지만, 그럼에도 해야만 했던 일들이다. 그리고 지금은 완전히 이해가 되는 일들이다. 예를 들면, 나는 한동안 벽지나 양말 같은 기이한 것만 먹었다. 사실 정말 무의미한 쓸모없는 짓이었다(혹은 의미가 전혀 없지만은 않은 짓이었다). 당신이 알고 있는 10대 청소년을 상상해보자. 그 그림에서 이제 전화, 텔레비전, CD플레이어 같은 음악을 들을 수 있는 기기, 친구, 상점, 학교, 취미 활동, 미래의 꿈 등을 모조리 없애보자. 그러면 도대체 무엇이 남을까?

사춘기 소녀로서 나는 아무것도 제대로 돌아가지 않는, 엄격한 폐쇄 병동에 갇히고 소중했던 모든 것을 빼앗긴 이후, 내게 남겨졌던 것이 무엇인지 확실히 알고 있다. 나는 친구와 통화도 할 수 없었다. 엄마와 언니들 중 한 명과 겨우 일주일에 한 차례씩 통화할 수 있었고, 이들이 방문하는 일은 허락됐다. 나는 자해를 할 수 있는 어떤 것도 가지고 있을 수 없었다. 여기에는 천장에 달려 있는 백열등을 포함해서 거의 모든 물건이 포함됐다. 병원에서는 내 병이 만성적이라고 통보하여 미래에 대한 꿈과 희망을 빼앗아갔다. 그렇게 나는 그곳에 갇혔고, 단 한 가지만 가질 수 있었다. 그것은 공허함이었다. 말로 표현할 수 없을 만큼 거대한 공허함이었다.

공허함은 고통처럼 내 몸에 숨어들었다.

지루함과 절망으로 가득했던 나는 내 안에서 느껴지는 빈 곳을 최소화하려고 노력했다. 말하자면 빈 곳을 채우는 것이었다. 선장이 여전히 화를 내면서 그곳에 있었기 때문에, 나는 감히 점심과 저녁 식사 중에 더 많이 먹을 기회를 엿볼 수 없었다. 그래서 나는 다른 일에 집중해야만 했다. 처음에는 화장지를 삼켰고, 그다음에는 냅킨과 매트리스 스펀지와 양말을, 마지막에는 심지어 벽지까지 뜯어 입안에 구겨 넣었다. 유리 섬유가 건강에 유해하고 맛도 없다는 사실은 잘 알았지만, 벽지는 속에서부터 갉아먹혀버린 나의 빈 곳을 채워주었다. 한 번 더 강조하자면 당시 나는 내가 무슨 짓을 하는지 이해하지 못했고, 간병인과 간호사에게 내 행동에 대해 이성적으로 설명하지도 못했다. 한참을 고민해도 말이다.

"당신네 벽지를 뜯어 먹어서 정말 죄송해요. 그런데 난 속이 너무 텅 빈 것 같고, 많은 것을 잃은 느낌이에요. 내 삶에 다시 더 많은 의미를 부여하기 위해 함께 노력하면 안 될까요?"

나는 이렇게 관계를 스스로 파악하거나 설명하기 위해 적절한 단어를 찾는 일이 어려웠다. 나는 벽지를 먹었다. 끝. 이것을 해석하는 일은 병원 직원과 심리학자의 임무였다. 하지만 그들도 나와 마찬가지로 많은 것을 이해하지 못했다. 사실 그들은 처음부터 내가 조현병을 앓는다는 것을 알고 있었다.

조현병의 다른 증상은 자해였다. 자해는 매우 다양한 질환의 증상일 수 있다. 다른 진단을 받은 사람들이나 실제로 아무런 진단을 받지 않았지만 혼란과 절망에 빠진 청소년도 마찬가지로 자주 자해를 한다. 이것은 역시 나에게도 상당히 여러 가지를 의미했다. 가장 중요했던 것은, 내가 이런 방법을 통해 말로 나타낼 수 없는 고통을 표현할 수 있었다는 사실이다. 이것은 내 상태가 나쁘다고 세상에 알릴 기회였다. 다른 한편으로는 이를 통해 고통을 구체화시킬 수 있었고, 말 그대로 손으로 만질 수도 있었다. 나는 내게 상처를 냄으로써 '통제 불가능한 내적 고통'을 '제어 가능한 외적 고통'으로 대체하여 이를 압도할 수 있었다. 치과에서 치료받을 때 손톱으로 손바닥을 세게 누르는 행위와 비슷하다. 또한 자해로 선장의 요구를 강조할 수도 있었다("너무 게으르게 굴었으니 벌 받아야지"). 혹은 앞에서 언급했듯이, 목소리가 내리는 명령에 근거해 내게 소중한 모든 사람이 불행에 빠지지 않도록 막을 수도 있었다.

얼마 전 참석했던 강연에서 강연자가 자신의 연구를 소개하며, "자해하는 사람들 대부분은 누구나 특별히 선호하는 자해 방식이 있고, 여기에서 대개 벗어나지 않는다"라고 결론지었다. 나는 이 연구를 굳이 찾아 읽지 않고도 그 결과에 동의한다. 내 경험과 일치하기 때문이다. 또한 다른 환자에게서도 같은 것을 관찰할 수 있었다. 하지만 강연자는 이 주제를 더욱 깊이 다루는 대신, 환자는 자신에게 맞는 방법을 찾으면 다른 자해 방법을 시도하지 않는다는 결론에서 멈춰버렸다. 끔찍할 정도로 냉혹한 결론이었다.

내가 마지막으로 칼을 들어 몸에 상처를 낸 지도 벌써 몇 년이 지났지만, 그의 강연을 듣고 있자니 나 자신이 약하고 멍청하게 느껴졌다. 그냥 마구잡이로 상처를 냈던 것이 아니라 칼로 손목을 제대로 그었기 때문이다. 어쩌면 상상력이 부족한 것을 감추거나 '새로운 방법을 시도할' 용기가 없음을 감추려는 자기기만적인 시도일 가능성이 충분하다. 하지만 한 가지만은 확실했다. 내가 칼로 손목을 그은 것은 그러고 싶어서였다는 사실이다. 한두 번은 화상을 입히려고 했던 적도 있고, 이따금은 스스로를 때리기도 했다. 하지만 목소리가 커져서 머리를 벽에다 부딪치고, 머리카락을 쥐어뜯는 일을 빼고는 모든 것이 효과가 없었다. 스스로를 상처 내는 일은 아무런 도움이 되지 않았다. 하지만 피를 보고 싶었기 때문에 칼로 자해를 하는 것은 나에게 무엇인가를 주었다.

특히 병이 시작된 첫 단계에 나는 공허하고, 멀리 떨어져 있고, 회색빛으로 가득하고, 내가 죽었다고 느낀 적이 많았다. 내 혈관에 피 대신 귀리죽이 채워져 있을까봐 두려웠고, 생명과 불과 온기가 몸에서 빠져나갈까봐 무서웠다. 나는 내 혈관에도 피가 흐른다는 것을, 내가 귀리죽으로 채워진 반송장의 로봇이 아니라 살아 있는 사람이라는 것을 확신하고 싶어서 나를 할퀴고 칼로 손목을 그었다. 피는 생명을 의미한다. 흡혈귀는 절반만 살아 움직이는 생명을 연장시키기 위해 피를 마시고, 마지막 만찬에서 우리는 예수의 생명, 고통, 죽음, 부활을 함께하기 위해 상징적으로 그의 피를 마신다. 그리고 나는 모든 고통과 슬픔, 공허함 속에서도 내가 살아 있다는, 단순히 존재하는 것이 아니라 피와 불, 영혼과 이슬을 갖추고 정말 살아 있다는 구체적인 증거가 필요했다. 나를 칼로 상처 내는 것이 도움을 주기는커녕 새로운 문제를 일으키기만 했을지라도 자해에는 강연자가 내뱉은 차가운 말이나, 빈도와 진단을 다룬 그의 통계와 표에 등장하지 않는 의미와 소망이 포괄되어 있었다.

나는 그곳에 앉아 삶이 어디에 머무는지를 물었다. 그리고 단순히 꿈, 갈망, 절망뿐만 아니라 삶의 고통과 공포, 죽음에 대한 불안, 끓어넘치는 피처럼 빨간 반항심에 대해서도 자문했다. 하지만 이런 것을 강의의 주제로 선택하기에는 너무 범위가 넓고, 복잡했을 수 있다. 통계가 더 쉽긴 하다. 그리고 그것은 좋은 강의였다. 정말로. 하지만 그럼에도 삶이 약간 부족한 듯한 느낌을 받았다.

몇몇 증상은 정말 나와 완전히 관련이 있었다. 그 증상들은 내 내면과 삶 그리고 문제에서 기인했다. 선장이 이런 증세 가운데 하나였고, 자해 역시 또 다른 증상이었다. 이런 증상 외에도 또 다른 증상도 많았다. 그것들은 내가 질질 끌고 다니며, 오랫동안 중요하게 여겼던 주제와 연관됐다. 이것은 요구, 성공, 자존감, 자신감과 같은 주제였다. 착하고 얌전한 사람이고 싶은지, 아니면 생기 넘치는 사람이고 싶은지, 희미하게 비치는 회색이 좋은지, 아니면 약동하는 삶을 선호할지와 같은 갈등 상황을 다룬 주제였다. 고요함과 소란, 삶과 죽음을 다룬 주제였다. 이런 증상은 거의 항상 나타났다. 가끔 잠깐 동안 사라질 때도 있었지만, 똑같은 혹은 약간 변형된 형태로 언젠가는 다시 돌아왔다. 내가 마침내 형상과 행위에 대한 단어를 찾고, 말을 통해 이런 주제에 다가갈 수 있게 되자 비로소 증상이 사라졌다. 말로 다루는 방법은 좀더 쉽고, 확실히 효과적이었으며, 최악의 매듭을 풀어주고, 미래를 위해 갈등 상황을 억제해주었다. 나는 여전히 이 주제에 대해 공부하고 있으며, 한동안은 계속 전념할 예정이다. 또한 분명히 다시 이 주제를 다룰 것이며, 연구하고 싶은 갈망을 느낄 것이다. 하지만 이제는 늑대와 유리 조각은 완전히 배제한 채 언어를 이용해 전념할 것이다.

한편 특정 상황이나 환경과 연계되어 외부 조건이 변하면 사라질 수 있는 일시적인 증상도 있다. 나는 유일하게 딱 한 곳에서만 벽지와 매트리스를 뜯어 먹었다. 다른 병원에서는 모든 것이 매우 달라서 '공허감을 채우려는' 욕구가 더 이상 존재하지 않았고, 나는 벽지 먹는 일을 그만두었다. 어떤 병원에는 사나운 괴물 독수리가 살고 있었는데, 그들은 위에서 날아내려 나를 갈가리 찢어 없애려고 했다. 이 병원에 입원해 있는 동안 나는 내가 너무나 하잘것없는 존재라고 느꼈다. 그 병원 직원들도 거의 도움이 되지 않았다. 나는 이곳에 머무는 동안 매일 내 위에 군림하면서 내가 이해할 수 없고, 의미도 찾을 수 없으며, 단지 고통만 느끼게 하는 것들을 결정하는 사람들을 상대로 싸웠다. 이윽고 다른 병원으로 옮겨갔을 때 괴물 독수리들은 더 이상 따라오지 않았다. 이들은 내게 있던 문제의 일부가 아니라 단지 내가 이전 병원에서 가졌던 관계에 대한 지각의 반응이었을 뿐이다. 하지만 거기 있던 누군가가 이 모든 것이 어떻게 서로 연관됐는지를 파악했는지 여부는 모르겠다.

다른 증상들은 주기적으로 나타났다. 예를 들어 늑대의 등장은 학교 그리고 식사와 관련이 있었다. 내가 압박을 당하거나 혹은 어떤 식으로든 늑대에게 비난받을 만한 일을 했을 때처럼 말이다. 하지만 요구가 높거나 불안하거나 불편할 때도 늑대가 나타났다. 이들이 언제나 내 가까이에 있던 것은 아니다. 그럼에도 이들은 괴물 독수리보다 좀더 나 자신의 큰 부분을 차지했다. 물론 선장만큼은 아니었지만 말이다. 늑대는 내게 주어진 주제와 문제의 일부를 표현했다. 하지만 그건 정말 크고 근본적인 주제와 문제가 아니라 가벼운 두통과 일시적인 불만거리에 불과한, 일상적인 도전에 지나지 않았다. 늑대는 내가 별로 좋은 상태가 아니라는 사실을 보여주는 방식이었고, 어쨌든 말로 표현하기가 쉬웠다.

진실을 받아들이는 일이
그토록 쉽다면

내가 마지막으로 늑대를 봤을 때가 지금도 생생하다. 나는 오슬로 북부의 블린데른으로 가는 전차에 앉아 있었다. 당시 대학의 심리학과 기초 과정에 다녔는데, 그날은 강의와 그 다음에 이어질 토론식 세미나를 들으러 학교에 가는 중이었다. 나는 전차 안에서 늑대 한 마리가 내 발을 물어뜯고 있는 것을 발견했다. 당당하고 멋있는 늑대가 아니라 누런 이빨에 거친 숨을 내뱉을 때마다 역겨운 냄새를 풍기는, 초라하고 비쩍 마른 늑대였다. 그 늑대가 내 발의 살을 뼈가 드러날 때까지 물어뜯고 있었다. 매우 고통스럽고, 보기에 끔찍했지만 나는 소리를 지르지 않았다. 무섭지 않은 데다 소리를 질러서 다른 승객들이 늑대에 눈길을 주게 만들고 싶지 않았다.

나는 가만히 앉아서 야비한 짐승을 쳐다보며 그가 완전히 옳다고 생각했다. 만약에 호기심과 학문을 향한 진정한 욕망이 최고 점수를 받고 싶어 하는 모든 수강생의 절망적인 싸움에서만 시작된다면, 대학도 늑대랑 똑같이 야비해질 것이다. 선택받은 몇 명만 바늘구멍을 통과해 기초 과정을 지나 본과에 들어갈 수 있기 때문이다. 학문에 대한 갈증이 좋은 점수를 얻으려는 사냥을 통해야 비로소 해소되고, 피와 살이 사라지면 단지 물어뜯어진 생기 없는 뼈만 남는다. 나는 이런 일이 오래전부터 맘에 들지 않았지만 실제로 얼마나 역겨워하는지는 깨닫지 못했었다. 그러다 비로소 이를 똑똑히 깨달았다. 이제 늑대는 완전히 혐오스러운 모습을 하고 바로 내 앞의 바닥에 자리 잡았다. 그는 내 앞에 놓여 있는 것이 매우 불쾌하다는 사실을 깨닫게 했다. 동시에 가능하면 최대한의 품위와 기쁨으로 그것을 극복해야 한다는 것을 알려줬다. 어쩌면 이것은 학문에 대한 호기심과 열망을 되찾는 일이었을지도 모른다. 나는 집에 가자마자 물감을 꺼내야겠다고 다짐했다. 나는 늑대에 맞서 노란 용 몇 마리를 그리고 싶었다. 용을 그린 후에 강의를 들으러 가고부터는 늑대가 다시 나타나지 않았다. 나는 아직도 늑대가 등장했던 때의 상황을 기억한다.

쫓기듯 바쁜 세상에서 이런 시기는 다시 계속해서 나타나며, 나는 지금도 여전히 여기에 반응한다. 하지만 이제는 언어와 감정, 연상을 통해서만 반응한다. 이것은 덜 화려하지만, 훨씬 편리한 방법이다.

증상을 해석하고 그 의미를 밝혀내는 일은 중요하지만 해석에는 항상 커다란 위험이 따른다. 증상을 해석하는 일은 몇 가지 기본 규칙을 따르지 않으면 곧바로 사고로 연결될 위험이 도사리는 고난도 스포츠와 같다. 첫째, 증상은 그 증상을 나타내는 사람의 것이므로, 단지 그 사람만이 어떤 특정한 상황에서 어떤 특정한 행위가 무엇을 의미하는지 결론지을 권리가 있다는 사실을 잊어서는 안 된다. 같은 증상이라도 다양한 상황에서 다른 기능을 가질 수 있으며, 동일한 행위라도 사람마다 완전히 다른 의미를 가질 수도 있다.

또한 해석이 정확하더라도 시기가 정확한지는 확실하지 않다. 예측된 해석은 별 도움이 되지 않는다. 솔직히 말해 내가 병에 걸린 초기 단계에 누군가 "선장은 네가 스스로에게 던진 밑도 끝도 없는 요구를 왜곡한 것에 지나지 않아"라고 말해주었더라도 전혀 도움이 되지 않았을 것이다. 진실을 받아들이고 간직하는 일이 그토록 쉽다면 아마 나는 이를 쪼갤 필요도, 선장에게 전달할 필요도 없었을 것이다. 이런 진실을 마음속에 받아들이는 데는 시간과 공간이 필요하다. 오랜 시간 자신의 삶과 진실에 관심을 갖고, 지원을 해주며, 안정감을 주는 동반자와 함께 연구하는 경우에 주어지는 공간. 선장이 무엇을 위해 존재했는지를 기꺼이 함께 생각해봐도 되는 동반자. 그는 그런 생각을 자기가 품었던 질문의 출발점으로 이용할 수 있지만,

결론을 내릴 권한은 오직 환자에게만 있다는 점을 기억해야 한다.

나는 여러 치료사를 알게 됐고, 매우 다양한 치료법을 경험했다. 처음에 만난 치료사들은 “우리가 당신이 가고 싶은 곳으로 따라가겠습니다”라는 고전적 방식을 치료에 적용했다. 그들은 치료 과정에서 대체로 수동적인 태도를 유지하면서 내가 조종간을 잡게 했다. 나는 어떤 특정한 길을 선택해야만 했다. 문제는 대부분 내가 끔찍할 정도로 길을 잃고 더는 나아갈 수 없는 곳에서 끝이 났다는 것이다. 게다가 면담이 끝나면 나는 최소한 다음 면담 시간까지 이런 답답함에 갇혀 있어야 하는 반면, 치료사들은 가벼운 마음으로 집에 갔다. 나는 미로를 헤매는 나를 안내하고, 결국에는 내가 심각한 병을 앓고 있다고 설명해줄 치료사를 원하지 않았다. 나는 내가 무엇을 하는지 볼 수 있도록 적극적으로 돕고, 의미 있는 대안을 제시해줄 심리치료사를 원했다.

하지만 이것은 줄타기처럼 위험한 균형 잡기다. 사람들은 지나칠 정도로 수동적 자세를 취하고는, 감당할 준비도 되지 않은 환자에게 너무나 많은 책임을 부과할 수 있다. 아니면 반대로 환자가 따라오기도 전에 적극적으로 치료 과정에 영향을 미칠 수도 있다. 또한 환자가 상대가 누군지 알 수 없을 정도로 뒤로 물러서면 관계에 해를 끼칠 수 있다. 나 또한 이런 딜레마를 어떻게 해결할 수 있을까라는 질문에 아무런 답을 찾지 못했고, 나 역시 분명히 실수를 저지른다. 하지만 나는 상대방에게 내가 관심이 있다는 것을 보여주기 위해 노력한다. 그리고 진단이 내려져도 거기에서 멈추지 않고 상대방과 함께 그의 삶과 꿈을 향해 앞을 바라본다. 나 역시 다른 사람이 내가 정말 누구인지 봐주기를 늘 바랐기 때문이다. 나는 일상이 나에게 선물하는 매 순간, 사람들에게 시간을 내려고 노력한다. 내게도 시간이 필요했다는 것을 알기 때문이다.

내가 이런 시간을 받았을 때, 내가 살아온 길과 스스로에게 요구하는 것들에 대해, 이런 요구가 어디에서 나왔는지에 대해, 지금까지와는 달리 어떻게 이것을 극복할 수 있을지에 대해 많이 알게 되었을 때 비교적 쉽게 '선장'이라는 경고등에서 벗어날 수 있었다. 무엇보다 익숙한 습관과 기대를 깨고, 나 자신의 역할과 책임에 완전히 몰두하고, 선장을 그냥 가게 내버려두는 일이 가장 중요했다.

청소년 정신병원의 간병인들이 내 속에 있는 공허감과 벽지를 먹으려는 욕구 사이의 연관성을 보았어도 내 문제를 해결하진 못했을 것이다. 비록 그들이 내 하루하루 일정을 계획함으로써 내가 무슨 일을 하는지를 알고 또 이것을 토대로 치료 과정을 구성했어도, 나는 분명 건강해지지 않았을 것이다. 하지만 나는 좀더 좋은 날을 맞이하고 싶었다. 며칠, 몇 주, 몇 달 동안 전구가 없는 어둑어둑한 곳에서 희망이나 미래에 대한 꿈도, 아무런 일도 없이 앉아 있는 일이 어떤지를 경험해봤기 때문에 좀더 나은 날이 중요하다는 것을, 이런 날이 반드시 필요하다는 것을 안다. 여러 관점에서 봤을 때 좀더 나은 날은 좀더 나은 삶의 시작이 될 수 있다.

그런데 늑대가 아직도 그곳에 있었다. 사람들이 내 얼굴에 대고 내가 늑대의 시대에 살고 있다고 말해야 했을까? 아니면 그들은 이곳에 늑대 한 마리가 있다는 내 말에 동의하고 믿어주며 나와 함께 늑대를 상대로 싸워야 했을까? 나는 그렇게 생각하지 않는다. 직접적인 해석은 그를 잘 알고, 우연히 찾은 아무 길이 아닌 제대로 된 길을 함께 동행해줄 수 있는 사람들에게 맡겨야 한다. 치료 과정에서 환각에 대해 직설적으로 이야기를 꺼내는 것이 어떤 사람들에게는 효과적일 수 있다. 하지만 내게는 너무 사적이고 부끄러웠다.

누군가 나에게 이런 방법을 몇 번 시도했지만, 참을 수 없을 만큼 팽팽한 긴장감만 감돌았을 뿐이다. 이것은 전혀 적합하지 않았다. 결국 내가 보는 것을 치료사들은 보지 못했기 때문이다. 늑대는 나에게 속했고, 나 외에는 늑대와 싸울 사람이 아무도 없었다. 이와는 달리 감정은 함께 나눌 수 있다. 우리에게는 모두 감정이 있다. 나는 내가 느끼는 것을 함께 나누려는 사람들을 소중하게 여기는 법을 배웠다.

"내 눈에는 늑대가 보이지 않아. 하지만 무엇인가가 죽을 만큼 무서워지면 어쩌면 나도 그들을 볼 수도 있겠지. 너 지금 두려워?"

불안, 무기력함, 무력감, 슬픔, 절망감, 수치심은 우리 모두가 이해하는 감정이며, 우리는 그 속에서 자신을 다시 찾을 수 있다. 그다음에 우리는 진단과 증상, 범주에서 벗어나 사람이 되기 시작한다. 인간과 인간적 감정은 다른 사람 눈에 보이고, 공유될 수 있다. 늑대를 보았을 때 나는 스스로를 작고, 속수무책이고, 두렵고, 외롭다고 느꼈다. 이럴 때 나는 누군가 내가 어떤지 살펴보고, 내게 관심을 갖고, 안정감과 약간의 보살핌을 제공해주기를 바랐다. 늑대 때문에 휠씬 더 힘든 것은 아니었다. 그들은 단지 계속 되풀이되고, 이해 가능하며, 다른 옷을 입고 있는 인간의 감정이었다. 그뿐이었다.

나에게조차 솔직할 수 없던 시간들

내 병실 옆에 입원해 있던 남자아이는 자주 외계인의 공격에 시달렸다. 외계인들은 아무 때나 다양한 모습으로 나타나는 능력이 있었는데, 그 아이가 방을 치워야 할 때도 종종 찾아왔다. 별로 놀라운 일은 아니다. 청소년기의 아이들은 보통 방 청소를 좋아하지 않는 게 당연하고, 청소를 피하려고 모든 술수를 이용하는 법이니까. 정말 갑자기 아직 하지 않은 숙제가 생각나거나, 친구와의 굉장히 중요한 약속이 떠오르곤 한다. 운동을 가야 하거나 개를 산책시켜야 하거나 어떤 텔레비전 방송을 봐야 할 수도 있다. 청소하라는 말을 못 들은 것처럼 슬쩍 문을 닫고 나가버리지 않는다면 말이다. 이 모두는 완전히 정상이다. 하지만 옆 병실에 있던 아이는 이런 핑곗거리 중에 쓸모 있는 것을 하나도 찾지 못했다. 숙제나 운동은 할 필요가 없었고, 친구와 개도 없었으며, 텔레비전은 폐쇄 병동의 맨 끝에 있는 자물쇠가 채워진 방에 있었다. 그런데 이 남자

아이는 몇몇 청소년만이 지닌 무언가를 가지고 있었다. 외계인의 공격이라는 증상은 그 아이가 방을 치우지 못하는 타당한 이유가 되었다.

나는 그 아이가 외계인을 보지도 느끼지도 못했다거나 내가 그들의 존재를 믿지 않았다는 말을 하려는 것이 아니다. 이 점에 대해서는 한 치의 의심도 없다. 하지만 외계인이 남자아이가 싫어하는 일에서 그를 해방시켜주기 위해서만 존재했다고도 생각하지 않는다. 나는 그가 정말 고통을 받고 있으며, 우주에서 날아온 공격을 두려워한다고 느꼈다. 시간이 지나면서 나는 그가 살아온 날과 그의 내적 갈등에 의해 벌어지는 공격과, 방을 치우지 않기 위한 유일한 핑곗거리로서의 공격을 구분할 수 있게 됐다. 그런데 이 핑계는 효력이 있었다. 내가 청소할 차례가 되었을 때 늑대가 너무 많이 돌아다니는 탓에 복도 청소에서 면제되었듯이, 이 남자아이도 보통은 방을 치우는 일을 면제받았다. 사실 완전히 면제되는 것이 아니라 상태가 좋아지는 시점까지 의무가 연기되는 것뿐이었다. 하지만 누군가 우리에게 상태가 좋아졌는지를 묻는다면 우리는 모르겠다고 대답할 터였다. 그 남자아이도 나만큼이나 이런 것을 잘 알았다.

어느 면에서 우리 둘은 일상적 언어의 일부를 빼앗기고 이를 다른 것으로 대체했다고 할 수 있다. 그리고 이때의 '다른 것'은 전적으로 우리에게 나타난 증상과 관련이 있었다.

빼앗긴 언어,
슬픈 언어

환자의 증상을 이해하는 한 가지 방법은, 이를 환자가 현재 처해 있는 삶의 상황에 대한 응답으로 간주하는 것이다. 물론 환자가 그 상황에서 어떤 가능성을 느끼는지, 무엇을 경험하는지도 고려해야 한다. 이 방법을 통해 증상은 언어가 되고, 환자의 욕구나 희망 사항은 우선 언어로 표현된다. 사람들은 증상을 통해 이런 욕구를 만족시키려고 애쓴다.

대부분의 입원 환자는 본연의 언어를 빼앗기고, 이를 기관의 사회적 규범에 적합한 일종의 비밀 언어로 대체한다. 환자를 둘러싼 병원 직원들이 그렇게 의사소통하기를 기대하기 때문에 훨씬 더 잘 통하는 언어다. 비밀 언어는 '두려운'이 '불안한' '고통스러운' 혹은 '슬픈'이 되는 것만큼 매우 간단할 수 있다. 아니면 '목소리가 너무 크다'라고 말할 수 있다. 이런 언어의 변화를 전혀 위험하지 않다고 할 수는 없다. 그런데 사람들이 증상을 통해 자기가 원하는 바를 실행하는 것이 아니라 언어가 그 효력을 잃는 데 진정한 위험이 있다. 우리는 '하고 싶지 않다'가 늑대나 외계인이 되고, '하고 싶다'가 '병이 이렇게 하라고 요구하기 때문에 해야만 한다'로 바뀌는 게임을 하도록 이끌린다.

병동에는 우리가 언제 샤워를 해도 되는지를 정해놓은 규칙이 있었다. 욕조와 샤워실을 사용할 수 있는 날짜와 시간을 정해둔 것이다. 여기에 적혀 있는 시간 외의 시간에 씻고 싶은 사람은 각자의 방에 있는 세면대를 써야 했다. 나는 정해진 시간이 지나고 샤워를 하고 싶었던 적이 있다. “지금 샤워하고 싶은데 괜찮겠어요?”라고 묻는 방법은 전혀 통하지 않았다. 이런 경우에는 항상 규칙과 날짜와 시간에 대한 훈계를 한바탕 들어야 했다. 하지만 내가 울부짖고 가끔은 상처가 생기도록 피부를 할퀴면서 목소리들이 나에게 샤워하라고 한다고, 그리고 내가 너무 더럽고 추하고 역겹게 느껴진다고 주장하면 샤워실 문을 열어줄 확률이 훨씬 더 높았다. 하지만 그러고 나면 나는 매번 창피함과 수치스러움에 괴로워하며 움츠러들었다.

내가 잘못했다. 나는 그들을 속이고 기만했을 뿐만 아니라 나 스스로도 기분이 좋지 않았다. 나는 이런 행동을 인정하고 싶지 않았다. 내가 스스로에게 갖고 있던 그림과 전혀 일치하지 않았기 때문이다. 나는 내가 솔직할 때 훨씬 더 기분이 좋다. 하지만 당시 외부 상황은 내가 절대로 솔직하게 행동할 수 없게 만들었다. 그래서 엄격히 따졌을 때 전혀 필요도 없고, 치료 차원에서도 아무런 의미가 없는 잘못된 시간대에 목욕을 하고 싶으면 내가 마치 범죄자가 된 듯한 기분이 들었다.

하지만 이 같은 상황은 또 다른 문제를 품고 있다. 즉 누군가에게 ‘무엇인가 하고 싶다’, 아니면 ‘그럴 마음이 없다’라는 생각이 틀렸다는 인상을 주기도 한다는 점이다. 하지만 이는 절대 잘못된 생각이 아니다. 지극히 일상적이고 정상적인 것이다. 우리는 무언가를 다른 것보다 더 하고 싶을 때가 항상 있다. 물론 하고 싶지 않은데 해야만 하는 일도 있고, 아니면 하고 싶은데 해서는 안 되는 일도 있다. 그렇다고 무엇인가 하고 싶다는 마음이 잘못된 것은 아니다. 무엇을 원하는지 느끼는 일은 중요하다. 자신의 삶에 어떻게 의미와 기쁨을 부여할지를 알려주는 좋은 정보이기 때문이다. 그럼에도 나는 '흥미'와 '원하다'라는 단어를 언어의 레퍼토리에서 삭제하고, 대신 '병 때문에 꼭 해야 된다'라는 단어로 대체하는 사람들을 매일 마주친다. 이런 사람들을 보면 정말 마음이 쓰리도록 슬프다.

성인 환자가 머무는 다른 병동에서 아침 조회를 진행하는 간호사가 조회 시간이 끝나고 바로 운동하러 가고 싶은 사람이 있는지 환자들에게 물었다. 이것은 완전히 불필요한 언어였다. 이 운동이란 것은 의무였기 때문에, 다리에 통증이 있는 한 남자 환자를 빼놓고는 모두가 반드시 참여해야 했다. 이 남자는 방금 전에도 담배를 피우러 나갔다 오고, 아침 내내 멀쩡하게 온 병동을 돌아다니고는 지금은 고통이 너무 심해서 조금도 움직일 수 없다고 한다. 간호사는 멍청한 질문을 몇 가지 더 했다. 그녀가 갑자기 기본적인 규칙을 깨기 전까지 우리 모두 다 잘 알고 있었기 때문에 멍청하다고 하는 것이다. 간호사는 빼앗긴 언어를 사용하면서 모두가 알고 있던 것을 그 남자의 얼굴에 대고 직접 말했다. "난 당신이 운동하러 가는 것에 흥미가 없다는 생각이 드는데요. 우리 모두에게 운동할 생각이 없다고 말할 수 있어요?" 이를 통해 언어를 다시 찾은 남자는 하고 싶지 않다는 말을 하면 간호사가 이것을 절대 이유라고 인정하지 않을 테니까, 그렇게 말하지 못한다고 설명했다. 간호사는 그의 말을 부정하고, 그가 자기의 단어를 이용해서 직접 말해야 한다고 답해주었다. 남자는 그렇게 말했고, 우리 모두 그를 따라했다. 이날 오전에는 병원 직원만 운동 시간에 참여했다.

다음 날 아침에는 다시 모든 것이 똑같아졌다. 나는 운동을 하러 갔고, 다른 사람들도 운동을 했다. 아무런 문제도 생기지 않았고, 모든 것이 괜찮았다. 나는 운동을 좋아했기 때문이다. 전날에는 운동이 싫어서 거부한 게 아니었다. 단지 내가 무엇을 하고 싶은지 아닌지를 솔직하게 말할 수 있다는 것과 내 말이 존중된다는 느낌이 너무나 환상적으로 느껴져서 그냥 '아니요'라고 대답했을 뿐이다. 단어가 마침내 예전의 의미를 되찾고, 짧은 순간이나마 자유롭게 사용될 수 있는 것이 너무나 좋았기 때문에 나는 '아니요'라고 말했다. '아니요'라는 단어를 마지막으로 써봤던 것이 벌써 오래전이었던 데다가, 이 시간이 지나면 다시 '아니요'라고 말할 수 있을 때까지 오래 기다려야 된다고 생각했기 때문에 '아니요'라고 했다.

관심받고 싶다는
추하고 이해할 수 없는 욕망

'욕망'이 사라지는 여러 이유 중 하나는 치료를 받는 과정과 일상적인 세상에서 사람들과 마주하는 방식 때문이다. 하지만 다른 한편으로는 금지되거나 수치스러운 욕구에 대한 두려움과 싸워야만 하는 사람에게서 종종 더 강하게 나타나는 공포 때문이다. 우리는 이로써 빼앗긴 언어의 핵심에 도착했다. 이것은 전혀 쉽지 않음에도 항상 존재한다. 종종 무의식적이긴 해도 사람들이 절대로 시인할 수 없는 무언가에 대한 부끄러움에 일그러진 모습처럼.

예를 들어 외롭다는 것, 누군가 자신을 봐주기를 바란다는 사실을 인정할 수 없는 것처럼.

나는 한 가지는 매우 빠르게 배웠다. 내가 두렵고, 슬프고, 외롭고, 상태가 별로 좋지 않다고 병동의 직원에게 말하면 그들은 항상 무엇인가 다른 것을 생각해보라고 말했다. 예컨대, 휴게실에 앉아서 다른 환자들과 카드놀이를 하거나 책을 읽으라고 말이다. 내가 필요한 것은 이런 게 아니었다. 이것은 두려운 목소리가 야기하는 고독한 혼란과 엉클어진 충동을 싸워 이기는 데는 아무 도움도 되지 않았다. 직원들도 분명 이런 사실을 알았다. 하지만 이것이 그들이 낼 수 있는 시간이었고, 나에게 해줄 수 있는 일이었다. 심리치료소는 예나 지금이나 직원은 턱없이 부족한 반면 환자는 넘쳐나서, 상태가 나쁘다거나 슬프다고 말하는 모든 환자를 돌볼 시간을 충분히 낼 수 없기 때문이다.

어쩌면 그들은 내게 좀더 자립적인 생활을 가르치려고 했는지도 모른다. 그럼으로써 내가 어떤 어려움이 있을 때마다 매번 그들에게 조르르 달려가는 대신에, 혼자서 상황을 해결할 수 있는 나만의 전략을 계발하도록 말이다. 그들이 정말로 이렇게 생각했다면 매우 이성적인 것이었다. 되돌아보면 그들은 정말 옳았다. 정확히 나는 그런 것이 필요했기 때문이다. 하지만 나는 전략이 없었고, 나를 둘러싼 혼란도 제대로 납득하지 못했다. 그렇기에 지원과 도움이 필요했다. 나는 자립이나 전략을 스스로 학습할 수 없었다. 면허증에 잉크도 마르지 않은 생초보를 혼자 차에 태운 뒤 문을 닫으면서 "그래, 그럼

한번 잘 타봐. 이성적이고 조심스럽게 운전하는 법도 배우고"라고 말하는 사람은 아무도 없다. 그러는 것은 완전히 무의미하며, 무책임하다. 내가 정신질환을 앓는 내 머릿속에서 벌어지는 일을 혼자서 파악하고, 더구나 내 삶과 혼동, 현실을 해결할 올바른 전략을 강구하기를 기대하는 것 역시 무의미하고 무책임했다. 나는 전략을 찾지도 않았고 찾을 수도 없었다. 결과는 뻔했다. 외로움이 점점 불어나고, 목소리가 계속해서 커지고, 대화를 나눌 누군가가 필요할 때면 나는 칼로 손목을 그었다.

병원 직원이 이것을 보지 않고 지나칠 수는 없었다. 완전히 못 볼 수는 없었다. 어쨌든 그들은 방에 흩어져 있는 유리 조각을 쓸어 담고 상처를 치료해야 했기 때문에 얼마 동안은 내 옆에 있었다. 어떤 직원들은 흐르는 피를 봤을 때에야 비로소 내가 정말 잘 못 지내고, 누군가 필요하다던 말이 진심이었음을 깨닫기도 했다. 그나저나 내가 스스로 상처를 내면 이것은 자주, 정말 자주 잘 먹혀들었다. 물론 자해가 항상 효과가 좋은 것은 아니었지만 어쨌든 말로 할 때보다 훨씬 효과가 컸다. 말은 통할 때가 거의 없었기 때문이다. 이 시기에 내가 내뱉은 말의 가치는 굉장히 낮았기에, 시간이 지남에 따라 행동으로 보여주는 수밖에 없었다.

내 의료 기록을 보면 이와 관련해서 액팅 아웃acting out(행동화. 내적으로 금지된 감정과 소망, 혹은 억눌린 고통, 공포, 환상, 기억 등과 연관된 불안을 다스리려는 무의식적 욕구가 촉발한 모든 외적 행동을 통해 감정을 해소하는 방법-옮긴이)과 조작이라는 말이 적혀 있다. 내 현실에서 이것은 남들이 내 말을 듣고 이해하는 데 필요하기 때문에 배운 행동이었다. 하지만 조작이라는 단어는 전혀 맘에 들지 않는다. 개인적으로는 조작이라는 단어를 환자의 참여와 같은 말로 대체했으면 좋겠다. 이 말이 현장에서 자주 사용되며, 훨씬 긍정적이기 때문이다. 또한 이것은 자신의 삶에 영향을 미치고, 통제하며, 자신의 치료에도 실제로 영향을 주었으면 하는 지극히 인간적인 소망을 다루는 문제이기 때문이다. 사람들은 이 같은 소망을 이루기 위해 자신에게 주어진 모든 수단을 이용하기 마련이다.

심리학에는 '기본적 귀인 오류'라는 개념이 있다. 굉장히 복잡하게 들리지만 사실 매우 간단하다. 이 개념은 우리가 우리 행동의 원인을 평가할 때 인간으로서 매우 자주 저지르는 잘못을 의미한다. 일반적으로 우리는 바보 같은 짓이나 달갑지 않은 일을 하게 만드는 것이 우리가 속해 있는 환경의 영향이라고 생각한다. 지각을 한 까닭은 교통 체증 때문이고, 약속을 잊어버린 이유는 사람들이 너무 많은 일을 던져주었기 때문이다. 이런 식으로 생각하고 말할 수 있는 것은 교통 상황이 어땠는지, 또 얼마나 할 일이 많았는지를 알기 때문이다. 또한 잘 안 된 행동에 대해 침묵함으로써 자존감을 지키려는 솔직하면서도 건강한 욕구가 있기 때문이다. 반대로, 다른 사람이 멍청한 짓을 하면 전체 상황을 세세히 알지 못하고, 그의 자존감에 대해 특별히 책임감도 느끼지 않으므로 상대를 부정적으로 평가하게 된다. "그는 원래 덜렁거려", 아니면 "그 여자는 본디 신뢰할 수가 없어"라는 식으로 말이다. 특히 어떤 이유에서인지 그가 '우리와 같지 않다'고 생각되면 이 같은 평가는 더욱 뚜렷해진다. '그와 우리'라는 문제는 정신과 치료나 간병에서 매우 흔하므로, 자연스럽게 이런 종류의 설명 오류에 취약해진다. 그러면 사람들은 그들이 처한 상황에서 뭔가를 바꿀 수 있는 가능성이 있는지를 궁금해하기보다는 그저 '조작'으로 간주하는 것이 당연하다. 이 경우 성향의 묘사가 제대로 이루어졌는지, 아니면 자칫 상황에 대한 묘사가 우선됐는지를 자문하는 것이 바람직할 터다. 하지만 '기본적 귀인 오류'가 근본적이고 기본적이고 만연해 있다면, 그것 자체가 바로 오류다.

행동 연구에 따르면, 어떤 반응을 일으킨 행위, 그리고 행위자에게 긍정적으로 평가된 행위는 반복될 확률이 높다. 반면 어떤 반응도 일으키지 못하거나 원하는 반응을 얻지 못한 행위는, 저절로 사라지거나 목표에 맞는 행위에 의해 대체된다. 시간이 흐르면서 이런 이론은 쥐와 개, 아동, 근로자, 환자, 심리학과 학생 등을 대상으로 진행된 수많은 실험에서 입증됐다. 당연한 결과다. 경험상으로도 우리가 무엇인가를 원할 때 이전에 성공했던 행동 방식을 다시 이용할 확률이 훨씬 높다. 우리는 경험을 통해 어떤 것이 효과가 있는지 없는지를 배운다. 따라서 내가 바로 그 행동을 통해 목표에 이르렀다는 사실을 경험으로 알기 때문에, 스스로를 상처 내는 일은 영리한 것이 아니라 멍청하고 무의미한 것이라는 말은 큰 도움이 되지 않는다.

물론 나는 이런 생각을 드러내지 않았다. 나는 말로는 언제나 병원 직원의 의견에 완전히 동의했다. "자해를 하다니, 아니 목소리가 하는 말을 그대로 듣다니, 정말 멍청한 짓이에요"라고 말이다. 나는 이에 대해 말하고 진지하게 생각하며 매우 이성적으로 보일 수 있었다. 하지만 대개는 말로만 그쳤다. 나는 하던 짓을 그만두지 않았다. 결국 효과가 있었던 것은 이런 행위였기 때문이다. 하지만 나는 아무에게도 이런 말을 하지 않았다.

나에게조차도 제대로 털어놓지 못했다. 그랬다가는 두 가지 사실을 더 시인해야 했기 때문이다. 즉 내가 바랐던 것과 원했던 것, 그리고 내가 실제로 어떤 상황에서는 어느 정도 스스로를 통제할 수 있었다는 것을 말이다. 그것은 너무나 부끄럽고 창피한 일이어서 누군가에게 말할 생각은 감히 하지 못했다. 나는 관심과 보살핌에 대한 욕망, 즉 관심을 받고 싶고 외로움에서 벗어나고 싶다는 추하고 저급하고 이해할 수 없는 욕망을 갖고 있다는 사실을 인정하고 싶지 않았다. 그래서 내가 걸린 병에, 목소리에 혹은 다른 어떤 것에 그 책임을 전가했다. 나는 가장 최악이 무엇인지 알았다. 바로 "그 애는 단지 관심받고 싶어서 그러는 거예요"라는 말이었다. 나는 절대 이를 인정하지 않았을 것이다. 나 자신에게조차.

사람들이 어떤 상황에서 다소 의식적으로 사용하는 비밀 언어와는 반대로, 나는 빼앗긴 언어를 의식에서 떨어뜨리려 최선을 다했다. 내가 청소를 해야 할 때마다 늑대가 자주 나타났다. 이는 간단한 문제가 아니었다. 어쩌면 늑대와 청소 사이의 연관성을 파악했더라도, 나는 무언가를 하거나 하지 않음으로써 늑대를 막을 수 있다는 사실을 터득하지 못하거나 터득하고 싶어 하지 않았을 것이다. 나는 늑대가 내 통제력 밖에 있다는 것을 경험했고, 또 그대로 경험해야만 했다. 나는 그들을 실제 늑대로 보아야 했고, 내가 그들의 존재에 영향을 미친다고 고백할 수 없었다. 결국 그건 내가 게으르며, 또 미쳤다고 자백해야만 한다는 사실을 의미했기 때문이다.

내가 감당하기에는 너무 힘든 일이었다.

나는 누군가 나를 보살펴주고 관심을 가져주고 내게 시간을 내주는 일이 가치 있는 일이기를 바랐다. 이것은 하나의 사실이었다. 이 욕망이 너무나 강해서 내가 원하는 반응을 억지로 이끌어내고자 의도적으로 무엇인가를 할 정도였다. 하지만 이에 대한 생각만으로도 너무나 고통스럽고 기괴해서, 이 같은 바람이 내 의식 근처에 다가오지 못했다. 나는 이런 생각을 내 영혼이 제공할 수 있는 이중문과 모든 잠금장치를 이용해 잘 가두었다. 그럼에도 사람들이 "걔는 그걸 의도적으로 한 거야" 혹은 "관심을 끌려고 한 짓이야"라고 말하면 두려움에 가득한 부끄러움이 나를 날카롭게 찌르는 것을 느꼈다. 이것은 나를 아프게 했다.

내가 지닌 모든 잠금장치는 나를 두려움에서 지키지 못했다. 내가 의도적으로 그러는 거라는 사람들의 말이 옳다고 생각했기 때문이다. 나는 어쩔 줄을 몰랐다. 이것은 절반의 진실이었기 때문이다. 마치 한편으로는 내 앞에서 곰이 으르렁대고 있는데, 다른 한편으로는 곰이 온순하고 그의 뒤에는 조련사가 서 있다고 하는 것과 같았다. 이런 상황에서 느끼는 두려움은 진실의 두 번째 부분을 통해서만 해결된다. 다시 말해 나의 바람이 지극히 정상적이라는 것과, 기회가 주어진다면 다른 모든 사람들처럼 사회적으로 용인된 방식으로 내 욕구를 충족시킬 능력이 있다는 것을 앎으로써. 하지만 이런 진실은 등 뒤에 있었다. 내가 치료를 통해 뒤로 돌아서서 그곳에 있는 진실을 똑바로 응시할 수 있기까지 오랜 시간이 걸렸다. 그제야 나는 눈을 크게 뜨고 앞에 서 있는 곰을 그대로 인정할 수 있었다. 전체 그림을 파악한 뒤에는 내 통제력이라는 끔찍한 부분이 더 이상 그렇게 견디기 어렵지만은 않았다. 하지만 이를 깨닫기 위해서는 전체 그림이 필요했다.

그래서인지 예전에 똑똑하고 친절하고 겸손하지만 따돌림을 당하던 소녀였던 내가 원하던 것, 즉 관심과 보살핌에 대한 욕구를 인정하는 데 문제가 있었음을 이해하는 일은 그리 어렵지 않았다. 당연하고 이해되는 일이다. 이를 이해하기 위해서는 심층적인 심리학도 필요 없다. 내가 이것보다 이해하기 어려웠던 부분은, 정신병원의 체계 역시 완전히 기본적인 이런 욕구를 인정하는 데는 꽤 반감을 가지고 있다는 사실이었다. 나는 개인으로서만 부끄러워한 것이 아니었다. 이 부끄러움은 병원 직원의 의견과 환자 차트에 적힌 표현을 통해서도 커졌다. '관심을 받고 싶어 함'이라는 차트의 표현은 매우 적절한 것이었다. 하지만 나는 이 같은 욕구를 제대로 처리하기 위해 어떻게 행동하는 것이 올바르고 이성적인지를 묻는 사람을 단 한 번도 만나지 못했다.

당시에는 환자로서, 그리고 지금은 심리학자로서 드는 생각은 정신병원이 대체로 그들의 환자와 동일한 의견을 주장한다는 것이다. 즉 우리는 원한다면 혼자서라도 북극까지 갈 수 있는 자랑스럽고 끈

질기며 자립적인 사람들이다. 우리는 무슨 일이 있더라도 홀로 설 수 있으며, 어떤 경우에도 다른 사람들의 관심과 보살핌을 받고 싶다는 생각에 빠질 만큼 깊이 추락하지 않는다. 무슨 일이 있어도 환자는 그러면 안 된다.

'관종'과
정신적 영양실조

건강하다고 여겨지는 또 다른 우리는 매우 자주 관심을 받고 싶어 한다. 거의 매일. 회사 동료가 갑자기 우리를 보고도 인사를 하지 않고, 우리와 대화를 나누지 않고, 휴식 시간에도 우리와 같은 자리에 앉기를 꺼린다면, 우리는 그가 무례하고 뻔뻔하고 못됐다고 느낄 것이다. 상사가 자리를 비우고 우리의 일을 점검하지 않으면, 시간이 지날수록 일하고 싶은 동기와 흥미가 눈에 띄게 줄어든다. 우리는 친구와 가족이 우리가 무슨 일을 하는지 알기를 바란다. 그리고 기쁠 때나 슬플 때, 이사할 때나 아이를 돌봐줄 사람이 필요할 때, 혹은 단순히 이야기를 나누거나 무엇인가를 같이하고 싶을 때 이들에게 연락한다. 우리는 이웃이 우리가 어떻게 지내는지, 또 필요로 하는 것이 무엇인지 파악할 수 있을 정도로 우리에 대해 잘 알기를 내심 바란다. 거꾸로 우리와 가깝게 지내고, 주변에 있는 다른 사람들에게도 이렇게 해주고 싶어 한다. 사람은 사회적 동물이기에 사회적 집단이 필요하다. 그런데 '관종'과 같은 비하적인 표현은 어디에서 나오는 것일까? 대체 이런 표현을 어떤 의도로 사용하는 것일까?

사람이 다른 사람과 교류하고 싶어 하는 것은 병이 아니다.

오히려 정반대다. 나는 사회적 후퇴와 과도한 고립이 훨씬 더 심각한 현상이라고 생각한다. 누군가 다른 사람들과 장기간 연락을 끊는다면, 이것은 무엇인가 잘못됐다는 신호일 때가 많다. 하지만 다른 사람과 교류하기를 갈망하는 것은 아픈 것이 아니라 오히려 건강하다는 신호다.

관심을 원하는 욕구는 위협당하거나 위험하다고 느낄 때 당연하게도 더욱 강해진다. 누군가 선창의 안벽에 떨어져 도와달라고 외치면 "관심받고 싶어서 저러는 거야"라며 그냥 지나칠 사람은 없을 것이다. 선창 안의 사람은 당연히 다른 사람이 주의를 기울여주기를 원한다! 생사가 걸린 위험을 혼자 헤쳐나올 수 없는 상태에서는, 그를 구해줄 다른 사람의 관심을 끄는 것이 살아남을 수 있는 유일한 방법이다. 고함 소리를 들은 사람은 그를 돕기 위해 모든 수단을 동원할 것이다. 그렇기에 정신병원에서 사람들이 도움을 요청한다고 차트에 기록은 하지만, 어떤 종류의 도움이 적절한지와 이런 요청에 어떻게 대응해야 하는지를 전문적으로 반영하지 않는 상황을 보면 깜짝 놀라게 된다.

이것은 마치 영양실조 환자에게 음식을 주지 않고, 영양실조의 원인을 규명하지 않으며, 앞으로의 조치도 제안하지 않은 채, 단지 환자의 차트에 생명이 위협받을 정도의 영양실조에 걸렸다고 적는 것과 다름없다. 그렇다. 왜 이 상황에 대처하지 않았는지 이유도 묻지 않고 말이다. 물론 비유일 뿐이다. 현실에서는 영양실조 환자를 절대 이런 식으로 치료하지 않기 때문이다. 하지만 보살핌과 관심의 부족 탓에 정신적으로 영양실조에 걸린 사람에게는 분명 제대로 된 조치가 이루어지지 않는다. 정신적 영양실조에 걸린 환자는 자신의 병을 부끄러워해야 한다는 생각 때문이다.

심지어 글을 쓰고 있는 지금도 내가 환자였을 때 관심을 받고 싶어 했던 욕구에 대해 이야기하는 것보다는, 치료자로서 환자가 표현하는 관심받고 싶어 하는 욕구를 인정해야 한다고 말하는 것이 훨씬 쉽고, 마음 편하게 느껴진다. 사실 내가 환자일 때 관심받고 싶어 했던 욕구에 대해 말하기 싫다. 창피하고 불편한 느낌이 들기 때문이다. 또 내가 그런 욕구를 시인하면 사람들이 나를 어떻게 생각할지 눈앞에 그려지기 때문이다. 이것은 내가 얼마나 수치심을 느끼는지 보여준다. 그리고 환자들이 질환은 그들 행동의 원인일 뿐, 스스로 통제 가능한 것은 아니라는 점에 연연한다는 사실을 알려준다. 한편으로는 바라면 안 되는 것을 바라고, 다른 한편으로는 그 욕구를 충족시키기 위해 무언가를 적극적으로 해야 한다는 것은 두 배로 수치스러운 일이기 때문이다. 예를 들어, 자해가 그렇다. 혹은 어떤 책임을 늑대나 선장 등에게 전가하는 일이 그렇다.

물론 이런 문제에 있어서는 관심만이 주제가 아니라, 또 다른 욕구도 다루어진다. 예컨대, 분노를 표출하고 싶은 욕구가 있다고 하자. 아니면 위협적으로 다가오는 어떤 상황에 저항하려는 욕구, 혹은 쉬고 싶은 욕구를 생각해볼 수 있다. 이런 것은 분노와 시기 혹은 중독과 같이 금지된 감정일 수 있다. 아니면 다른 욕구들도 있을 수 있다. 사람들은 인정할 수 없는 무언가를 바라며, 의식적이든 아니든 이전에 성공했던 일을 한다. 병의 증상은 인정받기에는 아직 힘이 부족한, 지극히 정상적인 욕구를 정당화하기에 훌륭한 수단이다. 증상은 이런 욕구가 있는 사람을 돕고, 그가 속한 각각의 환경에서 공존할 수 있도록 한다.

삶에 대한 통제력을 잃으면

1998년 호바르 벤트센Håvard Bentsen은 다른 가족 구성원이 정신질환이 있는 가족 구성원을 어떻게 대하는지와, 어떤 요인이 이런 방식에 영향을 끼치는지를 연구했다. 벤트센은 결정적으로 가족이 전하는 적대감과 반감 그리고 비판의 등급을 정하는 다양한 요인들을 밝혀냈다. 이 요인 중 한 가지는 환자에게 '책임이 있다' 혹은 '아프다'와 같은 평가였다. 가족들이 환자를 아프다고 판단하고 그의 행동에서 이런 증상을 보면, 비판적인 태도나 적대적인 생각은 줄어든다. 하지만 환자의 행동을 의식적이고 의도적이라고 평가하면, 좀더 비판적이고 공격적인 반응을 보이는 경우가 많다. 즉 '건강한' 사람은 자신의 행동에 대해 책임이 있는 반면, 아픈 사람은 결과가 얼마나 심각한지를 파악하기도 전에 훨씬 더 지나친 행동을 할 수 있다.

하지만 환자가 자신에게 필요한 것을 '허용'할 수 있고 따라서 자신의 욕구까지 충족시킬 가능성이 있다고 해도, 이것은 이상적인 상황은 아니다. 자신이 받은 것에 대해 진심으로 기뻐할 수 없기 때문이다. 나는 나 자신이 아니었기에 그것을 원했던 것은 내가 아니라 단지 병이었다. 원하는 것을 얻는 일과 자신의 욕구를 이해받고 인정받는 일은 같지 않기 때문에 결코 지속적이며, 진지한 해답이 될 수 없다. 시인할 수 없는 욕구, 아예 인정받지 못하고 숨겨진 상태로 용서와 연관되어야만 충족되는 욕구는 항상 새롭게 확인받아야 한다. 이런 욕구는 결코 완전히 해소될 수 없으며, 발전 또한 없다. 바라던 것 중에서 한 가지가 충족되더라도 이해와 인정 혹은 통제에 대한 욕구, 본인의 삶을 스스로 조종하려는 본래의 욕구는 만족스럽지 못한 상태로 남아 있기 때문이다.

책임과 통제는 함께 짝을 이룬다. 통제 불가능한 것에 대해서는 책임을 지지 못하고, 통제 가능한 것에 대해서는 책임이 따른다. 한 사람이 책임을 잃거나 어떤 상황에 대한 책임을 빼앗기거나, 혹은 더욱 심한 경우 해당 상황에서 자신의 행동에 관한 책임까지 잃으면, 그는 상황에 대한 통제력도 잃는다. 본인의 삶에 대한 통제력을 잃으면 이는 반드시 흔적을 남긴다. 이미 1979년 재노프 불먼Janoff-Bulman은 일정한 통제력을 유지하는 일이 얼마나 중요한지를 보여주는 연구를 진행했다(1982년 브릭먼Brickman과 공저). 재노프는 성폭행의 피해자들을 관찰했다. 그중 많은 여성들이 사건 직후 자신을 희생자로 인정하지 못하고, 오히려 자신에게도 책임이 있다고 말했다. 몇몇 여성은 자신이 너무 선정적으로 옷을 입었다고 말하거나 혼자 돌아다닌 것이 멍청했다고 생각했다. 또 다른 여성들은 전형적인 '만약에 ~했더라면'이라는 생각을 가지고 있었다.

하지만 주위 사람들은 피해자와는 달리 이런 생각이 과장된 자책감의 표현이라고 반박했다. 피해자와 가까운 모든 사람들은 피해자가 아무런 죄가 없으며, 성폭행범에게 전적으로 책임이 있음을 분명히 하는 것이 중요했다. 당연히 맞는 말이다. 하지만 다른 한편으로는 피해자가 일부 상황을 통제할 수 있었다고 생각함으로써, 이들의 통제력과 예측 가능성이라는 현실적 욕구를 충족시킬 수 있다. 끔찍한 사건을 의식적 행동을 통해 피할 수 있다고 하면, 최소한 자신의 삶에 대해 어느 정도의 통제력을 가질 수 있기 때문이다. 피해자가 사건을 막기 위해 무어라 할 수 있는 말도, 할 수 있는 일도 전혀 없다는 것이 정말로 맞다면, 이들은 순전히 무작위 게임의 무력한 희생자가 되어버린다. 그 결과 그들의 눈에 세상은 너무나 위협적이며, 예측 불가한 곳이 되어버린다. 그들이 아무런 영향도 끼칠 수 없는 온갖 일이 발생하는 그런 장소 말이다.

'불필요한' 자책감을 부인하려는 선의의 시도는 역효과를 낼 수 있다. 죄와 책임과 통제는 서로 밀접하게 연관되어 있기에, 자책감을 부인하려는 시도는 통제력을 가지려는 사람의 감정을 파괴하고, 그를 무력화시켜서 의존적 존재로 느끼게 할 수도 있다. 주변 사람들이 피해자에게 "이제 모두 지나갔어" 혹은 "지금 상황에서 우리가 할 수 있는 최선을 다하자"라고 요구하면 다음 단계에서 갈등이 일어난다. 최악의 경우에 통제력이 부족하다는 느낌은 심지어 상처 극복에

장애가 될 수 있다.

심리학자 데이비드 글라스David Glass와 제롬 싱어Jerome Singer는 실제로는 통제가 불가능한 상황일지라도, 우리가 통제력을 가졌다는 느낌을 갖는 일이 얼마나 중요한지를 연구했다. 두 심리학자는 두 실험 집단에 정확하게 동일한 과제를 제시했다. 간단한 수학과 독해 문제였다. 한 집단은 끊임없이 들려오는 예측 불가능하고 귀에 거슬리는 소음 때문에 문제를 푸는 데 방해를 받았다. 반면에 다른 집단은 조용한 분위기에서 문제 풀이에 집중할 수 있었다. 두 집단은 짧은 휴식 시간이 지나고 새로운 과제를 받았다. 이번에는 두 집단 모두 편안하게 문제를 풀 수 있었다. 같은 조건하에서 문제를 풀었던 두 번째 실험에서도, 처음부터 조용한 분위기에서 문제를 풀었던 집단의 점수가 현저히 좋았다. 이것은 겉보기와는 달리, 두 집단에 주어진 조건이 두 번째 실험에서도 같지 않았다는 사실을 의미한다. 이전에 예측과 통제가 불가능한 방해 요소에 노출되었던 실험 집단은, 두 번째 문제 풀이에서도 또다시 방해를 받지 않으리라는 확신이 없었다. 그들은 이미 통제력을 빼앗겼고, 이 때문에 문제 풀이에 완전히 집중할 수 없었다.

글래스와 싱어는 또 다른 실험을 진행했다. 이번에도 실험 참여자를 두 집단으로 나누고 독해 문제를 풀게 했다. 하지만 이번에는 두 집단 모두 첫 실험에서처럼 예측 불가능하고 귀에 거슬리는 소음으로 신경이 곤두섰다. 그런데 한 집단은 스위치가 달린 의자에 앉았고, 심리학자들은 그들에게 스위치를 누르면 소음이 사라질 거라고 말했다. 그러면서 자신들은 실험 대상자가 스위치를 사용하지 않는 편을 선호한다고 말했다. 즉 스위치를 사용하지 않는 게 좋지만 필요할 경우에는 스위치를 눌러도 괜찮다는 말이었다. 실험 참여자 중에 스위치를 누른 사람은 한 명도 없었다. 실험 후 심리학자들이 물어보자 그들은 자신이 상황을 통제할 수 있었다고 확신했다. 두 집단은 정확하게 동일한 방해 요소에 노출됐음에도 결과에는 차이가 있었다. 상황을 개선시킬 선택권을 손에 쥐고 있다고 생각한 집단은, 예측 불가능한 방해 요소에 무방비로 노출되었던 집단에 비해 뚜렷하게 좋은 성과를 냈다. 두 집단이 처했던 상황이 외적으로는 완전히 동일하고, 스위치를 사용한 사람이 아무도 없었음에도 말이다. 그들은 스위치를 사용할 필요가 전혀 없었다. 그냥 스위치가 있다는 것만으로도 충분했다.

셀마 라겔뢰프는 「여황제의 보물상자」라는 단편 소설에서 동일한 현상을 묘사했다. 소설에서는 고기도 별로 잡히지 않고, 날씨는 점점 나빠지고, 사람들의 두려움은 점점 커지는 가난한 어촌 마을이 나온다. 그런데 이곳에 여황제가 찾아왔다. 여황제는 사람들에게 보물이 담긴 상자를 주면서, 모든 것이 제대로 되지 않고 더는 방법이 없을 때 이 보물이 모두를 구해줄 거라고 했다. 상자에 어떤 보물이 담겼는지는 아무도 몰랐다. 단지 엄청난 보물이라는 것만 알았다. 상자에는 수많은 자물쇠가 달려 있었고 마을의 원로들이 열쇠를 하나씩 나눠 받았다. 그들이 상자를 열려면 곤경이 너무 심해서 더는 방법이 없다고 모두가 동의해야 했다.

이후 마을 주민들은 새롭게 용기를 냈다. 그들은 자신들을 어려운 상황에서 구해줄 스위치를 받았고, 이것으로 충분했다. 안전과 통제력에 대한 확신 덕분에 그들은 다시 자신들의 힘을 믿게 되었고, 마을은 새로이 번성하기 시작했다. 셀마 라겔뢰프는 수많은 세대가 지난 뒤에야 마을 사람들이 상자를 열었다며 이야기를 마친다. 마을이 곤란해져서가 아니라 더는 보물상자가 중요하기 않았기 때문에 그들은 상자를 열었다. 상자에서 나온 보물은 너무나 시시해서 마을을 위해 쓰일 수 없었다. 하지만 보물이 보장해준 안전과 통제력은 평가할 수 없을 만큼 가치가 높았다.

우리는 이 이야기에서 우리가 안고 있는 커다란 딜레마를 다시 접한다. 우리가 환자에게 그들의 행동에 대해 스스로 책임을 지게 하겠다고 약속한다면, 이 책임감이 환자를 너무 무겁게 억누르고, 그들이 자기 자신과 주변의 비판과 비난에 노출되고, 두려움과 부끄러움, 죄책감에 마비될 듯한 위험을 감수해야 한다. 하지만 우리가 환자에게서 책임감을 빼앗고 그들의 행동을 병 탓이라고 설명한다면, 그들에게서 삶에 대한 통제력을 빼앗는 셈이다. 이는 그들을 수동적이고 비자발적으로 만들고, 두려움에 그들의 몸을 굳어버리게 한다. 안타깝게도 정신 병동에 입원해 있는 환자는 이런 양극단의 어딘가에 서 있다. 치료를 위해서는 이 둘 사이에서 제대로 균형을 맞추어야 한다.

증상은 때때로 빼앗긴 언어에 대한 답을 제공하는 일종의 언어다. 이런 증상이 무슨 도움이 될지를 생각해보지 않고 증상을 치료하는 것은 무책임하고 매우 비효율적이다. 가끔은 환자가 원하는 것을 표현할 다른 모든 가능성을 빼앗겨서, 증상의 일부를 유일하게 남아 있는 가능성으로 이용할 수 있다는 점을 결코 잊어서는 안 된다. 증상은 우리, 아니 대부분의 우리가 다른 사람이 자신을 봐주고 인정해주고 사랑해주기를 바란다는 마음(이것이 비록 부끄러운 소망일지라도)을 전달하기 위한 '궁핍한 언어'인 경우가 많다. 우리는 어떤 형태로는 칭찬과 관심 등 다른 사람과의 긍정적인 경험을 할 수 있는 공동체를 필요로 한다. 우리는 때로는 참을성이 강할 때도 있고, 그렇지 못할 때도 있다. 때로는 정한 목표를 달성하고 원하는 바를 이루기도 하지만, 그렇지 못할 때도 있다.

따라서 환자나 의사, 가족이나 다른 사회 구성원 등, 각자의 역할에 상관없이 모두가 단지 사람이라는 것을 서로에게 다시 말해주는 일이 중요하다. 사람들은 때로는 똑똑하게 성공할 때도 있지만, 때로는 잘못을 저지를 때도 있다. 이것은 지극히 정상적이다. 그리고 적법하다. 세상에서 가장 아름다운 장미 넝쿨이라도 1월에는 가시가 잔뜩 돋아난 엉클어진 나뭇가지로밖에 보이지 않는다. 장미는 원래 그렇다. 우리는 이런 시기에는 어떤 중요한 결정을 해서는 안 되며, 시험을 치르지도 말아야 한다는 점을 반드시 염두에 두어야 한다. 겨울에 거름으로밖에 쓰지 못할 것처럼 형편없어 보이던 장미 넝쿨도 돌아오는 여름에 아름다움을 한껏 드러낼 수 있기 때문이다. 모든 것은 변한다. 그 무엇도 항상 꽃을 피우고 있을 수만은 없다. 우리가 서로를 돕고 공동체를 형성하고 자리를 마련하고 시간을 충분히 내는 일은 상당히 중요하다. 꽃을 피우는 시기가 오기 전에 식물이 뽑히지 않도록 말이다.

내가 나를 이해하게 해주는 어떤 것

나에게, 이를테면 좋은 시기가 찾아왔다. 나 스스로는 그 시기가 특별히 그렇게 좋다고 생각되지는 않았지만, 완전히 정신이 이상해져서 아무런 자유도 누리지 못하고 폐쇄 병동에 웅크리고 앉아 있는 것보다는 훨씬 괜찮았다. 이런 '좋은' 시기에는 항상 독한 약을 복용했지만 어쨌든 병원 밖에서 살거나 개방 병동에서 지낼 수 있었다. 게다가 휴가까지 받을 수 있었다. 그렇게 좋았던 어느 시기에 나는 휴가를 받았고, 예전에 가장 친했던 친구가 찾아왔다. 내 상태가 너무 심했던 1년 동안 친구를 만나지 못했다. 내가 아프기 전에는 거의 매일 함께 다녔는데 말이다.

보통 우리는 시내를 끝없이 돌아다니며, 모든 일과 모든 사람에 대해 이야기를 나누곤 했었다. 지금 그 애가 다시 내 앞에 섰고, 우리는 다시 함께 돌아다니며 이야기를 나눌 터였다. 나는 컨디션이 별로 좋지 않은 데다 약 기운이 몸에 도는 것을 느꼈지만 큰 어려움 없이 걸을 수 있었다. 폐쇄 병동에서 긴 시간을 보낸 뒤라서 사람, 자동차, 새, 자전거, 그리고 삶으로 가득한 세상이 나를 압도해왔다. 하지만 처음 해보는 일이 아니기 때문에 이번 외출도 비교적 잘 해냈다. 그런데 또 한 가지, 대화를 나누는 일이 남아 있었다. 사실 나는 친구와 이야기할 수 있게 되어서 진심으로 기뻤다. 너무나 그리워했던 일이었다. 돈을 받는 대가로 내게 시간을 내주는 사람이 아니라 오랜 친구와 함께 시간을 보내는 것이, 우리가 친구이기 때문에 혹은 과거에 친구였기 때문에 나를 보고 싶은 마음이 생긴, 내가 사적으로 알던 누군가와 함께 있게 되었다는 것이 정말 굉장하다고 생각했다.

그런데 무슨 말을 꺼내야 할까? 오랫동안 병원에 입원해 있다가 다시 연락을 하게 되었지만 이제는 둘 다 어른이 되려는 문턱에 서 있었다. 그런 상황에서 정신질환이나 입원 같은, 어렵고 금기시된 주제를 어떻게 다뤄야 할지 모를 때는 무슨 말을 해야 할까?

"저기 봐봐, 새다."

내가 말했다.

"정말 그러네."

그 아이가 말했다.

"정말 예쁘다!"

하지만 우리 둘 다 그 새가 흔하디흔한 박새라는 것을 알고 있었다. 쓰레기장을 지나갈 때 친구가 말했다.

"어휴, 냄새야."

"진짜 더러워."

내가 대꾸했다. 하지만 쓰레기장은 평소와 똑같이 냄새를 풍기는 것뿐이었다. 우리는 벌써 10년째 그곳을 지나갔었고, 냄새가 나든 말든 거기에 대해 말한 적이 없었다. "여기 봐봐, 새로 지은 곳이야"라고 내가 말했다. 그러자 내 친구는 그곳이 완전히 새로 지어진 건물은 아니라고 중얼거렸다. 이것 때문에 우리 사이의 거리는 더욱 벌어졌다. 어색한 분위기를 풀기 위해 그 애는 노래를 흥얼거리기 시작했다.

"항상 이 노래가 머릿속에서 맴돌아. 한때는 신경을 거슬릴 정도로 자주 들리더니 이제 더는 못 듣겠다, 안 그래?"

하지만 나는 그 노래를 한 번도 들어본 적이 없었다. 내가 있던 병동에서는 라디오를 듣는 것이 허락되지 않았기 때문에 나는 지난여름에 자주 흘러나왔넌, 신셩을 거슬리게 할 정도였던 최신 유행가를 전혀 알지 못했다. 우리 사이에는 다시 침묵이 흘렀다.

변한 것은 없지만
무엇도 예전 같지 않았다

우리는 정말 서로 이야기를 나누고 싶었다. 우리 둘 다. 함께 대화를 나누고 연락을 하며 다시 친해지고 싶었다. 그 아이가 애쓰고 있는 것이 눈에 보였다. 나도 애썼다. 우리는 이전에 질병이나 입원은 물론이고 역겹게 느껴지는 모든 것에 대해 말할 수 있었다. 적어도 당시에는 모든 것에 대해 이야기를 나눌 수 있는 제일 친한 친구였기 때문이다. 하지만 이제 그때 같은 친밀함은 없었다. 대화를 시작하기 위해 이런 주제를 꺼내기에는 부담이 너무 컸다. 나는 여태 전혀 상상해보지 못했던 가혹한 현실을 겪었고, 고립, 환자를 결박하는 침대, 자해, 행동화, 고함을 질러대는 내면의 목소리로 이루어진 세계를 경험했다. 내가 아직 건강했을 때 누군가 나에게 이런 이야기를 했다면, 분명 충격을 받고 두려움에 떨었을 것이다. 나는 친구를 놀라게 하거나 괴롭히고 싶지 않았다. 게다가 내 병에 대해 말하고 싶은 생각도 들지 않았다. 지금 이 순간에는 이런 드문 기회를 건강한 것을 위해 이용하고 싶었다. 병을 비롯해 사람들이 말하지 못하는 모든 것에 대해 우리는 이야기를 나누지 못했다. 적어도 그때는.

우리에게는 비교적 가벼운 출발점이 필요했다. 하지만 우리는 더는 공동의 현실 속에서 살지 않았다. 내 친구는 학교에 다니고 있었지만 나는 학교를 그만두었기 때문에 학교생활도 중립적인 대화 주제가 아니었다. 그리 심각하지 않은 병원의 일상에 대한 자연스러운 이야기도, 병원의 폐쇄 병동에 갇혀본 적이 없는 사람에게는 너무나 생소했다. 결국 우리가 얼마나 다른 세상을 살고 있는지를 더욱 선명하게 드러낼 뿐이었다. 나는 극장에도 가지 않았고, 텔레비전도 거의 보지 않았고, 라디오도 듣지 않았고, 음악도 거의 듣지 않았다. 아무 곳에도 가지 않았고, 무엇인가를 하지도 않았다. 내 친구의 경우는 당연히 달랐다. 그래서 친구가 자기 생활에 대해 조금 이야기하는 동안 나는 듣고만 있었다. 하지만 우리는 이것이 얼마나 일방적인지를 깨달았다. 완전히 분리된 두 개의 세계였다. 아직도 둘 사이에 함께 공유할 것이 있었다면, 그리고 우리가 이런 것을 나눌 때 서로를 연결해주는 무엇인가를 찾을 수만 있었다면 좋았을 텐데. 우리는 온힘을 다해 노력했지만 결과는 그리 성공적이지 못했다.

"저기 봐봐, 새가 또 있어. 올해는 박새가 정말 많은가 보다!"

다음번에 이 친구가 엄마에게 전화해서 나와 산책해도 되냐고 물었을 때, 내 안의 목소리가 어딜 감히 밖에 나가느냐고 몰아세웠다. 친구는 다시는 전화를 하지 않았다.

밖에 나가기 싫었던 것은 아니다. 아니, 나가고 싶었다. 친구가 정말 필요했다. 나를 아는 친구, 나와 함께 있는 것이 좋아서 내 걱정을 해주는 그런 친구가. 병의 진단명이 아니라 아른힐이라는 이름으로 나를 기억해주는 친구. 나는 그 친구를 사람으로서 그리워했다. 그 모습 그대로의 그 아이를 그리워했다. 과연 그 아이는 예전 그대로였다. 우리가 함께 공유했던 것은 우리에게만 속하고, 우리에게 특별한 의미를 주기 때문에 그 아이를 다른 사람으로 대체하기란 불가능했다. 얼마나 그 아이와 다시 만나고 싶었는지 모른다. 하지만 바로 이런 이유에서인지 그 아이를 만나 함께 시간을 보내면서도 마음이 아팠다. 우리가 예전처럼 가깝지 않다는 사실이 내 마음을 너무 아프게 했다. 우리가 서로 다른 곳에 있기 때문에 그리움이 외부에서 오는 감정인 경우에는 이를 받아들일 수 있다. 하지만 지금 함께 있으면서도 서로에게 다가가지 못하는 상황은 그냥 아프기만 할 뿐이었다.

예전과 변한 것은 없지만 무엇도 예전 같지 않았다.

나는 그곳에 있지만 동시에 사라져버린 무엇인가를 아쉬워했다. 모든 것이 너무나 복잡하고 슬펐다. 나는 이런 슬픔을 이해하지 못했고, 내 앞에 쌓여가는 혼란이 당황스러웠다. 그래서 이를 내 의식 밖으로 밀쳐내고 목소리가 해결하게 했다. 내가 그 친구와 더는 함께 하지 못하는 것은 그의 책임이었다. 얼마 후 나는 다시 입원했다. 이 시기에 그 친구는 물론 누구도 만나서는 안 되었기 때문에, 다시 그 친구를 그리워하고 슬퍼할 수 있었다.

내가 그 친구를 다시 만난 것은 몇 년이 지난 후였다. 우리는 둘 다 나이가 들었고 성숙해졌다. 그리고 나는 내 삶에 관심을 가진 치료사를 찾았다. 치료사는 증상과 삶 사이의 연관성에 대해 연구할 공간을 나에게 마련해주었다. 게다가 나는 사람과 의료 체계에 대해 더 많이 알게 됐고, 덕분에 나만큼이나 내 친구도 두려워했으리라는 사실을 깨달았다. 그래서 나는 우리의 만남을 위해 좀더 준비를 했다. 그리고 이번에는 매우 중요한 차이가 있었다. 바로 내게도 이야깃거리가 생겼다는 것이다!

내가 머물렀던 병동에 정말 좋아하던 작업실이 있다. 나와 병원 사람들은 이곳에서 재미있는 일을 많이 했다. 나랑 친구는 손으로 뭔가를 만드는 것을 좋아했기 때문에, 이에 대해 이야기해줄 수 있었다. 또한 나는 스키를 타러 간 적도 있었다. 우리 둘 다 스키에는 소질이 없었기 때문에, 여기에 대해 농담을 할 수도 있었다. 나는 극장에 몇 번 갔고, 텔레비전도 보았으며, 음악도 들었다. 그중 가장 좋았던 부분은 병원 바로 옆에 있는 학교에서 몇몇 수업도 들었다는 사실이다. 덕분에 친구와 둘이서 학급과 '직업훈련'의 형태에 대한 이야기도 나눌 수 있었다. 나도 삶에서 비슷한 무언가를 경험했기 때문에 자기들의 삶을 사는 다른 사람들과 좀더 쉽게 친해질 수 있었다. 나는 시간이 지나면서 나만의 완전한 삶을 이룰 수 있었다. 하지만 초기에는 약간의 도움이 필요했다.

이해하려면,
마주해야 한다

나는 "내가 그 친구를 다시 만난 것은 몇 년이 지난 후였다"라고 간략하게 썼다. 이것은 정말 글쓰기가 지닌 수많은 장점 가운데 하나다. 몇 개의 단어로 우리는 시간 전체를 뛰어넘을 수 있다. 이것은 마치 내가 그 시간 동안 냉동고 속에서 세월을 보냈거나, 어딘가 안전한 곳에서 세상이 좋아지길 기다린 듯한 느낌을 준다. 하지만 물론 사실이 아니다. 나는 모두가 하는 일, 즉 하루하루를 보내며 몇 년을 살았다. 나는 가족이나 병원 직원들과 함께 지내지 않을 때는 치료를 받기도 하고 혼자 시간을 보내기도 했다. 비록 '환자'가 아닌 '친구'로 나를 아는 사람을 그리워하긴 했지만, 병원 직원들에게도 나름의 장점이 있었다. 일반적으로 그들은 나 역시 이전에 삶이 있었다는 사실을 그렇게 의식하지 않았다. 그들은 내 상황을 알고 내 차트를 읽었기에, 내가 답할 수 없는 어려운 질문을 하는 경우가 매우 드물었다. 딱 한 번, 나를 모르는 간호사가 있었다. 당시 새 병동에 입원한 나는 휴게실에 앉아 있었다. 그때 그 간호사가 다가오더니 나더러 어디 사느냐고 물었다. 나는 내 병실 번호를 말했다.

"아니."

간호사가 말했다.

"너 사는 곳이 어디냐고. 네 집 주소."

그제야 나는 그녀가 무슨 뜻으로 묻는지를 이해했다. 병원 직원들은 수시로 내 분별력을 확인했기 때문에 나는 오늘이 무슨 요일이고, 병원 주소가 어딘지를 항상 기억해두려고 노력했다. 하지만 이번에는 이것 역시 맞는 대답이 아니었다. "그래, 우리가 지금 있는 곳은 병원이야. 맞아"라고 간호사가 말했다.

"그런데 너 사는 곳은 어디야?"

당황한 나는 내가 있는 곳은 이곳이라고 그녀를 이해시키려고 했다. 그 순간, 다른 간호사가 오더니 내가 다른 병원에서 이곳으로 이송됐고, 그전에는 또 다른 병원에 입원해 있었다고 설명했다. 내 주소는 부모님의 집 주소로 등록되어 있었지만, 그곳에서 살지 않은 지 벌써 몇 년이나 되었다.

나는 내 칫솔이 있는 곳을 집이라고 생각했는데 지금 내 칫솔은 바로 이곳에 있었다. 내가 나의 모든 칫솔을 챙겨서 다시 다른 곳으로 옮길 때까지는. 두 번째 간호사는 물론 병원 직원들도 모두 이것을 이해했다. 다시 말해 그들은 내가 어디에 사는지, 무슨 일을 하는지, 학교에는 다니는지, 내 친구들의 이름은 무엇인지, 내가 여가 시간에 무엇을 하는지, 집으로 돌아가면 무엇을 하고 싶은지를 더 이상 묻지 않았다. 나는 이런 모든 질문에 대답할 수 없었기 때문에 이것들은 나를 괴롭힐 뿐이었다. 그래서 병원 사람들은 나에게 질문을 하지 않았다. 하지만 내가 병원에 있는 동안에는, 그들이 나와 산책을 하는 동안 혹은 휴게실이나 병실에서 나를 돌보는 동안에는 무엇인가를 말해야만 했다. 병원에는 박새가 많이 없었지만 사실 별로 필요도 없었다. 간호사들은 의학 방면으로 교육을 받은 사람들이라서 나와 함께 대화할 주제로 삼을 늑대 한두 마리쯤은 항상 있었기 때문이다. 아니면 내가 듣는 목소리나 그때그때 나를 가장 괴롭히는 무엇인가가 있었다.

나를 괴롭히는 무엇인가는 항상 존재했다.

증상을 이해하기 위한 세 번째 출발점이 있다. 즉 증상이 습관을 비롯해 삶의 중요한 일면에 대한 보상이라고 이해하는 것이다. 조현병 환자가 느끼는 것처럼 삶이 밑도 끝도 없이 너무나 지루할지라도 어떻게 해서든 하루하루를 보내야만 한다. 나는 무엇이든 하고, 뭐에 대해서든 말해야 했다. 할 일이나 할 말이 없을 때는 무엇인가에 대해 생각해야만 했다. 나는 일하고 이야기하고 생각할 거리가 조금밖에 없었다. 지루한 삶에 어느 정도 일정한 내용을 주고 무엇인가 말할 거리를 주는 것이라고는 내 증상뿐이었다.

내가 듣던 목소리 중 몇몇은 이런 지루한 삶에서 유래했다. 이 목소리들은 나의 백일몽과 환상의 경계 지역에서 생겨나, 내가 지루해할 때 보통 친절하게 굴며 활짝 피어났다. 나는 이 목소리들을 어느 정도 통제할 수가 있어서 내가 원할 때 불러오곤 했다. 이들은 내가 학교 운동장에 홀로 서서 대화를 나눌 사람이 아무도 없을 때, 내가 가졌던 환상을 상기시키는 '친절한' 목소리였다. 완전히 폐쇄된

곳에서 지낼 때 이런 목소리가 많이 들렸다. 특히 독방에서 10주를 보냈을 때는 수많은 목소리를 들었다. 급기야 12년 전에 이미 돌아가신 아빠까지 등장해서 나에게 동화를 들려주기도 했다. 너무나 외로웠고 절망적이었기 때문에 내 뇌는 무엇인가 매달릴 수 있는 것을, 그것도 가능하면 무엇인가 좋은 것을 찾아다녔다. 그러고는 이런 것을 나에게 선물해주었다. 특히 아빠가 들려주는 동화는 정말 좋았다.

다른 증상들도 이런 방식으로 추가될 수 있었다. 나는 통제가 심하고 도움이 될 만한 것을 거의 요구하지 않던 정말 지루한 병원에서, 내게 상처를 낼 수 있는 물건을 구하는 데 지적 능력의 대부분을 이용했다. 나를 돌보는 사람이 눈치채지 못하게 이런 것을 병실로 들고 와서, 소지품 검사에서 들키지 않도록 항상 새로 숨길 공간을 찾았다. 원래의 자해와는 개념도 의미도 달랐지만, 자해에 이용할 물건을 발견하고 사냥하는 것, 이런 것을 어떻게 마련할지에 대한 전략을 계발하고, 몰래 가져온 유리를 조용하고 비밀스럽게 조각 내어 숨겼던 일, 이것은 나에게 일종의 오락이었다. '게으름은 모든 악의 근원'이라는 말이 있다. 나의 근본적인 문제는 게으름이 아니었지만 이는 상황을 하나도 개선시키지 못했다.

나는 내 증상을 나쁜만 아니라 즐거움과 인생의 의미를 위해, 또 병원 직원, 다른 사람과의 대화를 위해 사용할 수 있었다. 나는 전문가들과 함께 있을 때 이들과는 모든 것에 대해 이야기를 나눌 수 없다는 인상을 받았다. 예를 들어 지극히 평범한 것에 대해서도 말이다(그 외에는 대화 주제가 많지도 않지만). 그래서 나는 하는 수 없이 다시 내 증상에 대해 말했다. 이것은 내가 나를 이해하게 해주는 어떤 것이었다. 나는 병원 직원들이 나에게서 이것을 기대한다는 인상을 받았다. 내가 그들과 지극히 평범한 일에 대해 대화를 나누었더라면, 그들이 분명 무척 기뻐했을 거라는 생각을 요즘 한다. 하지만 당시에는 내가 그들을 화나게 하거나, 그들이 나를 멈추게 할 거라고 믿었다. 그리고 현재 다른 입장에 서 있는 나에게 환자들이 와서는 '간병인이나 의사 혹은 보호자와 병 외에 다른 것에 대해서는 대화를 나눌 수 없다는 인상을 받는다'고 털어놓을 때가 있다. 하지만 정신질환을 가진 사람이라도 얼마든지 평범한 이야기를 나눌 수 있다. 사람들이 다시 정상적으로 대화할 수 있도록 당장 배워야 할 일은 바로 이것이다.

병의 증상은 항상 약간의 호기심을 유발한다. 최종적인 답이 있는 경우가 굉장히 드물고, 또 출발점도 굉장히 다양하다. 같은 증상이라도 상황과 사람에 따라 매우 다르게 해석된다. 이것은 건강한 호기심과 겸손함의 바탕을 이룬다. 증상의 원인을 매번 이해할 필요는 없지만, 환자를 올바로 치료하려면 증상이 갖는 기능에 대해 어느 정도 생각해보는 편이 현명하다. 모든 진단 서적을 포함해 질병에 대한 설명을 한 귀로 흘려보내고, 대신에 환자 개개인과 각각의 상황에 집중하는 것이 옳을 때가 종종 있다.

"당신은 누구입니까? 어떤 환경에서 당신은 정말 당신이 됩니까?"

사람은 결코 딱 한 사람이 아니기 때문이다. 사람은 항상 어떤 시스템을 구성하는 요소다. 사람이 시스템을 바꿀 수도 있지만 시스템이 사람을 변화시킬 수도 있다. 개인을 이해하려면 그 한 사람만이 아니라 전체도 봐야 한다. 이렇게 하더라도 모든 것을 이해하지 못하겠지만, 아마도 이미 내려진 진단에만 집중했을 때보다는 좀더 많이 이해할 수 있을 것이다. 진단이라는 것은 단지 설명만 할 수 있기 때문이다. 이해하려면 마주해야 한다.

2장

그럼에도,
정말 행복해지고 싶었다

시스템에 대한 이야기

모두가 '환자'라고 할 때,
엄마는 '내 딸'이라고 했다

일주일 내내 병원에서 회의가 이어졌다. 노르웨이 북부 전역에서 찾아온 전문가들이 정신질환과 치료법에 관한 토론을 벌였다. 환자인 우리는 당연히 행사에 참여하지 않았다. 물론 반기는 사람도 없었을 것이다. 그래도 병원 직원들이 강좌와 세미나에 참가할 수 있도록 병동의 일정에 많은 변화가 있어서 우리도 무슨 일이 있는지는 알았다.

그날은 금요일이었기 때문에 평소라면 병동에 커피가 있어야 했다. 회의에 참가한 사람들 중 몇 명이 우리와 함께 커피를 마시고 싶어 한다는 말이 돌았다. 나도 다른 사람과 함께 휴게실로 와달라는 부탁을 받았다. 나는 자해를 하기 위해 잔을 깨는 나쁜 습관이 있기 때문에, 보통은 일반 커피잔에 커피를 마시는 자리에는 함께하지 못했다. 병원 직원들도 나와 똑같이 나의 자해를 유감으로 생각했던 듯하다. 나도 내가 잔을 깨지 않고 그냥 두기를 얼마나 간절히 바랐는지 모르겠다. 하지만 나는 선장과 다른 목소리 그리고 나만의 세계상 때문에 커피잔을 그냥 두질 못했다. 선장이 내게 케이크를 먹고 커피 마시는 일을 허락하면, 나는 단지 내 병실에서 종이 접시에 담긴 것만을 먹을 수 있었다. 아무래도 상관없었다. 적어도 이것은 한 주를 마무리하는 일이었다. 보통은 내가 종이 접시와 냅킨을 입에 구겨 넣으면서 끝났지만.

가끔은 휴게실에서 먹을 때도 종이 접시에 케이크를 담는 경우가 있었다. 이럴 때면 나도 다른 환자와 함께할 수 있었다. 그 자리에서는 내가 공동체의 일부라는 느낌이 들어 좋았지만, 힘든 점도 있었다. 나는 끔찍할 정도로 큰 불안감에 휩싸일 때가 많았는데, 이럴 경우에는 다른 환자들까지 혼란스럽게 만들곤 했다. 나도 가끔은 다른 사람들이 보는 가운데 접시를 먹는 스스로가 역겹게 느껴지곤 했다. 하지만 사람들은 무엇에든 익숙해지기 마련이다. 게다가 특별한 이유도 없이 내가 그런 곳에 입원해 있었던 것도 아니니까. 또한 우리는 다른 사람의 이상한 특성에 대해 모두 알고 있었다. 인생은 그냥 그런 것이었다. 그날의 인생은 '금요일 휴게실에서 커피를 마시는 인생'이었다. 좋아. 선장이 이런 자리에서 낯선 사람들을 앞에 두고 접시를 먹으라고 강요한다면 아마 약간 창피할 터였다. 하지만 다른 한편으로는 다른 사람들의 얼굴을 마주할 기회가 다시 생겨서 신났다. 내가 문밖으로 나간 적은 거의 없었기에 우리 병원에 방문하는 사람이 있다는 건 반가운 변화였다. 그래, 잘될 거야.

식당에서 동행인과 함께 카드놀이를 하다가 휴게실로 인도되었을 때 다른 환자와 병원 직원들, 그리고 몇몇 손님이 이미 와 있는 것을 보았다. 테이블에 놓인 유리잔도 눈에 들어왔다. 나는 내가 무엇을 해야 할지를 알았다. 가망 없어 보였다. 나는 내가 해내지 못하리라는 것과 결국 혼란과 굴욕으로 끝나리라는 것을 알았다. 다른 한편으로는 시도조차 하지 않는다면 선장이 며칠이고 나를 벌줄 것이 두려웠다. 나는 컵을 집어 들어 바닥에다 내던졌다. 그리고 유리 조각을 재빨리 집어서 내 몸을 베려고 했다. 병원 직원들이 달려들어 손에 쥔 유리 조각을 빼앗기 전에 제대로 상처를 내는 데 성공했다. 나는 직원의 손에서 빠져나와 다시 유리 조각을 잡기 위해 몸을 이리저리 세차게 흔들었다. 선장과 다른 목소리들이 머릿속에서 화를 내며 윽박을 질러댔다.

나는 이제 병실에서 며칠 동안 이들과 싸워야 한다는 사실을 알았다. 내가 좋은 기회를 제대로 활용하지 못했기 때문이다. 나는 다가올 싸움이 무서웠고, 그 자리에 있던 낯선 사람들이 이런 모습을 보았다는 사실이 너무 부끄러웠다. 사지를 버둥거리고 울면서 나는 복도로 끌려 나왔다. 병원 직원이 내 머리카락을 밟고, 내 스웨터가 위로 올라가고, 내 팔에 있던 오래된 상처의 딱지가 벗겨졌다. 나는 이것이 단순히 시작에 불과하다는 사실을 알았다. 경련을 일으키고 머리를 때리고 소리를 지르는 것을 포함해서, 이제는 내가 묘사할 수도 없는 두려움을 동반한 진짜 싸움이 아직 나를 기다리고 있었다. 병원 직원이 나를 병실에 데려가고 내가 초라한 나무의자에 쪼그리고 앉으면, 내 세상은 사라질 것이었다. 그러면 늑대, 선장, 괴물 독수리, 그리고 거대한 자기 멸시로부터 나를 지키기 위한 싸움이 시작될 것이었다.

의도된 자해와
생애 가장 큰 배신

나와 병원 직원은 복도에서 격렬하게 몸싸움을 하면서 내 병실까지 왔다. 직원이 병실 문을 열었을 때 나는 무방비 상태로 소음과 혼란에 맞서는 일을 피하기 위해, 눈에 들어오는 대로 무엇인가를 잡으려고 방을 휘청휘청 돌아다녔다. 하지만 방은 거의 텅 빈 상태였다. 의자와 책은 이미 치워졌고, 내가 잡을 것은 없었다. 내 방이 약탈당했다.

뒤죽박죽된 머릿속으로 갑자기 얼음처럼 차갑고 유리처럼 분명한 생각이 스쳐 지나갔다. 그들은 이렇게 되리라고 이미 알았던 것이다. 모든 시나리오가 짜여 있었다. 유리잔이 테이블에 올려져 있던 것도, 커피를 마시라고 나를 초대한 것도. 그다음에 떠오른 생각도 처음 생각처럼 분명했다. 손님들, 그러니까 회의 참석자들은 이런 장면을 볼 수 있어서 영광이라고 생각했을까? 테이블에 놓인 유리잔에 대한 아른힐의 반응 사례로? 나는 분노했다. 목소리들도 마찬가지였다. 결국 목소리는 나 자신이었으니까. 우리, 즉 나와 목소리는 하나에 대해서만은 생각이 일치했다.

"그들은 이미 충분한 것을 얻었어. 이렇게 연출된 상황에서 더는 이용당하면 안 돼."

나는 이렇게 말하는 대신 그들에게 혹독히 욕을 퍼붓고, 내가 그들의 행태를 어떻게 생각하는지를 토로하고, 내 물건을 다시 돌려달라고 요구했다. 하지만 나는 물건을 돌려받지 못했다. 그리고 더 이상 싸우지도 못했다. 그날은 그랬다.

나는 바닥에 단단히 고정된 침대 위에 고요히 앉았다. 혼자 있는 것이 허락되지 않아서 항상 지키는 사람이 있었기 때문에, 그냥 그렇게 앉아만 있었다. 문 앞에는 간호사 한 명이 의자에 앉아서 나를 지켜보고 있었다. 그때는 가을이었고, 금요일 오후였다. 방 안은 불을 켜지 않아서 약간 어두컴컴했다. 만약 방에 혼자 있었다면 울었을 것이다. 하지만 나는 혼자가 아니었다. 그래서 몸과 마음 그리고 상처받은 자존심이 박자를 맞추어가며 아파하고, 내가 도대체 왜 살아야 하는지를 자신에게 물으면서 나는 그냥 거기에 앉아 있었다.

지금 이 책을 쓰며 돌이켜보면 절대 그랬을 리는 없다. 그날 그렇게 모든 것이 계획됐을 리는 없다. 내 행동을 보여주려고 그들이 내게 그런 짓을 하지는 않았을 것이다. 그래도 병원인데. 의사들도 그렇게 무자비한 사람일 리가 없다, 절대로. 하지만 내가 진실을 알지 못한다는 것, 그러니까 병원에 어떤 계획과 동기가 있었는지를 모른다는 것은 진실이다. 그때 나는 굉장히 혼란스러운 상태였기에 어떤 것은 잘못 해석했을 수도 있다는 사실을 안다. 다만 문제는 내가 실제 상황도 기억하고 있다는 점이다. 나는 지금도 여전히 내가 커피를 마시는 동안 불안해질 것을 그들이 미리 예상하고, 내 방을 전부 치워놓은 일을 달리 설명할 수가 없다. 이미 예견했다면 처음부터 그런 상황이 벌어질 만한 자리를 만들지 않는 대신, 굳이 왜 내 방을 치워 놓는 수고를 했을까?

답이 무엇인지는 모르겠다. 아마 알 수도 없을 것이다. 내가 아는 것은 그들이 발광하는 사람을 보고 싶어 했고, 실제로도 보았다는 사실이다. 하여간 광기가 분노와 슬픔으로 전환될 때까지 한동안은 그렇게 생각했다. 정신질환에 걸렸어도 나는 조작당하거나 기만당한 일에는 완전히 정상적으로 반응했기 때문이다. 마음이 아팠다. 또한 그들이 내가 고통받으리라고 예상하면서도 이를 줄이려고 애쓰기는 커녕, 자신들의 수고를 줄이는 데만 급급했다는 사실 때문에도 마음이 아팠다.

지금껏 내가 당했던 배신 중 가장 큰 배신이었다.

하지만 나는 이 일이 의도된 것이라고는 믿지 않는다. 이유가 무엇이었든, 그들이 어떤 동기를 가졌든, 그것이 계획이었든 아니면 계획의 실수였든 상관없이 나는 이 일이 악의적으로 의도됐다고는 믿지 않는다. 아마도 무지해서, 어쩌면 그들은 이런 일이 내 마음에 상처를 준다는 것을 이해할 능력이 부족해서 그랬을 수도 있다. 내가 유리잔을 깨뜨림으로써 스스로 출발 신호를 쏘아 올렸다고 해도, 내가 원해서 그런 행동을 했던 것이 아니다. 다른 방도가 없었기 때문에 그랬을 뿐이다. 어쩌면 그들은 내가 어차피 아프니까, 조금 더 혹은 덜 아프더라도 상관없을 거라고, 나는 그런 차이를 거의 알아차릴 수도 없을뿐더러, 다른 사람들처럼 내게는 많은 보살핌이 필요하지 않을 거라고 생각했을 수도 있다. 그들은 내가 육체적으로뿐만 아니라 정신적으로도 아무런 고통을 느끼지 않을 거라고 여겼을 수도 있고, 모욕감에 익숙해져서 굴욕을 당해도 크게 신경 쓰지 않을 거라고 생각했을 수도 있다.

이런 생각들은 별로 놀라운 것이 아니다. 그들은 날마다 내 고통의 소용돌이를 힘겹게 지나야 했고, 몇 달간은 하루도 빠짐없이 내 자해와 피 그리고 고함 소리를 상대해야 했기 때문이다. 내가 그들과 같은 사람이며, 나 역시 다른 사람처럼 고통과 굴욕감을 느낀다고 전제했다면 그들은 자신들의 일을 견딜 수 없었을 것이다. 그들이 하는 일은 본래도 쉽지 않은데 말이다. 어쩌면 단순히 피로 누적이 원인이었을지도 모른다. 그들은 아직 훈련 중인 나이 어린 직원과, 너무 적은 지원을 받는 탓에 항상 피곤에 절어 있는 간병인들이었다. 몇 주 동안 쉬지 않고 중노동을 하다가 외부 사람들에게 자신들이 무엇 때문에 날마다 싸워야 하는지, 자신들의 일이 얼마나 힘든지를 보여주고 싶은 욕구를 느꼈다면 나도 순순히 이해했을 것이다. 자신들의 일이 얼마나 힘든지 관심받고 인정받고 싶은 욕구를 말이다. 물론 그렇다고 그런 일이 일어난 것을 인간적으로 만들 수도, 전문적인 측면에서 정당화시킬 수도 없지만, 적어도 이해할 수는 있었을 것이란 뜻이다. 다만, 이렇게 한다고 해서 고통이 줄어드는 것은 절대 아니었다.

그 잔에 담긴 것은 엄마의 믿음이었다

그사이 시간이 흘러서 봄이 됐다. 나는 휴가를 받았던 것 같다. 내가 마지막으로 집에 다녀온 지도 벌써 1년이 지나 있었다. 정식 휴가가 아니라, 단지 몇 시간 동안 두 명의 간호인과 동행하는 외출이었지만 그래도 무척 기뻤다. 엄마는 미리 병원에 전화해서 나를 위해 특별히 신경 쓸 사항이 있는지 물었다. 병원에서는 칼과 뾰족한 물건과 깨지기 쉬운 물건은 모조리 치우라고 조언했다. 나에게 먹을 것을 주려거든 종이 접시를 이용하라고도 덧붙였다.

엄마는 당연히 나에게 무엇인가를 주고 싶어 했다. 원래 배려심이 많았던 엄마는 막내딸이 1년 만에 집에 찾아온다니, 특히나 무언가 예쁜 것을 주고 싶어 했다. 봄이었기에 엄마는 딸기를 샀다. 내가 제일 좋아하는 스타일로 생크림에 거품을 내고, 내가 제일 좋아하는 초콜릿 케이크를 구웠다. 그리고 언니와 함께 종이 접시를 어떻게 차려낼지에 대해 아주 세세하게 오랫동안 이야기를 나누었다. 두 사람은 똑같은 결론을 내렸다.

5월의 어느 날, 내가 집을 찾았을 때 내 방은 잘 정리되어 있었고, 침대 옆의 조그마한 서랍장 위에는 싱싱한 꽃이 담긴 꽃병이 놓여 있었다. 내가 머물 수 있는 시간이 얼마 안 되었는데도 엄마는 이런 것까지 준비했다. 나는 내 물침대에 누워보았다. 침대는 따뜻했다. 마지막으로 집에 왔던 것이 벌써 1년 전이고, 집에서 자도 좋다는 허락이 떨어진 것도 아닌데, 엄마는 침대를 데워놓았던 것이다. 침대는 잘 정돈되어 있었고, 마치 내가 집에 오기를 기다린 듯했다. 수놓인 테이블보가 깔린 거실 테이블은 생화로 장식되어 있었고, 장미 문양이 그려진 찻잔이 놓여 있었다. 엄마가 물려받은 찻잔 세트였다. 얇디얇은 도자기 표면에는 부드럽고 환한 분홍빛 장미가 그려져 있고 금박의 테두리가 장식된, 집에 있는 찻잔 중에 가장 예쁜 잔이었다. 각각의 잔은 모두 금실 세공의 진수를 보여주고 향수를 불러일으키는 작품이었다.

엄마는 이미 내가 잔을 깨는 모습을 여러 번 보았다. 그리고 내 동작이 얼마나 재빨라지는지도 잘 알았다. 그런데도 엄마는 장미 잔으로 테이블을 차려놓았다. 사람들이 무슨 일이 있어도 잔을 주지 않는 이유를, 싫증나도록 자주 증명해 보인 나를 그냥 무조건 믿겠다는 마음이 들어 있었다. 나는 당연히 이 잔들을 깨지 않았다. 나는 엄마가 나를 믿는 마음도 당연히 악용하지 않았다. 찻잔과 테이블은 엄마의 기대를 분명하게 보여주었다.

"너는 여전히 내 딸이야, 아른힐. 너는 가족과 전통, 인생에서 중요한 것과 예쁜 것을 소중하게 생각할 줄 알잖아. 예쁜 것과 소중한 것을 깨뜨릴 만큼 너는 미치지 않았어. 아름다움이 무엇인지 알아보지 못할 만큼 아프지도 않고. 너는 언제나 우리 딸이야. 너는 집에서는 조현병 환자가 아니야. 우리 집에서 너는 아른힐이야."

나는 이 일을 절대 잊지 않을 것이다. 사람들이 나에게서 미친 짓 외에는 아무것도 기대하지 않고, 단지 진단과 설명만 중요하게 여겼던 시기에 내가 종이처럼 얇은 도자기에 담긴 차와 믿음을 홀짝이며, 환하게 빛나던 5월의 시간을 보낸 일을 몇 달, 몇 년이 지난 후에도 잊지 않을 것이다. 그것은 놀랍고 멋진 일이었다. 내가 그 순간에 정말 필요로 했던 일이기도 하다.

여기서 우리는 완전히 다른 두 가지 기대의 양상을 엿볼 수 있다. 하지만 기대는 간접적으로도 표현될 수 있으며, 이것 역시 큰 효과를 불러올 수 있다. 또 다른 해의 봄에 일어났던 일을 사례로 소개해볼까 한다. 당시 나는 겨우내 병원에 입원해 있다가 간신히 몇 시간의 외출을 허락받았다. 4월 말의 어느 토요일에 엄마와 함께 몇 시간만 집에 다녀와도 좋다는 허락이 떨어졌던 것이다. 그런데 갑자기 여름이 찾아온 듯했다. 며칠 사이에 춥고 축축한 늦겨울에서 햇빛이 화창하게 빛나고 날씨가 기분 좋게 따뜻한 여름이 되었다. 나는 몇 시간 동안 외출하는 일에 굉장히 신나 있었다. 다만 문제는 병원에는 겨울옷뿐이어서, 날씨에 맞게 입고 나갈 마땅한 옷이 없었다는 점이다. 나는 부득이하게 파란색 면 스커트를 입었다. 괜찮기는 했지만, 특별히 예쁘지는 않았다. 그리고 위에는 거의 새것이었던 흰색과 연두색의 잠옷 상의를 입었다. 예쁘지는 않았지만 그럭저럭 괜찮았다.

미소를 지으며 지나치게 친절을 베푸는 간호사가 엄마를 데리고 내 병실로 오면서 "아른힐이 엄마가 오신다고 얼마나 좋아하는지 몰라요. 집에 가려고 특별히 더 예쁘게 꾸몄더라고요!"라고 말을 건넸다. 엄마는 간호사의 말에 아무런 대꾸도 하지 않았다. 나 역시 아무 말도 하지 않았다. 그런데 간호사는 병실 문을 채 나서기도 전에 나에게 다른 옷이 없는지 물었다. 나는 간호사에게 입을 만한 옷이 없다고 사실대로 말했다. 그러고는 옷가게들을 둘러보며 여름 원피스를 살 시간이 있으면 좋겠다고 했다. 엄마와 나는 진짜로 그렇게 했다. 내가 달리 입을 옷이 없어서 허수아비처럼 하고 다녀도 엄마나 나는 특별히 신경 쓰지 않았을 것이다. 하지만 전혀 그렇지 않다는 사실을 잘 알고 있는데도 옷차림이 멋있다는, 괜한 칭찬을 받는 일은 끔찍할 정도로 기분을 씁쓸하게 했다. 나는 내가 어떤 모습인지 알았다. 누구보다 잘 알았다. 그리고 이런 모습에 대해 '훌륭하다'는 평가는 어쨌든 일반적인 기준을 따른 것이 아니었다.

우리는 다른 사람들이 어떤 기대를 하며 우리를 대하는지를 중요하게 여긴다. 이런 기대는 우리의 행위와 실제 성과에 직접적인 영향력을 행사한다. "말한 대로 이루어진다"라고도 하지 않나. 특정 상황에서 우리가 자신이나 다른 사람에게 어떤 기대를 하는지는, 그 상황이 최종적으로 어떻게 전개될지에 결정적 영향을 끼치기도 한다 (앳킨슨Atkinson 외, 1996년, 개요 참조).

기대와 관련해서 중요한 요소는 미래에 어떤 가능성이 있을지에 대한 본인의 믿음이다. 우리는 무슨 일을 해낼 수 있을까? 목표에 이를 가능성은 실제로 얼마나 될까? 자기가 무엇을 했고 무엇을 하지 않았는지, 다른 사람으로 인해 어떤 상황에 끼어들게 되었는지 등 자신과 자신이 살아온 날을 정리하고 되돌아보는 일은 마음을 아프게 한다. 담배를 끊거나 손톱을 그만 깨물겠다는 등 한 번이라도 어떤 습관을 버리기 위해 노력해본 사람이라면, 자신을 변화시키고 새로운 반응 양상을 찾는 것 자체가 너무나 힘든 일임을 잘 안다. 건강한 몸으로 일하는 자립적인 인간이 된 자신의 모습을 눈앞에 그려보지 않은 사람은, 변화를 일으키는 일이 당연히 더욱더 어렵다. 따라서 사람들에게서 '당장 내일'이라도 다시 건강한 사람이 된 자신을 그려볼 능력을 빼앗거나, 지금은 돼지우리에 살지만 마음속에 사자의 힘을 품고 있기 때문에 머지않아 넓은 초원을 자유롭게 누빌 것이라는 믿음을 빼앗는, 모든 치료 전략과 정보는 잘못되었다.

실명 vs 시각장애, '진단'이 불러온 엄청난 차이

1969년 미국 사회학자 로버트 스콧Robert Scott은 『맹인 만들기The Making of Blind Men』라는 책을 썼다. 스콧은 이 책에서 의사의 진단이 어떻게 환자의 역할에 바탕을 제공하는지와 어떻게 이런 역할이 환자의 기능을 제한하는지를 보여준다. 스콧은 시각장애의 법적인 정의에서 출발한다. 즉 양쪽 눈 중에 조금이라도 좋은 쪽의 시력으로 10퍼센트 이하를 보면 실명이라고 한다. 양쪽 눈 중에 좋은 쪽 시력으로 10퍼센트 이상을 보면 시각장애라고 한다. 실생활에서 어떤 사람이 좋은 눈으로 9퍼센트를 볼 수 있는지 11퍼센트를 볼 수 있는지는 그다지 큰 의미가 없지만, 어딘가에는 경계를 그어야 한다. 그런데 둘의 차이를 표시하고 진단을 내린 후에야 스콧은 비로소 원래 아무런 의미가 없던 차이가 엄청난 차이를 불러오는 것을 발견했다. 시각장애가 있는 사람들은 남아 있는 시력을 최대한 이용하기 위해 의사와 안경사의 도움을 받았다. 또한 특별한 광원,

확대경, 돋보기 등을 집과 직장에 지원받기도 했다. 하지만 그들은 시각장애가 있다는 사실을 제외하면 모든 면에서 '다른' 사람들과 똑같이 기능하리라고 기대되었다. 스콧의 연구 결과, 이런 기대는 맞아떨어졌다. 반면 완전히 눈이 보이지 않는 사람들은 다른 방식으로 도움을 받았다. 즉 그들에게는 사회적으로, 그리고 심리적으로 문제가 있으리라고 추정하고 여기에 맞춰 도움을 제공했던 것이다. 사회복지사와 심리학자가 그들이 자신의 장애를 받아들이도록 도왔다. 그들이 '현실'을 파악하고, '자신의 병에 대한 이해심'을 키우고, 볼 수 있던 사람으로서의 '예전 삶'이 완전히 지나갔다는 사실을 받아들이는 일은 성공적인 재활에 매우 중요하다고 여겨졌다.

스콧에 따르면, 이런 모델을 받아들이지 않는 환자는 결국 의사에게 환영받지 못하고, 일과 재활치료 그리고 일상에서의 도움에 다가갈 가능성이 줄어든다. 일종의 벌을 받는 셈이다. 물론 의사들은 환자를 벌줄 의도가 없었을 것이다. 만약 그런 의도가 있었느냐는 질문을 받았더라도 분명 이를 부인했을 것이다. 그들은 대부분의 다른 의사처럼 자신의 환자가 새로운 환경을 받아들이도록 도와주고 싶어 했을 것이다. 어쩌면 그들은 환자들이 상황에 적응하기 전에 프로그램으로 끌어들여 돌봐주는 것이 잘못되었다고 실제로 믿었을 수도 있다. 언어는 저력이 있는 도구이자 뭔가를 정의 내리는 힘이 있어서 같은 행동이라도 시각에 따라 어떨 때는 치료로, 어떨 때는 징벌로 묘사될 수 있다.

어쨌든 이 치료 모델의 결과는 9퍼센트와 11퍼센트라는 경미한 차이가 기능 면에서는 엄청난 차이를 냈다는 것이다. 법적으로 실명이라 정의된 사람들은 실제로도 눈이 멀었다. 스콧은 그들이 얼마 지나지 않아 사회적 기능에 제약을 받고, 네트워크가 좁아지며, 일상에서 활동량이 적은 사회복지의 수혜자로 전락한 것도 발견했다. 이와는 달리 법적으로 눈이 보이는 것으로 규정된 사람은 정상적으로 볼 수 있는 사람처럼 기능을 했고, 사회적 네트워크와 일상생활 속에서도 적극적으로 활동했으며, 직장생활과 사생활도 거의 정상적으로 해냈다.

스콧은 신체적 질환을 진단받은 사람을 대상으로 연구했지만, 정신적 질환에 대한 진단이 동일한 효과를 내지 않을 거라고 가정할 이유는 하나도 없다. 오히려 정반대다. 정신 병동이나 응급치료소에 한 번이라도 가본 적이 있는 사람은, '질환에 대한 이해 부족' '자신의 한계 인식' '증상과 함께 사는 법 배우기' 같은 표현이 일상이라는 사실을 안다. 그곳에서 묘사한 내용이 이제 더는 내게 해당되지 않는데도 나는 이런 말을 굉장히 많이 들었고, 지금도 여전히 듣고 있다. 이미 비슷한 말을 했지만, 어쨌든 스스로 자신의 한계를 파악하는 일이 중요하다. 자신이 비현실적으로 많은 것을 해낼 수 있다고 믿는, 기대치가 높은 사람도 있기 때문이다. 이런 사람은 지원을 받는 것이 모든 일을 좀더 원활하게 처리할 수 있다는 점에서 도움이 된다. 문제는 기대가 싹을 틔우기도 전에 죽이고는, 비현실적이고 낮은 기대감을 깨움으로써 우리 인간이 평소라면 충분히 해낼 성과조차 올리지 못하게 하는, 심지어 그들의 진단명과 병의 증상에서 기대되는 것보다도 훨씬 적은 것을 이루게 하는 무비판적인 대응 방식이다.

항상 희망이 있는 진실을 택할 것이다

나는 단순히 모든 것이 잘되도록 '좋은 생각을 하라'고만 장려하는 일은 잘못되었다고 생각한다. 그것이 그렇게 간단하지 않다는 사실을 매우 잘 안다. 하지만 나는 제한적인 가능성을 한번 받아들이면 이런 역할을 다시 벗어던지기가 얼마나 힘든지, 그리고 자신을 최대한 발전시키는 일이 얼마나 중요한지도 잘 안다. 시간이 지나면 역할은 잘 훈련되어 깨뜨리기 힘든 습관이 된다. 게다가 주변에서 거의 저항할 수 없을 만큼 강한 기대가 덧붙여진다. 이런 기대는 다소 간접적일 수도 있고, 예를 들면, 깔끔하게 치운 방에 대한 칭찬의 말이나 행동으로 표현된다.

또 다른 기대는 말을 통해 굉장히 직접적으로 전달된다. 병동에서 내가 믿고 따르던 사람이 나는 절대로 다시 건강해질 수 없으므로 증상을 안고 사는 법을 배워야 한다고 말한 적이 있다. 당시 잘난 척하고 떠벌리기를 좋아하던 나는 이렇게 심한 증상과 더불어 사는 법을 배우고 싶지는 않다고, 그러니 배우지도 않을 거라고 대꾸했다. 내 나이 겨우 스무 살이었다. 그런 마음가짐이라면 누구도 나를 도와주지 않을 거라는 대답을 들었다. 그럼 나는 다시는 건강해지지 못할 것이고, 또한 가능한 모든 것, 즉 내 증상을 끌어안고 평생을 살아가는 법을 절대 배울 수 없다고 했다. 다행히 나는 그녀의 말을 곧이곧대로 듣지 않았다. 만약 그랬다면 다시는 건강을 찾지 못했을 것이고, 현재의 삶도 이루지 못했을 것이다. 이것은 매우 중요하다. 그런데 그때 그녀가 했던 말이 완전히 틀린 것은 아니었다. 솔직히 말해 당시 내 상태를 봤으면 그녀의 말이 매우 현실적으로 들렸을 것이다.

나는 벌써 몇 년째 아팠고, 조현병이라는 진단을 받았으며, 신경이완제를 복용하고 있었고, 수년간 치료를 받았음에도 여전히 혼자 살지 못했다. 병원 밖에서 잠깐 산책하는 일조차 무리였다. 그녀는 결정적으로 자신만의 통계를 가지고 있었다. 내가 다시 건강해져서 활동적이고 자립적으로 생활하고 심리학자로서 일하는 모습을 그리는 것보다는, 병을 안고 살아가는 법을 배우는 것이 훨씬 더 현실적이었다. 하지만 사람들이 꼭 통계대로 되라는 법은 없다. 따라서 그녀도 자기 말이 반드시 옳다고 확신할 수는 없었다. 내 말이 옳을 확률이 단지 1000분의 1밖에 되지 않고, 이로써 희망이라고는 전혀 보이지 않는 상황에서 1000명 중 단 한 명만이 다시 건강해질 수 있다는 진실이 너무나 잔인하다고 하더라도 말이다. 하지만 999명의 다른 사람들처럼 내가 바로 그 한 명이 될 수도 있었다.

스콧의 연구는 경계에서 단지 2퍼센트가 높아 실명이 아니라 시각장애로 구분된 사람들이 어떤 기대를 갖는지에 따라 완전히 다른 인생을 살 수 있음을 보여준다. 다른 삶을 가질 수 있다는 희망과 자신이 꼭 매달릴 수 있는 꿈, 그리고 자기 삶에 의미를 부여하려는 목표가 큰 차이를 가져온다. 이때 통계와 확률은 의미를 잃는다. 나는 아픈 데다 내 삶의 상황과 진단을 내 맘대로 선택할 수 없었다. 그것들은 그냥 지정됐다. 하지만 이를 나에게 전달하는 방식은 바꿀 수 있다. 대부분은 단순히 통계에 집중해서 이렇게 말한다.

"네가 네 목표를 이룰 가능성은 희박해."

하지만 희망을 걸어볼 수도 있다.

"사람들이 어떻게 될지 예측하기란 불가능해. 항상 좋아질 기회는 있어. 우리가 열심히 노력하고 많은 시간을 투자한다면 말이야."

이 두 가지 말은 똑같이 '참'이다. 하지만 이 둘은 매우 큰 차이가 나는 두 가지 효과를 불러오고, 완전히 다른 것을 표현한다. 하나는 굉장히 희망적이지만, 다른 하나는 절대 그렇지 않다. 선택할 수 있다면 나는 항상 희망이 있는 진실 쪽을 고를 것이다. 이유는 매우 간단하다. 이것이 건강에 가장 좋으며, 마음에도 가장 적은 상처를 주기 때문이다. 그리고 어쩌다가 실제로 기적이 일어날 수도 있다는 가능성을 배제하지 않기 때문이다. 이것 하나만으로도 굉장히 중요하다.

내 인생을 다시 내 손에 쥐고 싶었다

이것은 가끔 휘말리게 되는 무의미한 토론 중 하나였다. 토론자는 우리 둘이었다. 그녀는 간호사, 나는 환자였다. 어느 토요일 오전, 우리는 오렌지가 감귤류인지 아닌지에 대해 논쟁을 벌였다. 간호사는 오렌지는 감귤류가 아니라면서 레몬만 감귤류라고 했다. 나는 감귤류는 오렌지, 귤, 자몽, 레몬 같은 과일의 총칭이라고 주장했다. 당시 병원은 내가 살고 있는 집이었다. 내가 진짜 집에 살 때는 이렇게 의견이 갈릴 경우 사전을 찾아보곤 했다. 그래서 나는 간호사에게 내가 무엇을 하려는지를 말하고(병원에서 오랫동안 보호받은 경험 덕분에 나는 이런 의도는 즉시 전달해야 한다고 배웠다) 책이 꽂혀 있는 책장으로 갔다.

나는 아직도 간호사가 무슨 생각으로 혹은 무슨 이유로 그런 반응을 보였는지 모르겠다. 아마 겁을 먹었거나 화가 났거나 자신의 권위가 위협당한다고 생각했을지도 모르겠다. 어쨌든 간호사는 알람 스위치를 눌렀고 다른 간호사들이 내 방으로 달려왔다. 나는 오렌지가 감귤류 과일인지 책에서 찾아보고 싶었을 뿐이라고 설명하려 했지만, 어쩐지 도무지 믿기지 않을 이야기라는 생각이 들었다. 간호사는 내가 손목을 긋기 위해 백열등을 빼서 깨려고 했다고 설명했다. 내가 그런 일을 자주 했기 때문에 사람들에게는 이 설명이 좀더 그럴듯했다. 하지만 이번에는 설명이 옳지 않았는데도 간호사들은 나를 잡아 뒤로 끌고 갔다. 나는 화가 났고, 절망했으며, 힘껏 저항할 준비가 되어 있었다. 우선 내 설명이 목적을 이루지 못한 데다 그들이 나를 어디로 끌고 갈지 알았기 때문에, 나는 당연히 격렬하게 반항했다.

하지만 내가 내뱉은 단어는 물론이고, 내가 보인 과잉 행동적 반응 역시 내게 큰 보탬이 되지 못했다. 간호사들은 굉장히 많았고, 나는 혼자였다. 그들은 나를 독방으로 끌고 가서 벽이 고무로 덮인 방에 가두었다. 나는 하루 종일 그곳에 웅크리고 앉아 있었다. 매트리스 하나, 하얀 벽, 녹색 줄무늬가 그려진 시멘트 바닥. 감귤류 과일에 속하는 오렌지의 권리를 위해 힘껏 싸운 '오렌지 수호자'인 나는 그곳에 갇혀버렸다.

나는 여러 개의 폐쇄된 문을 거쳐야 하는 독방에서 많이 지내봤기 때문에 이번에도 딱히 특별할 것은 없었다. 그래서 지루하고 외롭고 상처받았음에도 잘 버틸 수 있었다. 다른 병동에 있더라도 하루하루가 그다지 멋있는 것은 아니니까, 나는 이런 상황을 잘 넘길 수 있었다. 하지만 그곳에 혼자 앉아 내가 하는 모든 말이 의미를 잃고, 더는 인지 능력을 갖춘 환자가 아니라 애당초 조현병 환자였다는 사실을 다시 깨닫는 일은 너무나 끔찍했다. 나는 정신질환을 앓고 있었고, 아무런 목소리도 내지 못했다.

조앤 그린버그Joanne Greenberg는 이런 현실을 『난 너에게 장미정원을 약속하지 않았어』라는 소설에서 너무나 훌륭하게 묘사했다. 주인공 데버러와 또 다른 환자는 젖은 수건에 둘둘 감겼다. 특히 데버러는 다리에 피가 통하지 않을 정도로 세게 묶여서 심한 통증을 느껴야 했다. 다른 환자는 데버러에게 도와줄 사람을 부르라고 조언했다. 조금 뒤에 고통이 너무나 심해져서 데버러는 도와달라고 소리치기 시작했다. 하지만 그녀가 아무리 도와달라고 외쳐도 아무도 오지 않았다. 다른 환자는 데버러에게 자기가 잘못된 조언을 한 것 같다며 사과했다.

"미친 사람이 소리 지르면 거기에 대고 소리를 지르는 사람은 미친 사람밖에 없다는 것을 내가 잊어버렸어."

다르게 표현하면, 미친 사람은 다리가 아파서가 아니라 미쳤기 때문에 소리를 지른다.

나는 늘 심리학자가 되고 싶었다

자신의 말이 의미를 잃고 그저 하나의 증상이 되어버리면 사람들은 매우 외롭다고 느끼고, 기분도 나빠진다. 더는 중립 지역이 없다는 것, 나의 모든 말이 항상 의심받고 내 진단명과 연관 지어서만 해석된다는 것을 감안해야 한다는 사실을 깨달았을 때 내가 느꼈던 심한 무력감과 불안감을 여전히 기억한다. 이런 일은 항상 새로운 상황에서 반복해서 일어났다.

나는 병들기 전에는 좋은 학생이었고, 심리학자가 꿈이었다. 학교에서 직업상담사와 면담을 하고, 미래의 계획에 대해 지원을 받았다. 나는 성적도 좋았고 학구열도 높아서 대학 진학을 진지하게 고민하고 있었다. 그러나 면담을 하고 1년 뒤, 나는 폐쇄 병동에 갇혔다. 나는 모든 혼란 속에서도 내 꿈을 꼭 붙들고 놓지 않았다. 마치 이 꿈이 나를 육지에 다시 데려다줄 구명부표인 것처럼 말이다. 이 시기가 반드시 끝나야 했다. 나는 내 인생을 다시 내 손에 쥐고 학교로 돌아가야만 했다.

나는 늘 심리학자가 되고 싶었다. 그런데 이제는 내 미래의 꿈이 직업에 관한 계획이 아니라, 내 심리치료사와 나를 동일시하려는 증상일 뿐이라는 말을 들어야 했다. 즉 나는 심리학자로 일하고 싶어서 심리학자가 되고 싶은 것이 아니라, 내 심리치료사처럼 되고 싶어서 심리학자가 되고 싶어 한다는 것이었다. 병원에서는 직업과 훈련이 아니라 투영, 전이 같은 것들이 주요 주제였다. 그들은 어쨌든 그렇게 말했다. 마음이 너무 아팠다. 나는 그들이 설령 나를 믿지 않는다고 해도, 내게 이런 고통을 줄 이유는 없을 거라고 생각했다. 나는 의심과 불신을 경험하고 싶지 않았다. 이런 것은 내게 아무런 도움도 되지 못했다. 내게 필요한 것은 내가 꼭 붙들 수 있는 꿈이었다. 나는 좋은 학생이었고, 내 계획은 1년 전까지는 현실적이었다.

도대체 내게서 꿈을 빼앗아가 병의 일부로 만들어버리면 무엇이 좋은 걸까? 꿈은 꿈으로서 훨씬 더 소중하고, 더 아름답다. 내가 일상에서는 그처럼 큰 기쁨을 느낄 대상이나 존재가 아무것도 없었기 때문에, 그들은 내 꿈을 그냥 내버려둘 수도 있었을 것이다. 그리고 그것이 오렌지와 감귤류 과일에 대한 문제일지언정 내 말에 대해서도 마찬가지였다. 사소하고 진부하게 들릴 수도 있지만, 정상적이고 건강했던 아른힐이 남긴 것은 너무나 적었기 때문에 내게 남아 있는 너무나 적은 부분만이 아직 나였고, 모든 잔해는 질병이 아니라 많은 의미를 담고 있는 것들이었다.

같은 병동의 다른 간병인은 나를 완전히 다르게 대했다. 그는 정식으로 직업훈련을 마친 간병인은 아니었고, 실직을 한 관계로 밤에 경비를 섰다. 그는 경비 일을 하는 것 외에도 미디어와 언론학에 관한 강좌를 들으러 다녔다. 그는 내게 좋은 소식의 열 가지 특성에 대해 가르쳐주었다.

"좋은 소식은 현재여야 하고, 소식을 듣는 사람과 관련이 있어야 하고, 기대하지 않은 것이어야 하고……"

솔직히 말해서 이제는 모든 것을 기억하지는 못한다. 하지만 당시에는 모두 외우고 있었다. 내가 불안해하고, 안절부절못하며, 정신분열 상태가 시작되려고 하면 그가 어떻게 나를 그의 현실로 다시 데려왔는지를 또렷이 기억한다.

"아른힐, 자, 이리 와봐. 좋은 소식의 열 가지 특성에 대해 말해봐!"

내가 대답을 하지 않고, 내게만 들리는 목소리와 계속 대화하거나 내 몸을 할퀴거나 혹은 다른 짓을 하면 그는 이렇게 재촉했다.

"이제 허튼짓은 그만두고, 아른힐. 나는 네가 기억한다는 걸 알아! 좋은 소식은 ~해야만 하고……"

그러면 나는 이 정해진, 하지만 사실 그리 흥미롭지는 않은 특성들을 나열하면서 우리의 공통된 세계로 들어갔다.

"좋은 소식은 현재여야 하고, 소식을 듣는 사람과 관련이 있어야 하고……"

물론 이런 시도가 매번 통하지는 않았다. 하지만 자주 효과를 냈다. 아마도 특성의 범주가 단순하고 규칙적이며 구체적인 데다, 나와는 관계없는 중립적인 주제에 중점을 두고 있어서 효과를 발휘한 듯하다. 당시 나는 이런 규칙을 완전히 내 것으로 만들어서 어떤 주제에 관해서든 절대 틀리지 않고 모두 말할 수 있었다. 이렇게 함으로써 확실하고 쉽게 삶으로 다가갈 지점을 마련했다.

하지만 어느 정도는 내 선생님 덕분에 효과가 있었던 것 같다. 나는 그를 좋아했다. 그는 나를 상냥하고 진지하게 대했고, 무엇인가를 가르쳐주었다. 그는 정말 차분한 사람이었다. 조현병 증상이 시작되면 나는 매번 너무 무서웠다. 갑자기 내 감각과 머리를, 생각과 감정을 더 이상 믿을 수 없다는 두려움이 밀려왔기 때문이다. 너무나 당연한 일이다. 자기의 대부분이 무력해지면 스스로 지킬 수 있는 부분은 너무나 적다. 그러면 사람들은 더욱 쉽게 상처받고, 모든 것을 오해할 확률도 굉장히 높아진다. 이런 상황에서 나는 보기에 안정적이지 않은 사람이나 예측 불가능한 사람 혹은 내게 해를 끼칠 생각이 없다는 것을 전적으로 확신할 수 없는 사람을 상대로 위험을 감수하지 않았다. 조금이라도 의심이 가거나 불확실한 낌새가 보이면 나는 정신분열을 일으키는 쪽을 선택했다. 그 경비원은 나를 속이거나 기만한 적이 없었기 때문에 무슨 일이 생기면 나는 대부분 그를 찾았다.

내가 그의 옆에서 안정감을 느낀 이유 중 한 가지는 그가 필요 이상의 권력을 사용하지 않았다는 데 있다. 그는 항상 먼저 나와 함께 일을 하러 다가왔다. 그리고 그와 공동 작업을 하면 다른 사람과 했을 때보다 훨씬 진도가 빨랐다. 그는 나를 정말로 바라봐주고 진지하게 대했다. 또 내게 무엇인가를 가르쳐주고 함께 토론하려고 노력했다. 좋은 소식의 특성에 대해서뿐만 아니라 전 세계에서 일어난, 완전히 새로운 정치, 문화적 사건에 대해서도 토론을 했다. 덕분에 나는 단순한 환자가 아니라 그냥 사람이 될 짧은 시간을 얻어 숨을 돌릴 수 있었다.

받기만 하는 사람이
되는 일의 슬픔

부활절 시즌의 어느 저녁이었다. 나는 약을 먹는 것을 거부했다. 내가 왜 그토록 저항했는지 지금은 생각나지 않지만, 어쨌든 전망 없는 싸움이라는 것은 분명히 알고 있었다. 그들이 주사를 놓는 것을 도무지 견딜 수 없어서 일종의 자해를 저질렀던 것일 수도 있다. 주사를 놓는 동안 그들이 나를 바닥에 누르는 일은 늘 굴욕적으로 느껴지고 고통스러웠다. 항상 속이 메스꺼웠고 부작용이 더 심해진다고 느꼈다. 어쩌면 혼자 괜히 그렇게 생각한 것일 수도 있지만, 어쨌든 주사 맞는 일은 도저히 참을 수 없었다. 그때는 항상 누군가가 나를 따라다녀서 자해는 거의 불가능했기 때문에 약을 거부하는 것은 일종의 변형된 자해였다. 무엇이 되었든 간에 거부였다.

병동 책임자는 나에게 "약 먹어! 얼른, 지금 약 먹으라고! 쓸데없는 짓 그만해! 먹어, 지금!"이라고 명령했다. 나는 누가 나에게 이래라저래라 하는 것이 싫었다. 만약 '제발'이라고 말했더라면 혹시 약을 먹었을지도 모르겠다. 하지만 그 여자는 계속해서 명령조로 말했고, 내가 약을 반드시 먹어야 된다고 고집했다. 맞는 말이 아니었다. 우리는 둘 다 이 사실을 알았다. 그녀는 당직 의사에게 전화를 걸어 나에게 주사를 놓을 수는 있었지만, 내게 약을 삼키는 것을 강요할 수는 없었다. 그것은 당시에 내가 거의 유일하게 스스로 결정할 수 있는 일이었다. 그것은, 내 삶이 온통 싸움과 욕설 그리고 허튼짓으로 가득해졌을 때도 절대로 넘겨주고 싶지 않던, 내게 유일하게 남아 있던 통제력이었다. 내가 계속 거부하고 절대 포기하지 않자 그녀는 나를 위협하기 시작했다.

"약을 삼키지 않으면 의사한테 전화할 거야. 그러면 주사를 맞게 될 테니 두고 봐!"

나는 처음부터 이것을 알고 있었다. 이 일과는 완전히 별개지만 나에게는 몇 가지 원칙이 있었다. 그중 한 가지는 위협에 굴하지 말자는 것이었다. 나는 그때 사춘기 청소년이었고, 그 나이에는 누구나 도덕적 정당성이라는 감각을 지나칠 만큼 발달시키게 된다. 나는 누군가가 나를 위협하면 더욱더 포기할 생각이 없어졌다.

당시 좋은 소식의 특성을 가르쳐준 간병인도 함께 병동에 있었다. 그는 나를 진정시키기 위해 병실로 데려가서 몇 마디를 나누었다. 그는 내가 당연히 스스로 약을 먹을지 말지를 결정할 수는 있지만, 약을 먹는 일은 매우 중요하다고 말했다. 그도 나와 마찬가지로 다른 대안이 없다는 것과, 상황이 어떻게 되든 결국에는 내가 약을 먹으리라는 것을 알았다. 그는 나에게 차가 망가져서 수리비를 벌기 위해 당직을 전담하고 있다고 알려주었다. 그러고는 부활절 휴일에 의사를 부르지 않고도 자신이 나를 설득하여 약을 먹게 했다는 사실이 알려지면, 책임자도 분명 그를 어딘가에 간병인으로 추천해줄 거라고 했다. 이 말을 듣자 상황이 완전히 달라졌다. 이제 문제는 내가 어떤 명령이나 위협에 뜻을 굽히느냐 마느냐가 아니라, 상냥한 사람을 위해 좋은 일을 하느냐 마느냐로 바뀌었다. 나는 당연히 이런 기회를 기꺼이 붙잡았다.

내가 다른 누군가를 위해 뭔가를 했던 것이 도대체 언제였지?

나는 품위를 지키며 차분하게 약을 먹었다. 간병인은 나에게 도와줘서 고맙다는 말까지 했다. 자존감은 충분히 챙기면서 이런 상황을 다시 빠져나오는 일이 얼마나 좋은 느낌인지 나는 여전히 기억한다.

나는 항상 그의 말에 최소한 한 조각의 진실은 숨겨져 있으리라는 희망을 품었다. 그는 정말 상냥한 사람이었기에, 내가 정말 그를 위해 뭔가를 할 수만 있다면 너무 기뻤을 것이다. 당시 나는 누군가에게 좋은 일을 해줄 수 있는 위치가 아니라, 도리어 누군가에게 도움을 받는 처지였다. 그리고 바로 이런 이유에서 그를 돕는 일이 매우 중요하다고 생각했을 수도 있다. 늘 뭔가를 받기만 하고, 한 번도 뭔가를 주지 못하는 삶은 힘겹기 때문이다.

다른 개방 병동에서 일하던 굉장히 친절한 간호사가 있었다. 난 이 간호사가 일하는 날이면 항상 신이 났다. 그 병동은 분위기가 좋았다. 뭐, 비록 직원들이 환자들과 함께 있는 대신, 간호사실에서 잡담을 나누는 나쁜 습관에 물들긴 했어도 어쨌든 모두 친절했다. 그래서 다른 사람이 아닌 그 간호사가 일하는 날이면 굉장히 좋았다. 그녀는 오후에는 모두가 함께할 활동을 제안했기에 더욱 그랬다. 우리는 함께 빵을 굽거나 지점토로 뭔가를 만들거나 그림을 그렸다. 간호사는 심지어 우리에게 빌려줄 물감과 붓 같은 것을 자기 집에서 가져오기도 했다. 이렇게 함께하는 시간이 굉장히 좋아서 한동안은 슬픔을 잊을 때도 있었다. 그런데 어느 날 저녁, 언제나처럼 좋은 오후 시간을 보내고 나서 나는 깊은 우울함에 빠졌다. 나는 혼자 병실로 가서 울었다. 왠지 자해하고 싶은 마음이 생겼다. 간호사가 병실로 들어와서 친절하게 말을 건네며 무슨 일이 있었는지, 나를 어떻게 도울 수 있을지를 물었다. 당시 나는 집중치료를 받는 중이었기 때문에 꽤 풍부한 어휘력을 갖추고 있었다. 덕분에 내가 어떤 생각을 하고, 무엇 때문에 슬픈지 말할 수 있었다.

"간호사들 모두 우리에게 정말 잘 해주고, 당신도 정말 친절하세요. 우리는 여러분에게 정말 많은 것을 받는데, 우리가 갚을 기회는 주어지지 않는 것이 그냥 슬퍼요. 항상 받는 사람이 되고, 주는 사람이 되지 못하는 것이 슬퍼요."

간호사는 내 말을 이해했다고 했다. 그리고 내 말을 고맙게 받아들였다. 그녀는 내가 이런 말을 해주어서 새로운 시각을 알게 됐다고 말했다. 이것이 바로 내가 그녀에게 주고, 그녀가 내게 받은 것이라고도 했다. 나는 그녀의 말을 그냥 위로라고 여겼다. 그 말에 한 조각의 진실이 들어 있을지라도 어떻든 그 말은 위로 이상도 이하도 아니었다. 그녀는 훌륭하고 사려 깊은 간호사이며, 나는 도움이 필요한 슬픈 환자였기 때문이다. 그녀는 상냥했다. 나는 그녀가 나를 진정으로 위로하려고 했다고 믿는다. 내가 보기에 그녀는 진실한 사람 같았다. 하지만 우리의 역할이 고정되어 있었기 때문에 나도, 그리고 그녀도 무엇인가를 바꿀 수는 없었다.

환자 역할은 유용하고 좋을 수도 있다. 여기에는 또한 치료와 착취로부터의 보호 같은 매우 중요한 권리도 포함된다. 한 번도 무언가를 베풀지 못하는 것이 얼마나 고통스러운지 매우 상세하게 기억하고 있긴 해도, 다른 한편으로는 이전에 환자의 노동력을 악용하는 사례가 매우 많았다는 이야기도 자주 들었기 때문이다. 우리는 환자들이 주치의의 정원에서 대가도 받지 못한 채 강제로 일하거나, 작업실에서 만든 훌륭한 수공예품들을 병원 직원들에게 거의 공짜로 넘겨야 하는, 그런 시스템으로 돌아가기를 원하는 것은 결코 아니다. 하지만 굴욕적으로 이용되는 것과 굴욕적일 만큼 무용한 것 사이에는 반드시 타협점이 있을 것이다. 무엇인가를 자발적으로 할 수 있는 가능성이나 무엇인가를 배우고 자기를 계발할 수 있는 기회가 존재할 것이다.

우리 지역과 지역 신문에는 얼마 동안 '직업에 부적합한' 사람에게도 일자리를 제공하는 것에 대한 많은 토론이 열렸다. 즉 공공 노동시장에서 아무런 자리를 찾지 못하고, 자신을 위해서 마련된 딱 맞는 일자리를 필요로 하는 사람을 위해 말이다. 정신질환을 앓는 환자 역시 이런 사람에 속한다. 문제는 당연히 돈이었다. 지역 공동체는 어떤 일이든 기꺼이 하고 싶어 했지만 비용이 굉장히 많이 들었다. 게다가 실제로 관련 정책이 실현될지의 여부에 대해서도 확신이 없었다. 신문에 토론이 그대로 실렸고 사람들은 독자 편지로 다양한 제안을 해왔다.

당시 나는 개방 병동에서 지내면서 다른 환자들처럼 신문을 읽었다. 논쟁은 우리를 흥분시켰다. 무엇보다 우리가 일하는 것을 지역사회가 감당할 수 있을지의 여부가 걸린 일이었기 때문이다. 일을 한다면 나는 제대로 된 유익한 일을 하고 싶었다. 공동체에 기여하고, 좋은 일을 하고, 스스로 무엇인가를 해내고 싶었다. 다시는 사람들이 우리에게 내민 것만 받고 싶지 않았다. 나는 내가 하는 일이 짐이 되기를 원하지 않았다. 지역사회가 돈이 있는지 없는지는 상관없었다. 내가 하는 일은 비용을 부담할 필요가 없어야 했기 때문이다. 대신에 누군가 나를 쓸모 있는 사람으로 봐주기를 바랐다. 누군가 나에게 주는 것을 받기 위해서가 아니라 단순히 이런 이유로 나는 일을 하고 싶었다.

내 상태가 천천히 다시 좋아지면서 일을 찾아다니기 시작했다. 다양한 회사에 조수나 보조로 일하겠다고 제안했다. 하지만 나를 원하는 곳은 아무데도 없었다. 심지어 공짜로 일한다고 했는데도 말이다. 누군가가 정말 훌륭하다고 아무리 떠들어대도 고용주가 정신질환이 있는 사람은 오히려 업무를 늘릴 뿐이라고 생각한다면, 심리치료와 복귀 프로그램이 도대체 무슨 소용이 있을까? 어떤 개인과 그의 노동력은 병력에 따라 판단된다. 그런데 유일하게 남는 것이라고는 딸랑 질병의 판박이 그림뿐이고, 결국 그 뒤에 있던 사람의 본래 모습은 아무도 보지 못한다.

얼마 뒤 나는 블린데른에 있는 심리학과 교수 아래서 실습을 시작했다. 교수가 연구에 집중하는 가운데 나는 좁은 사무실에 혼자 덩그러니 앉아서 연구 결과를 컴퓨터에 옮겨 적었다. 단순한 일이어서 안심이 됐다. 사무실 창문 밖으로는 연구소 입구가 보였다. 이곳은 내가 꿈을 실현하기 위해 일주일에 두 번씩 병원을 나와 일하기로 한 곳이었다. 내가 끝까지 견뎌냈다는 사실이 정말 멋지고, 유용하고, 중요했다. 그 밖에 교수가 나를 인정해주는 것도 좋았다. 그는 내가 해준 일에 고마움을 표시했을 뿐만 아니라 내게 수고비를 주지 않아도 된다는 사실에 놀랐다. 그의 감사하는 마음과 나를 인정해주는 태도 덕분에 자신감이 올라갔다. 교수가 일을 시키는 방식과 기대 역시 내게 큰 도움이 됐다. 나는 이렇게 해서 일주일에 두 번씩 조현병 환자가 아니라 사람이 될 기회를 얻었다. 나에게 정말 좋은 일이었다.

'정신질환자'라는 너무도 이상한 표현

정신질환자라는 말은 아무리 생각해도 굉장히 이상한 표현이다. 우리는 이 표현을 자주 쓰면서도 신체질환자라는 표현은 거의 사용하지 않는다. 적어도 나는 한 번도 들어본 적이 없다. 확신하건대 "부활절에 다리가 부러진 그 남자는 과거에도 자주 골절상을 입은 신체질환자다. 그는 어렸을 때에도 ~를 하다가 팔이 부러진 적이 있고……"라고 과거형으로도 표현하지 않는다. 이와는 달리 "아내를 살해했다는 의혹을 받고 있는 그 남자는 의학적으로 ~했던 16년 전에 정신질환을 앓은 병력이 있는 환자다"라고들 말한다.

사람들은 동시에 두 가지 일을 표현하기 위해 두 가지 사실을 재빨리 연결하곤 한다. 요컨대, 과거 정신병원에 입원했던 일과 잠재적 범행 사이에 연관이 있고, 과거 환자였던 사람 대부분이 잠재적인 살인자 혹은 '시한폭탄'이라는 것이다. 이전에 정신병원에 입원했던 일과 이후에 저지른 범죄 사이에 연관성이 있을 수도 있지만, 그렇지 않을 수도 있다. 그리고 정신질환을 앓은 사람 대부분이 시한폭탄이라는 말은 통계적으로도 정당하지 못하다. 정신적으로 아픈 사람들 대부분은 전혀 위험하지 않을뿐더러, 위험하다고 분류된 사람들 대부분은 단지 본인에게만 위험할 뿐이다. 하지만 우리는 '정신질환자'라는 낙인을 마치 개개인에 대한 훌륭한 묘사인 것처럼 너무나도 가볍게 여긴다.

대학에 다니면서 나는 이런 현상을 다시 접했다. 나는 일반인들 사이에서 유행처럼 번진 성격 테스트를 놓고 동기와 토론을 벌였다. 나는 사람들이 불안과 우울증으로 병원에 입원해 불 지르는 것을 좋아하거나 이상한 목소리를 듣는지와 같은 질문을 받으면 왠지 당황스럽고, 마음이 불편할 거라고 생각했다. 물론 때로는 광범위하고 근본적인 진찰이 꼭 필요하지만, 나는 이런 종류의 광범위한 검사를 일상적으로 하는 것을 비판했다. 그러자 동기는 나를 빤히 바라보면서 말했다.

"하지만 아른힐, 환자들은 그렇게 생각 안 해."

내가 지금까지 들어본 말 중에 가장 차별적인 말이었다. 도대체 환자들은 어떻게 생각하는데? 환자들 혹은 우리는(내가 어느 쪽에 서든 상관없이) 다른 모든 사람들의 사고방식과는 완전히 다르게 자신만의 특이한 방법으로 생각하나? 바로 위 문장에서 '환자'라는 단어를 소수민족이나 외국인 집단, 혹은 정말 간단하게 '여성'이라는 단어로 바꾸면 이런 식으로 말하는 것이 얼마나 미친 짓인지 금방 알아차릴 수 있다. 우리라면 절대 이런 식으로 말하지 않을 것이고, 또 우리가 그러지 않는 데는 좋은 이유가 있다. 이렇게 말하는 것은 차별적이고 터무니없이 멍청하다. 환자에 대해 말하는 것이라도 상황은 마찬가지다.

내가 정신병원에서 마주쳤던 환자는 모두 사람이었다.

그들은 다른 모든 사람들처럼 개인적이며, 근본적으로 다른 모든 사람들과 '같다'. 내가 좋아하던 사람도 있고 싫어하던 사람도 있다. 어떤 사람들은 무던하고, 또 어떤 사람들은 투덜댔지만 그들 모두는 사람이었다. 그들은 다른 대부분의 사람들에 비해 더 잘나거나 못나지 않았다.

다른 대학 동기는 내 과거를 알고 나서 변형된 형태의 또 다른 낙인을 내놓았다. 그 동기는 내가 겪은 힘든 일을 통해 분명 매우 상냥하고 성숙한 사람으로 발전했으며, 내가 극복해야만 했던 저항을 통해 고상해졌을 거라고 말했다. 갑자기 이런 말을 들으면 처음에는 의심할 여지없이 매우 흥미진진하지만, 당연히 이것 역시 말도 안 되는 소리다. 고난을 겪으며 성장하는 사람이 있는가 하면 그냥 쓰러져버리는 사람도 있기 때문이다. 자신의 장점을 발전시키기 위해 꾸중이 필요한 사람이 있는가 하면, 꾸중 때문에 비참해지고 편협해지는 사람도 있다. 사람들은 피해를 통해 항상 똑똑해지는 것이 아니라, 때로는 그냥 단순히 피해를 입은 상태로 지내기도 한다. 정신질환을 겪은 사람이나 현재 겪고 있는 사람이 다른 사람이나 시한폭탄보다 위험하다고 말할 수는 없다. 마찬가지로 그들이 다른 사람보다 무조건 나은 경우도 거의 없다. 이들은, 아니 우리는 다른 모든 사람들과 마찬가지로 모두 보통 사람이다.

앞에서 소개했던 동기들의 의견은 매우 직설적이고 뚜렷해서 이로부터 거리를 두어야겠다는 생각이 쉽게 든다. 그런데 처음에는 믿음

직한 인상을 풍기지만 곰곰이 따져보면 결국에는 차별적인 발언에 지나지 않는, 또 다른 종류의 간접적인 표현도 있다. 환자들이 다른 사람들과는 완전히 구분되는 특수한 집단이라는 것을 간접적으로 표현하기 때문이다. 예컨대, '당사자 관점'은 자주 사용되는 표현이다. 이것은 처음에는 긍정적으로 들린다. 실제로 나는 '당사자 관점'에서 강연을 해달라는 요청을 여러 번 받았고 가끔은 강연을 한 적도 있다.

"자, 이제 당사자의 관점에서 이것이 어떻게 보이는지 알아봅시다. 이것은 우리가 정신병원과 환자의 이야기에 대해 갖는 편견을 연구하는 것과 관련이 있습니다"라고 말하는 것은 듣기에도 좋다. 당사자의 관점이 존재한다는 믿음에 유혹당하지 않는 한, 이것은 맞는 말이다. 당연히 관점은 있다. 관점은 공간적 관계와 거리에 관한 것이고, 어디에서 무엇을 보는지의 질문을 다루기 때문이다. 의자나 의료 서비스를 예로 들 수 있다. 높은 위치에서 내려다봤을 때와 바닥에서 관찰했을 때 의자는 다르게 보인다. 의료 서비스도 마찬가지다. 의사인지, 심리학자인지, 환자인지에 따라 서비스를 보는 관점이 다르다. 하지만 이것은 단지 진실의 일부에 지나지 않는다. 나머지 부분은 '당사자'라는 단어로, 이것은 결코 분명하지 않은 개념이다.

정의에 따르면 정신병원을 필요로 하는 당사자란, 짧게 혹은 길게 시스템이 제공하는 서비스 가운데 하나라도 이용하는 모든 사람을 뜻한다. 다시 말해 오래전부터 불안 상태에 시달리다 병가를 내고 지역사회의 상담소를 이용하는 기혼 여성일 수도 있다. 또한 약물 문제가 있고, 인격 장애를 앓으며, 범죄를 저지르고, 교도소에서 심리학적 관리를 받는 젊은 남성일 수도 있다. 아니면 자신은 이제 끝났다고 느끼고는 에너지가 모두 소진된 우울한 상태로, 외래 진료소를 찾아가 대화치료를 받는 어느 협회의 회장일 수도 있다. 아니면 35년 전 정신질환에 걸렸다는 진단을 받고는 정신병원에서 항상 약을 타가며, 관리인이 있는 주거 공동체에서 살아가는 어떤 사람일 수도 있다.

이 모든 사람이 단지 같은 시스템 안의 완전히 다른 영역들을 이용한다고 해서 반드시 동일한 관점을 가져야 할까? 나는 그렇지 않다고 믿는다. 게다가 이것은 내가 다양한 당사자들이나 구성원들의 모임을 방문했을 때 받았던 인상과는 전혀 일치하지 않는다. 나는 가끔 그곳에서 제대로 지원을 받으며, 정신병원에 대한 부정적 비판에 반대하는 사람들을 보았다. 또 한 번은 처참하게 짓밟히곤 화를 내고 분노하는 사람들도 보았다. 아니면 그들의 성향과 경험에 맞추어 불쾌해하거나 낙담한 사람들도 있었다. 이들은 모두 당사자로서 정신질환 치료를 받은 적이 있지만, 삶도 성격도 완전히 다른 사람들이다. 이들은 세상을 모두 똑같은 지점에서 관찰하지 않기에 분명 관점도 다를 것이다.

이렇게 보면 '당사자'는 정말로 중요해지기에는 너무 포괄적이고 불명확한 단어인 반면에 '관점'은 매우 복합적인 단어다. 여기서 '당사자'라는 단어가 정말로 뜻하는 것은 관찰자도 구성원도 아닌, 동떨어진 개인이다. 혹은 다르게 표현하면, '너'는 '우리' 중 한 명이 아니라 '다른 집단'에 속한다는 뜻이다. 이른바 '그들과 우리'라는 고전적인 구분이다. 하지만 이런 구분은 친절하거나 상냥하지 않고, 선입견을 넘어서는 데도 전혀 적합하지 않다. 오히려 정반대다. 그럴싸하게 들릴지 모르겠지만 말이다. 이것은 마치 식탁의 더러운 곳을 가리기 위해 식탁보를 까는 일과 같다. 그러면 더 좋아 보이긴 하겠지만 깨끗하거나 위생적이지는 않다. 이를 깨달을 때까지 긴 시간이 걸리기 때문에 어쩌면 훨씬 위험하기도 하다.

'오렌지 수호자'로 지내는 일의 나쁜 점은 나와 내 행동이 더는 정상적인 척도로 측정되지 못하고 광기의 증상으로 해석된다는 것이었다. 이렇게 되면 어떤 논증도 쓸모가 없다. 반항을 하면 할수록 병에 걸렸다고 더욱 단정되기 때문이다. 내가 아팠던 것은 사실이지만 나의 전체가 병들었던 것은 아니다. 아마도 사람들은 '당사자' 혹은 '환자' 혹은 '조현병'이 감귤류 과일의 분류를 그렇게 중요하게 여긴다고 생각하지도 않을 것이다. 또한 분명 모든 사람을 하나의 같은 부류로 묶는 일이 맞지 않다고도 생각하지 못할 것이다. 그런데 그 토요일, 그 부류에 속한 모두가 고무벽이 설치된 방에 쪼그리고 앉아 있었던 것은 아니다. 그곳에는 단지 아른힐만 있었다. 그리고 아른힐은 언어에 관심이 많았다. 나를 아는 사람들은 내가 그토록 논쟁에 푹 빠질 수 있다는 사실에 놀라지 않는다. 그들이 '환자'에게 적합하고 적절한 치료를 했다고 추측할 수도 있겠지만, 어쨌든 그들은 내게서 토요일을 빼앗아갔다. 진단은 울지 않는다. 하지만 오렌지 수호자는 눈물을 흘린다.

한 명의 의사와 두 명의 경찰이 보여준 것

사실 나는 죽고 싶지 않았다. 하지만 나는 어떻게 살아가야 할지 알지 못했으므로, 삶을 끝내려고 했다. 내가 아픈 지도 벌써 한참 됐고, 몹시 피곤했다. 치료 과정은 힘들었고, 나는 내 책임에 대해 더 많이 알아가기 시작했다. 하지만 나의 희망 사항과 욕구가 적절하다는 사실을 아직 깨닫지 못했기에 책임을 지는 일이 매우 힘들었다. 나는 점점 더 많은 연관성을 보았지만 그것들을 어떻게 다루어야 하는지는 알지 못했다.

나는 아프다는 생각을 천천히 내려놓기 시작했다. 하지만 그 자리에 대신 놓을 만한 것은 아직 없었다. 더는 환자라는 역할을 맡기 싫었지만, '건강한 사람'의 역할은 아직 할 수 없었다. 더 이상 약을 복용하지 않았기 때문에, 내 몸은 화학적 효능이 사라진 뒤에 다시 재정비를 하려는 호르몬과 신경전달물질의 혼돈, 그 자체였다.

나는 일을 시작했다. 그런데 내가 월급으로 받은 금액보다 건강

보험과 연금 등 사회보장항목으로 더 많은 돈이 빠져나갔다. 치료에 대한 본인부담금 때문에 이미 빠듯한 예산에 커다란 구멍이 뚫렸다. 나는 빈털터리가 됐다. 피곤하고 절망스러웠다. 다른 해결책은 눈에 들어오지 않았다. 처음 자살을 시도하고 바로 회사에서 쫓겨났음에도 이틀 뒤 다시 자살을 시도했다. 병원으로 실려 갔고, 그곳 정신과 의사들에 의해 정밀 검사를 받았다. 나는 의사들에게 노르웨이에서는 자살이 허용된다고 말했다. 그리고 나는 정신이 이상하지 않으며, 고작 며칠 동안 내 자살 시도를 막는 것 외에는 그들이 할 수 있는 일이 없을 거라고 말했다. 내가 계속 죽기를 바라는 것은 내 결정이며, 합법적인 행위라고도 주장했다. 나는 침착하고 이성적이며 합리적인 듯한 인상을 주기 위해 최선을 다했다.

하지만 내 심장에서는 피가 흘렀다. 나는 희망을 잃었음에도, 의사들은 여전히 희망을 품고 있음을 내게 확신시켜주기를 간절히 원했다. 나는 너무 피곤해서 추위만을 느끼면서도, 그들은 자신과 나를 위해 충분히 따뜻하기를 바랐다. 아마도 그들은 그랬을 수도 있다. 잘 모르겠다. 어쩌면 나는 얼음처럼 꽁꽁 얼어붙어 있어서 이조차 알아차리지 못했을 수 있다. 어쨌든 그들은 내게 다음 날까지 병원에서 지낼 수 있지만 그다음에는 이곳을 나가야 한다고 말했다. 나는 내일까지 기다릴 이유가 없었다. 그래서 밥을 먹은 후에 병원을 나와 세 번째 자살 시도를 했다.

이번에는 행인들이 나를 발견하고 경찰에 신고했다. 경찰은 나를 다시 병원에 데려갔다. 의사들이 나를 어떻게 해야 될지 고민하는 동안 나는 청소실에 갇힌 채 감시를 받았다. 의사들은 이리저리 대책을 강구하다가 결국 강제 입원을 시켜야 할 이유를 찾아냈다. 내 생각에 일이 이렇게 풀린 것은, 권위에 순종적이었지만 자신의 아이가 위험에 처하면 언제라도 사자처럼 싸울 태세를 갖춘, 작지만 매우 용감한 엄마 덕분인 것 같다. 나는 나중에 엄마가 책임 의사를 찾아가서 한 이야기를 들었다. 엄마는 157센티미터밖에 안 되는 키로 그의 앞에 당당히 서서 의사의 눈을 바라보며 부드러운 목소리로 이렇게 말했다고 한다. 만약 나를 다시 병원에서 쫓아낼 거면 엄마 대신 장례 업체에 전화를 걸라고. 그 순간에 의사는 생각을 바꿨다고 한다.

그가 고심 끝에 나를 입원시키기로 결정한 뒤에 의사, 간병인, 경찰, 간호사 등 수많은 사람이 나를 찾아왔다. 마지막에는 일고여덟 명 정도의 사람이 내 옆에 서 있었다. 그들이 나를 들어 올려 침대에 눕히고는 정신 병동으로 향했다. 나는 너무 창피해서 눈을 감아버렸다. 그리 좋은 방법은 아니었다. 나도 안다. 그리고 당시에도 그걸 알았다. 하지만 내가 할 수 있는 일이 없었다. 사람들이 침대를 승강기에 밀어 넣었다. 아무도 침대에서 손을 떼지 않았다. 그들은 이동하는 내내 나를 계속 꽉 붙들고 있었고, 그중 단 한 명도 내게 말을 걸지 않았다. 경찰 두 명을 포함해서 모두 여덟 명이 붙들고 있어야 했던 위험한 괴물이, 다름 아닌 바로 나였다는 사실을 한 번 더 정확히 짚고 넘어가야겠다. 당시 내 몸무게는 50킬로그램도 나가지 않았고, 나흘 동안 세 번이나 자살을 시도한 뒤라서 신체적으로 상당히 허약했다. 오랫동안 병을 앓아서인지 심신이 모두 지쳐 있었다. 나는 비무장 상태였고, 맨발에 환자복만 입고 있었다. 나는 분노했고 절망했다. 그런데 내가 위험한 괴물이라고? 아니, 이것은 너무 과장됐다고 믿었다.

다시
희망의 불꽃을 보았다

우리는 한 병실에 도착했다. 모두가 나를 꽉 잡고 있는 가운데 의사 한 명이 마침내 내게 말을 걸었다. 의사는 이제 나를 내리누르는 손들을 모두 거둘 테니, 그대로 가만히 누워 있어야 한다고 했다. 내가 조금이라도 움직이면 다시 줄로 단단히 묶을 거라고 했다. 환자를 결박하는 침대가 이미 문 앞의 복도에 준비되어 있다고도 했다. 그러더니 내 대답은 들을 생각도 하지 않고, 다른 사람들에게 나를 놓으라고 했다.

다른 사람들은 모두 서 있는 가운데 나 혼자만 누워 있는 상황은 말 그대로 굉장히 불쾌했다. 나는 그런 상태로 있고 싶지 않았다. 게다가 이미 말했듯이 나는 누군가 나에게 이래라저래라 명령하는 것이 싫었다. 수년간의 경험으로 나는 이들이 내 몸에 대해 어떤 결정을 내리든 막을 수 없다는 걸 알았고, 그렇기에 내 의지를 유지하는 일이 더욱더 중요했다. 그래서 그들이 내 몸에서 손을 떼는 순간, 침대에서 벌떡 일어나 병실 구석으로 도망쳤다. 나는 차분하게 마음을 가라앉히고 몸을 벽에 붙인 뒤 의사에게 말했다.

"8대 1이라니 정말 비겁하지 않아요?"

의사는 침착했다. 그는 사람들에게 나를 잡으라고 명령하는 대신 나를 그냥 그곳에 세워뒀다. 그는 이런 방법이 불공평한 것은 알지만 병실까지 안전하게 옮기려면 어쩔 수 없었다고 대답했다. 그런데 이런 일이 진행되는 동안 의사가 나에게 뭔가를 질문한 적은 단 한 번도 없었다. 그래서 나는 그에게 물었다.

"그전에 나한테 물어볼 수는 없었어요? 나를 보호하기 위해 방을 하나 준비했다고 말하면 되잖아요. 나는 피곤해요. 누가 나를 도와준다고 손을 내밀면 기꺼이 잡을 거예요. 여기 모든 사람이 나를 들어 올리고 붙잡는 대신에 나한테 정말 물어볼 수는 없었어요? 나도 말할 수 있단 말이에요!"

나는 이렇게 말하고는 안드레 비에르케André Bjerke의 시에 나오는 플루트 연주자인 트롬펜타스트Trompentast에 관한 시구를 인용했다. 그는 몇 번의 시도 끝에 마침내 플루트로 약한 공기 소리를 겨우 냈다. 시는 "바람은 나의 친구, 그런데 나는 힘센 남자가 무섭다"라고 끝을 맺는다. 의사는 내가 끝까지 말하게 내버려두었다. 나는 깊은 감명을 받았다. 이어서 그가 한 일은 나를 더욱 감동시켰다. 그는 나와 상의하지 않고 나에게 폭력을 사용한 것에 대해 미안하다며 용서를 구했다.

의사가 나에게 어떤 일로 용서를 구한 것은 이때가 처음이자 마지막이었다. 나는 그런 일이 너무 멋있게 느껴졌다. 나는 믿을 수 없을 만큼 굴욕적인 상황에 처해 있었고, 내가 한없이 작게 느껴졌다. 의사는 나를 들어 일으킬 수 있을 만큼 충분히 몸집이 컸다. 나는 의사가 그렇게 말해준 것에 여전히 고맙다. 의사는 상황이 이렇게 됐으니, 지금 나를 위해 해줄 일이 있느냐고 물었다. 나는 그의 질문이 사실은 제안이라는 것을 알아챘다. 또 그가 나를 존중해주었기 때문에 나도 협조를 하고 싶었고, 그의 권한 내에서 안전하고 적절한 무엇인가를 부탁하고 싶었다. 나는 퇴원을 시켜달라거나 "이 자리에서 바로 건강하게 해주세요" 같은 무의미한 요구 대신, 제대로 된 질문에 걸맞은 제대로 된 답을 주려고 곰곰이 생각했다.

나는 이 병동을 잘 알았는데 꽤 괜찮은 곳이었다. 의사에게 먹을 것을 달라고 부탁할 필요는 없었다. 이곳은 공공 병원이므로 그런 일은 병원 직원들이 맡아서 했다. 내가 원한다면 제대로 치료를 받을 수도 있고, 집에 전화를 해도 무방했다. 그렇게 되기까지는 분명 좀 더 시간이 지나야 할 테지만 말이다. 하지만 땀에 흠뻑 젖은 채로 머리카락은 잔뜩 헝클어지고 너무 짧은 하늘색 원피스 형태의 환자복을 입고 있는 내 모습은, 아무리 부드럽게 표현하더라도 그저 웃음거리일 뿐이었다. 그래서 나는 그 방에서 유일한 여자였던 간호사에게 말했다.

"당신도 나와 같은 여자니까 잘 알겠네요. 당신이 지금 나처럼 이곳에서 웃음거리가 되어 있다면 어떤 느낌이겠어요?"

간호사는 아무 대답도 하지 않았다. 단지 나를 멍청하다는 듯이 바라볼 뿐이었다. 나는 환자이고, 그 여자는 간호사였으니까. 간호사는 나를 자기와 같다고 생각했다면, 이곳에서 일할 수 없을 거라고 여겼을 수도 있다. 아니면 그냥 너무 피곤했거나 원래 불친절한 사람이거나, 혹은 의사가 멍청한 말을 너무 많이 한다고 생각했을 수도 있다. 어쨌든 간호사는 입도 벙끗하지 않았다.

나는 의사에게 목욕을 해도 괜찮으냐고 물었고, 환자복 바지도 한 벌 받고 싶다고 했다. 방금 말했듯이, 이 병원은 괜찮은 곳이었고 대우도 좋았다. 그래도 내가 지금 저지른 짓을 고려하면, 의사가 이에 대한 책임을 지지 않는 한은 내가 욕실에 가거나, 심지어 욕조에 들어가는 일은 허락되지 않으리라는 사실을 알았다. 그렇지 않으면 모든 안전 규칙을 위반하는 셈이니까. 의사의 허락이 떨어지지 않으면 이들은 나에게 잠옷 바지도 주지 않을 것이다. 잠옷 바지는 허리춤에 끈이 있고 가랑이가 길어서 충분히 자해의 도구가 될 수 있기 때문이다. 의사는 이 문제에 있어서도 협조적이었다. 그는 내가 목욕을 해도 좋다고 했다. 단, 간호사 한 명이 내 옆에 있어야 한다고 했다. 나는 깨끗한 바지도 받았다. 허리에 끈이 없어서 접어 입어야만 하는 바지였다.

잠시 후 나는 목욕을 하러 갔다. 하루 동안 너무나 많은 일을 하고 지친 몸을 따뜻한 물에 담그자 더없이 상쾌한 느낌이 들었다. 목욕 후에 조용히 저녁 시간과 밤을 보내고, 병원 직원들에게 협조적으로 굴었다. 약을 먹을 필요도 없었다. 내 삶이 완전히 혼란스러워진 것이 뚜렷하게 느껴졌다. 또한 내가 죽음의 문턱에 그토록 가깝게 다가갔다가 아직 살아 있는 것이 굉장히 절망스러웠다. 이런 감정에도 나는 이를 꽉 물고 어느 정도는 정상적으로 생활할 수 있었다. 의료진은 완전한 존중과 예의로 나를 대했다. 내 이야기에 귀를 기울여주고, 나를 진지하게 대했다. 나는 대화를 나누고 합의를 할 수 있는 사람으로 대접받았다. 한 의사는 나에게 용서를 구했다. 덕분에 어쩜 시간이 지나고 나면, 내가 휘말려 들어간 혼란을 해결할 방법을 찾을 수도 있겠다는 희망을 다시 품을 수 있었다.

내가 스스로에게 저지른 짓은 나를 쉽게 죽였을 수도 있다. 하지만 이런 짓을 했을 때 나는 그냥 살 수 없었을 뿐, 정말 죽을 마음은 없었다. 지금은 모든 것이 다른 방향으로 전개되고 있기 때문에 나는 아직 죽고 싶지 않았다. 나는 여전히 혼란 속에서 살고 있고 내 문제에 대한 해답도 찾지 못했지만, 다시 희망의 불꽃을 보았다. 앞으로 3, 4일 동안 일어날 다른 조치가 작은 불꽃을 꺼뜨릴지, 아니면 크게 일으킬지 보게 될 터였다. 하지만 그날 저녁은 작은 불씨 하나로도 충분히 만족할 수 있었다. 나는 누군가의 보살핌을 경험했고 존중과 희망을 보았다. 이것은 충분한 것 이상이었다.

우리가 참아야 하는 '무엇'

나는 강제로 수용된 적이 많았다. 독방에 갇힌 적도 있다. 다른 사람과의 접촉이 금지되고, 안전을 위해 손과 발이 침대에 결박당한 적도 있다. 강제로 약을 복용하는 수모도 참아야 했다. 내가 입원을 하거나 병원에서 도망쳤을 때 경찰이 나를 데리러온 적도 있다. 나는 그렇게 통제력을 빼앗겼을 때의 느낌이 어떤지 경험했다. 이것은 끔찍할 정도로 고통스럽고 굴욕적이다. 하지만 약간 안전감을 주기도 한다. 내 경험에 따르면, 굴욕과 참을성, 그리고 안전감 사이의 경계는 '무엇'이 아니라 '어떻게'로 시작된다.

노르웨이에서는 유일하게 경찰만이 공공장소에서 사람을 강제로 데려갈 수 있다. 이 규칙은 관련 인물을 체포하기 위해 그의 집 안으로 들어갈 때도 동일하게 적용된다. 따라서 병이 꽤 깊은 사람이 자신의 의지에 반하는 치료를 받아야 할 경우에도 경찰이 데려가야만 한다. 이것은 우리가 참아야 하는 '무엇'이다. 하지만 '어떻게'는 완전히 다른 것이다.

내가 처음 접했던 경찰들은 매우 친절했다. 나는 예전에 다닌 적이 있는 병원에 치료를 받으러 가는 중이었다. 몇 주째 집에서 지내고 있었지만 상태가 그다지 좋은 편은 아니었다. 그리고 그맘때쯤 '목소리들'이 점점 통제력을 얻고 있었다. 나는 너무 무서워서 그들이 시키는 것은 거의 다 했다. 그때는 아직 내 긴 여행의 출발점에 서 있던 시기였기 때문이다. 내가 스스로 이 목소리 뒤에 숨고는, 여기 복종하는 것 외에 다른 가능성이 있다는 생각은 하지 못할 때였다. 나는 치료사에게 내가 어떤 두려움에 처해 있는지, 어떻게 목소리들이 나를 괴롭히는지에 대해 조금 설명해주었다. 집으로 돌아오는 차 안에서 목소리들은 내가 자기들을 배신했다고 잔뜩 화를 냈다. 목소리들은 점점 크게 꽥꽥거렸고, 나는 점점 절망감에 빠져들어, 결국 달리는 차에서 뛰어내리기로 했다. 나에게 해를 입히려던 행동은 아니었다. 이 순간에는 그렇지 않았다. 다만 한순간이라도 또렷하게 생각하는 일이 너무 힘들었다. 물리적인 현실과 아무런 관계가 없는 것이 너무 많이 보이고 들렸다. 다른 현실 속에 빠져든 나는, 이들의 위협이 죽을 만큼 무서워서 이들이 그렇게도 좋아하는 위험만이 생각났다.

그래서 나는 달리는 차에서 뛰어내리는 일이 얼마나 멍청한 짓인지를 잠시 잊었다. 차에는 엄마와 나만 타고 있었다. 엄마는 나를 붙잡는 동시에 운전에도 신경을 써야 했다. 두 가지가 한꺼번에 잘될 리는 없었다. 엄마는 차를 세우고는 경적을 울려서 도움을 청했고, 우리를 돕기 위해 사람들이 왔다. 차가 시내의 가장 큰 교차로 중 하나인 마요르스투 교차로 한복판에 서 있었기에, 50만 개나 되는 눈이 나를 보고 있는 것 같았다. 두려움이 더욱 커지고 나는 공포에 휩싸였다. 당시에는 그렇게 느껴졌다. 대부분의 사람들은 나를 쳐다보기만 했다. 하지만 어떤 택시가 서더니 거기 타고 있던 젊은 남자 몇 명이 우리 쪽으로 왔다. 심리학과 학생들인 것 같았다. 그중 한 명이 차 문을 열고 내 앞에 웅크리고 앉더니 말을 걸기 시작했다. 그가 어떻게 생겼고, 우리가 무슨 이야기를 나누었는지는 전혀 기억나지 않는다. 아마도 나는 그때 많은 것을 머릿속에 입력하지 못한 것 같다. 하지만 그의 목소리와 눈빛이 나를 진정시켰다. 내 안에서 들리는 악을 쓰는 목소리와 교통 혼란으로 인한 소음 사이에서 들려오는 그의 편안한 목소리가 좋았다. 주변에 있는 사람들이 보내는 호기심 가득한 눈빛과는 달리 편안한 그의 눈을 바라보는 것도 내 마음을 가라앉혔다. 내 세계가 무너지는 순간에 내가 붙들 수 있었던 것은 그 학생뿐이었다.

그러고는 경찰이 왔다. 어른스럽고 차분하게 생긴 두 사람은 강인한 체구에서 저절로 안정감이 풍겼다. 그들은 빠르고 단호하게 나를 붙잡아 바로 경찰차에 태움으로써 그 상황에서 빼냈다. 엄마는 어떻게 됐는지, 자동차는 어떻게 됐는지 다른 세세한 부분에 대해서는 아는 바가 없다. 하지만 나와 엄마가 경찰서로 갔던 것은 기억한다. 내가 망설이거나 불안해하거나 난폭하게 굴지 않은 것도 기억한다. 경찰들은 나와 이야기를 나눴고, 그들이 무슨 일을 했는지를 내게 설명했다. 아마 그들은 내가 겁에 질린 아픈 청소년이고, 한 번쯤 경찰차를 타고 싶었던 거라고 이해했던 듯하다. 이런 생각은 내 상상력조차 훌쩍 뛰어넘는 것이었다. 학교를 다니는 동안 단 한 번도 벌점을 받아본 적도 없고 수업 시간에 떠든 적도 없던, 학교에서 가장 조용한 소녀였던 나인데 말이다. 다른 사람도 아닌 내가 대낮에 마요르스투 교차로에서 경찰에 붙잡혀 수갑을 차고, 경찰차를 타고 경찰서에 끌려오고 싶어 했다고? 너무나 비현실적인 이야기였다.

복잡한 것은 모두 혼란 속으로 가라앉고, 단순한 것만 남았다. 차분한 목소리는 좋은 것이다. 단어는 복잡해서 대부분 사라지지만 목소리와 단어 몇 개는 남았다. 하지만 이렇게 안정감 있는 목소리만 내게 또렷이 들렸다.

"이리 와." "위험하지 않아." "여기 안으로." "진정하고. 무서워할 것 없어."

나는 이런 말을 들을 수 있었고 이해도 했다. 그리고 손. 거친 손은 위험하다. 동작이 빠른 손은 위험하다. 불안하고 더듬는 손은 위험하다. 위험한 손에서 자신을 보호해야 한다. 편안하고 단단한 손은 좋다. '편안하고 안정적인 몸은 자신이 무슨 일을 하는지를 알지. 그리고 저 밖에서 벌어진 혼란 속에서 너를 아프게 잡거나, 갑자기 다가오지 않으면서도 너를 밖으로 재빨리 빼낼 수 있어. 편안한 손을 따라가. 그들이 너를 도와줄 거야.' 나는 다른 모든 것들, 모든 복잡한 것들은 나중에 기억할 수 있었다. 하지만 지금은 단순한 세계가 필요했다.

경찰들은 내가 나를 뚫어지게 쳐다보는 낯선 이들의 시선에서 빠져나와, 경찰차에 앉을 때까지 기다렸다가 수갑을 채웠다. 아팠다. 나는 수갑을 차는 좋은 방법이 존재한다고는 생각하지 않는다. 나는 괴롭고 고통스럽고 창피하다는 생각뿐이었다. 하지만 경찰들은 아무도 쳐다보지 않을 때 조심스럽고 신속하게 수갑을 채웠다. 내 옆에 앉은 경찰은 내가 팔로 몸을 지탱하지 못하자, 몸이 앞으로 쏠리지 않도록 내내 받쳐주었다. 내 상태가 계속해서 좋지는 않았음에도 그래도 훨씬 나아졌다.

경찰들은 나를 응급실로 데려갔다. 이곳에서 의사를 만나기 전까지 상당히 오랫동안 기다려야 했다. 그동안 경찰들은 나와 이야기를 나누었다. 의사가 내 상태를 보고는 강제로 입원시켜야 할 만큼 내가 미쳤다는 결론을 내리자, 경찰들은 내가 가야 하는 곳으로 인도했다. 그들은 단 한 번도 도덕적 설교나 비난을 늘어놓지 않고 내내 차분하기만 했다. 그들이 보여준 타고난 전문성이 끔찍할 정도로 굴욕적이며 혼란스러운 상황을 견딜 만하게 바꿔주었다. 그들이 이런 일에 익숙하다는 사실을 알 수 있었다. 이미 자주 겪어서 이 같은 상황에 숙련된 듯했다. 경찰들은 화를 내지도 않고 겁에 질리지도 않았으며 충격을 받지도 않았다. 그들은 전체 상황을 전문적으로 관찰했다. 덕분에 어쩌면 미래의 어느 날, 나도 모든 것으로 통하는 통로를 찾을 수 있을지 모르겠다는 생각이 들었다.

그 두 사람이 내가 처음으로 만난 경찰이었다. 내가 어떤 범죄를 저지른 적은 없지만 경찰과 엮인 것이 여덟 번에서 열 번 정도 된다. 대부분은 강제 입원 명령과 관련된 것이었고, 가끔은 내가 병원에서 도망친 적도 있다. 대개 상황은 잘 해결됐다. 간혹 별로 좋게 진행되지 않은 적도 있고, 몇몇 경우에는 매우 심하게 끝난 적도 있다.

성요한 축일이었던 것으로 기억된다. 나는 꽃을 들고 아빠의 묘지에 갔다. 여름이 한창이었고, 어디서나 파티가 열리는 때였는데도 나는 한도 끝도 없이 외롭다고 느꼈다. 나는 아빠 묘지 옆에 누운 채 울면서 내 속에서 들리는 목소리들과 얘기했다. 그곳에 있던 것이라고는 목소리가 전부였기 때문이다. 나중에 사람들이 왔는데 그들은 내가 아프다는 것을 알아차리고 응급실로 데려갔다. 나는 잔뜩 겁을 먹은 채로 상체를 앞뒤로 흔들면서 환자 대기실에 앉아 있었다. 그때 나는 벌써 성인이었지만 아직도 곰인형을 안고 있었다. 곰인형이랑 같이 있으면 훨씬 더 안전하다고 느꼈다. 그 인형은 그 외로운 저녁, 공동묘지에도 같이 있었다. 나는 울면서 내 귀에 들리는 목소리와 말을 나누고, 피부에 상처가 약간 날 정도로 몸을 할퀴었다. 내가 봐도 나는 감기나 중이염 때문에 병원을 찾은 아이들이 앉아 있는 환자 대기실과는 어울리지 않았다. 몇몇 사람들은 내가 그곳에 있는 상황을 견디지 못하고 직원에게 경찰을 부르도록 했다. 이상적인 세계라면 정신질환을 앓는 사람들을 위한 대기실이 있을 법도 하지만, 우리가 사는 세상에는 그런 것이 없었다. 따라서 남은 답은 한 가지밖에 없었다. 경찰.

경찰은 나를 진찰실로 데려갔고 나는 의사와 면담을 했다. 그는 내게 입원해야 된다고 말했다. 나는 특별히 반대하지 않았다. 의사가 병원에 전화를 걸고 서류를 작성하는 동안에 경찰이 나를 봐주었다. 또렷이 기억나지는 않지만, 아마 내가 나를 할퀴었거나 자해를 하기 위해 유리컵을 깨려고 했던 것 같다. 무엇 때문인지 기억은 잘 나지 않지만 어쨌든 경찰이 내게 수갑을 채웠다. 나는 팔을 등에 댔는데, 경찰은 내 팔을 아래로 내려뜨리는 대신 위로 들어 눌렀다. 나는 이것이 맘에 들지 않았다. 나는 손을 움직이지 못했기 때문에 무릎으로 곰인형을 꼭 감쌌다. 너무 외로웠다. 경찰은 이런 나를 비웃었다. 그러고는 내가 멍청하고 딱하고 과하다고 말하면서, 어린아이같이 굴지 말라고 비아냥거렸다. 나는 뭐라고 대꾸할 수도 없었다. 제복을 입은 경찰이 내 앞에 서 있는 가운데, 나는 수갑을 차고 바닥에 주저앉아 울면서 곰인형을 무릎 사이에 끼고 있었다.

경찰 말이 맞다. 나는 내가 멍청하고 불쌍하게 느껴졌다. 하지만 경찰은 이런 말을 해서는 안 된다. 나도 이 사실을 알았다. 경찰은 내가 곰인형을 가지고 놀기에는 너무 나이가 많다고 했다. 이 말도 맞다. 이곳에서 뭔가 결정할 수 있는 사람은 자기들이라고 했다. 그 말도 맞다. 그들은 경찰이지만 나는 손을 쓰지 못해서 눈물조차 닦지 못하는 환자에 불과했다. 그들은 내 곰인형을 빼앗을 거라고 말했다. 물론 이 말도 맞았다. 경찰은 실제로 내 곰인형을 빼앗았으니까. 그들은 곰인형을 쓰레기통에 버렸다. 그러고는 내가 착하게 굴지 않으면 곰인형을 다시는 보지 못하게 창문 밖으로 던져버릴 거라고 했다. 나는 울면서 경찰들에게 애원했다. 그러자 그들은 웃음을 터뜨렸다. 나는 바닥에 앉은 채로 몸 전체를 움직여 쓰레기통에서 인형을 빼내려고 했다. 경찰이 내 팔을 등 위로 높이 들어 올려 수갑을 채운 탓에 쉬운 일이 아니었다. 경찰들이 계속 웃어댄 것을 보면 내가 완전히 멍청해 보였던 모양이다. 나는 두 번이나 거의 성공할 뻔했지만, 그때마다 경찰들이 신발 끝으로 나를 밀어서 넘어트렸다. 하지만 나는 다시 시도했다. 내가 쓰레기통의 종이들을 다 흩뜨려놓자 경찰들은 나더러 전부 치우라고 했다. 나는 결국 입으로 곰인형을 쓰레기통에서 빼냈고 그들은 나를 그냥 내버려두었다. 나는 인형을 등 뒤에서 꼭 붙들고 있었다.

의사가 다시 와서 모든 것이 준비됐다고 말하자 경찰은 내게 일어나라고 명령했다. 그들은 내가 일어서도록 도와주지 않았다. 하지만 이번에는 의사가 함께 있었기 때문에 최소한 나를 비웃지는 않았다. 나는 아무 말도 하지 않았다. 자동차 안에는 거대한 셰퍼드가 한 마리 타고 있었다. 개는 자동차 뒤에 있는 우리에 갇혀 있었는데 병원으로 가는 내내 짖어댔다. 경찰들은 내게 안전벨트를 매주지 않았지만, 나는 말할 용기가 나지 않았다. 안전벨트를 하지 않은 채 차를 타고 가는 것이 너무 불안했다. 게다가 뭔가를 붙잡을 손도 없이. 이 경찰들은 당연히 나를 붙잡아주지도 않았다. 하지만 더 이상 나를 조롱하지는 않았다. 아무도 말을 하지 않았다. 단지 개만 짖어댈 뿐이었다. 나는 창문 밖으로 하지 축제의 불이 여기저기서 피어오르는 풍경을 보았다.

내가 이 시기에 대해 편안하게 말하기까지 긴 시간이 필요했다. 나는 이것이 경찰의 일상적인 태도였다고 말하려는 것이 아니다. 내 경험만으로 이런 사실을 입증할 수는 없다. 하지만 나는 경찰의 이런 행동이 단 한 번에 그쳤을 거라고는 믿지 않는다.

한 번만이라도
햇빛을 느끼고 싶었다

강제치료는 병원에도 있을 수 있다. 나는 '무엇'보다 '어떻게'가 중요하다고 다시 한 번 생각한다. 나는 몇 번이나 침대에 묶어버릴 것이라는 협박을 받았다.

"네가 어떻게 처신해야 되는지 알지 못하면, 그러면……"

나는 이런 식으로 환자를 대하는 것은 별로 현명하지 못하다고 생각한다. 다시 말해, 손발이 몇 번 침대에 결박당한 뒤에는 그다지 무섭지 않았다. 하지만 처음에는 진짜 굉장히 무섭고 공포에 질렸다. 당시에 간호사들은 환자를 결박할 침대를 병실로 밀고 와서는 내 침대 옆에 나란히 두었다. 말하자면 '준비'를 해놓고, 몇 날 며칠을 그대로 보냈다. 나는 너무 무서워서 밤에 한숨도 자지 못했다. "똑바로 해, 안 그러면……"이라는 끊임없는 위협으로 인해 상황은 계속 나빠졌다.

그때는 미칠 정도로 겁이 많이 났지만 지금은 결박 침대가 그냥 멍청해 보이기만 한다. 이것은 자신이나 다른 사람에게 해를 가하는 사람을 저지하기 위해 가끔씩 필요한, 심하게 인권 침해적인 의학 조치이기 때문이다. 나는 이런 조치를 늘 피해야 되는 것은 아니지만, 환자를 위협하는 수단으로 사용해서는 안 된다는 의견이다. 침대에 결박하는 행위는 처벌이 아니고, 처벌이 되어서도 안 된다. 그건 단지 의학적으로 필요할 때 취할 수 있는 하나의 조치에 지나지 않는다. 그렇게 결박 침대를 사용할 경우 도리어 매우 좋은 효과를 낼 수도 있다. 자해가 매우 힘들어지며, 난동을 부리는 일이 고통스러워지기 때문이다. 따라서 이런 침대에 누워 있는 것이 때로는 심지어 안정감을 주기도 한다. 당연히 좋은 것은 아니지만, 결박당한 채 침대에 누워 있으면 어쨌든 내가 나에게 아무 짓도 할 수 없음을 확신할 수 있었다. 그러면 아무런 책임을 질 필요도 없었다. 게다가 사람이 나를 붙잡을 때보다 끈으로 묶이는 편이 좀더 중립적이었다. 또 꼬집히는 등 부상을 입을 위험도 적었다.

처음에 간호사가 나를 침대에 묶으려 할 때는 격렬하게 저항했지만 나중에는 금세 진정됐다. 내게 선택권이 없다는 것과 풀어주지 않을 것을 알았기 때문이다. 그러면 보통은 목소리들도 조용해졌다. 다시 말해, 이들은 내가 안전하다고 느끼면 조용해졌다. 간호사들이 담요를 덮어주면 나는 안전하다고 느꼈고, 조금은 덜 무방비한 상태라고 생각했다. 그 외에도 간호사들은 내가 계속 그들을 볼 수 있도록 앉아 있어야 했다. 그렇지 않으면 나는 불안해했고, 그런 상태에서는 스스로를 지킬 수 없었다. 내가 좋아하는 사람, 더욱이 대화를 나눌 수 있는 사람이 옆에서 보초를 서면 좋았다. 가장 마음에 들었던 것은, 무엇인가 원하는 것이 있으면 말하라는 주문이었다. 한 번도 필요한 것이 있다고 말한 적은 없지만, 그래도 그런 가능성이 있다는 사실을 아는 것만으로도 나는 더욱 마음이 놓였다.

법적으로 완전히 괜찮은지는 확실히 모르겠지만, 강압적인 조치도 좀더 독창적으로 실행될 수 있다. 예전에 전혀 마음에 들지 않는 한 병원에서 계속 도망치려고 했던 적이 있다. 내가 정말 어쩌다 멍청한 짓을 했을 뿐인데도, 결과적으로 불행하게 끝난 일이 몇 번이나 있었다. 그들이 나를 도망치지 못하게 막아야 했다는 사실은 이해한다. 그들은 내가 아예 병동 밖으로도 못 나가게 했고, 이 방법은 꽤나 효과적이었다. 하지만 그들이 내게 신뢰감을 줬는지는 시험할 수 없었다. 나는 어떤 식으로든 전혀 발전할 수 없었다. 그래서 나는 더욱 도전적으로 덤볐고, 병원에서 탈출해야겠다는 생각만 갈수록 커져갔다.

루마니아에서 차우셰스쿠 정권이 붕괴할 때였다. 나는 신문에서 차우셰스쿠의 아들이 불만을 토로했다는 기사를 읽었다. 자신의 아버지가 교도소에서 하루에 단 한 시간만 마당을 산책할 수 있다는 것이었다. 나는 어떤 민족을 말살시킨 것도 아닌데 여기 갇혀 있었고, 하루 한 시간이라도 신선한 바깥 공기를 맡을 수 있다는 것이 너무나 솔깃하게 들렸다. 일주일에 단 한 시간만이라도 그럴 수 있다면 좋을 텐데. 나는 한 번만이라도 햇빛을 느끼고 싶었고, 비를 보고 싶었다. 나와 가까웠던 몇몇 사람도 만나고 싶었다. 결국 마지막으로 외출한 이후 많은 시간이 지난 것이 문제가 됐다.

이윽고 병동의 책임자도 내가 1년 이상 신선한 바깥바람을 쐰 적이 없다는 것을 알게 됐다. 그래서 그들은 내가 다시 밖에 나가도 좋다고 했다. 단, 끈에 묶여서. 나는 병원 직원에게 가지고 있던 용돈을 줬고, 그들은 애완동물 가게에서 개를 묶는 튼튼한 가죽줄을 샀다. 직원은 개줄의 한쪽 끝을 내 바지 허리춤에 돌려 묶고, 다른 한쪽 끝은 자신의 몸에 묶었다. 이런 모습으로 우리는 산책했다. 말했듯이 밖으로 나가는 것은 내 선택이었고 아무도 나에게 강요한 적이 없었다. 나는 외출하기 싫으면 언제든 그렇게 말하면 되었다. 하지만 그것은 완전히 밖에 나가지 못하는 것을 의미했다. 내가 밖에 마지막으로 나간 것이 벌써 1년 전이었다. 그때는 봄이었는데 해와 바람을 느끼고, 사람과 꽃, 그래, 세상을 보는 일이 좋았다. 내가 세상을 마지막으로 본 것은 너무나 오래전의 일이었다. 그래서 나는 되도록이면 산책하자는 제안을 순순히 받아들였다. 우리는 병원 안을 산책했지만 때로는 좀더 멀리까지 가기도 했다. 나는 오슬로의 카를 요한 거리를 거닐고 극장에도 갔다. 허리에 개줄을 매단 채로. 당연히 이 줄이 싫었지만 밖에 나가는 일은 좋았다. 이 줄은 치료를 위해서는 전혀 현명한 조치가 아니었다. 분명 내 자존감이나 심리적 안정에도 좋지 않았을 것이다. 그럼에도 세상을 마주하는 일은 매우 행복했다.

병원 직원 모두가 개줄을 사용한 것은 아니었다. 운동으로 다부지게 몸을 다지고 철인 삼종 경기에도 출전하는 한 경비원은, 도망만 가지 않는다면 내가 가고 싶은 만큼 멀리 가도 된다고 했다. 물론 나는 도망가지 않았다. 산책 도중에 내가 뛰려고 하면 그는 나를 잡지 않고 그냥 옆에서 나란히 뛰었다. 내가 어디로 가든 상관없었다. 그러고는 마치 아무 일도 없다는 듯이 이야기를 이어갔다. 내가 더 이상 뛰지 못하고 멈추어 서면(병원에 오랫동안 갇혀 있어서 체력이 떨어질 대로 떨어졌다) 그도 같이 멈추었다. 그는 이걸 한 번도 도망이라고 표현하지 않았다. 그는 아예 이에 대해 말도 꺼내지 않았다. 그건 그에게도, 또 나에게도 최상이었다.

강요와 존중,
그리고 자유

어떻게 강요와 존중, 보살핌과 물리적 힘을 조합시킬 수 있을까? 나는 관련된 사람의 이야기에 귀를 기울여야 한다고 생각한다. 내 상태가 굉장히 좋지 않고 중요한 일에 거의 책임을 지지 못했음에도 어느 정도는 협력할 수 있었다. 내가 정신이상 증상으로 교통이 혼잡한 마요르스투 교차로에 웅크리고 있을 때조차, 친절한 명령은 따를 수 있었다.

"일어나." "우리랑 자동차로 가자." "모든 게 괜찮아질 거야. 무서워하지 마." "자동차에 타."

큰 차이가 없다고 말할 수도 있겠지만, 이런 경우 나에게 자동차로 갈 것을 친절하게 지시하는 일과 나를 억지로 끌고 가는 일은 굉장히 다르다. 이것은 매우 크거나 매우 작은 물리적 힘 사이의 차이였다. 이것은 우리가 의사를 기다리는 동안 나를 대하는 일이 훨씬 쉬워지도록 신중한 믿음을 깔아놓는 것이기도 했다. 나는 항상 도움받기를 원했기 때문이다. 그리고 나는 항상 협조하고 싶었다. 그렇다고 내가 늘 이렇게 행동한 것은 아니다. 이렇게 하지 않은 때가 매우 많다. 가끔은 화가 나서, 가끔은 무서워서, 또 가끔은 이해하지 못해서.

정신이상이 되면 세상을 이해하는 일이 쉽지 않다. 우리가 신뢰하던 일반적인 고정점 가운데 많은 것이 사라진다. 많은 것이 더 이상 기능을 하지 않고, 자신의 눈과 귀를 더 이상 믿지 못하고, 규칙은 더 이상 의미를 갖지 않는다. 위기에서 자신을 구해주어야 할 머리가 정작 이런 위기를 만들어낸 원인이고, 그때껏 배웠던 어떤 해결책에도 손을 뻗을 수 없다. 모든 복잡한 전략은 무너져버리고, 그저 침착한 목소리, 선한 눈, 분명한 지시만이 남는다. 시간을 내서 환자의 이야기를 들어주고, 8대 1은 비겁하다고 인정하고, 슬픔을 털어놓을 수 있을 만큼 마음이 널찍한 의사와 같이 단순한 해결책뿐이다. 이전에 협조하려고 하다가 허사로 돌아갔을 경우 우선 내게 묻고, 그 다음에 지시를 하던 사람들.

"권력을 쓰는 일은 쉽다. 하지만 그것에서 음악이 만들어지지는 않는다"라던 안드레 비에르케의 말이 맞았다. 나에게 강요했던 사람들의 방식이 옳았다면 그들에게 협조했을지도 모르겠다. 강요는 본인에게도 영향을 미치기 때문이다. 심사숙고해서 내놓은 강제 조치, 심혈을 기울인 최고의 신중함에 협조하고, 이해하고, 존중하려는 끊임없는 노력은 자존감을 확실히 덜 떨어뜨리고, 더 많은 희망과 존엄함을 준다. 그리고 나는 모든 것이 무너졌을 때 내가 여전히 나 자신에게 희망을 걸고 경의를 갖춘다면, 나를 대하는 일도 더욱 쉬웠다는 것을 알고 있다.

재니스 조플린의 노래 가사에 "자유는 잃을 것이 아무것도 남지 않았다는 말일 뿐이다"라는 대목이 있다. 모든 것을 빼앗겨서 명예, 자존심, 건강, 직업, 친구, 미래 등 더 이상 잃을 것이 없으면 당신은 완전히, 완전히 자유다. 하지만 끔찍할 정도로 위험하다. 당신을 잡아줄 것이 아무것도 없기 때문이다.

강요는 필요할 수도 있다. 만약 정신병원에서 치료 과정에 강요를 쓰지 않았더라면, 나는 아마 오늘날 살아 있지 못했을 수도 있다. 하지만 굴욕과 폭력은 불필요하다. 나는 사람을 등으로 메치는 방법을 터득한 사람에게 내동댕이쳐진 적이 있다. 기분이 좋지는 않았지만 전혀 아프지 않았다. 또 한 번은 사람들이 나를 문턱으로 질질 끌고 가다가, 내 머리가 바닥에 부딪친 적도 있다. 누군가 나를 한쪽 무릎으로 시멘트 바닥에 누른 채로 내 얼굴을 쿠션에 박아서, 더 이상 숨을 쉴 수도 저항할 수도 없었다. 정말 아팠다. 나는 아직도 가끔씩 이때 받은 고통으로 잠을 이루지 못하고 악몽을 꾼다. 또 지금도 경찰을 만날 일이 있으면 괜히 손목이 아파온다. 어떨 때는 내 일 때문에 만날 뿐이고, 경찰과 문제가 있는 것도 아니지만 여전히 수갑이 채워졌던 곳을 느낀다.

존중과 보살핌이 없는 강요는 지속적으로 큰 피해를 남길 수 있다는 사실을 안다. 내가 경험해봤고, 오늘날까지도 여전히 그 영향을 느끼기 때문이다. 나는 존중하는 동시에 강요할 수 있다는 사실도 안다. 일부러 시간을 내서 플루트 연주자 트롬펜타스트에 대한 시를 경청하던 한 명의 간호사, 네 명의 간병인, 두 명의 경찰, 그리고 한 명의 의사를 알기 때문이다. 이들이 세상의 전부는 아니었지만 내게는 충분했다.

세상이 색깔을 찾기 시작한 순간

나는 원래부터 말을 좋아했다. 특히 청소년기에는 무척이나 말이 좋았다. 늘 말을 생각하고, 말에 대해 상상했다. 자전거에 말 이름들을 새겨놓고는 그 옆에 온통 '달려'라고 적었다. 그러던 어느 날, 정말로 승마 수업을 들을 수 있게 되었다. 당연히 내 말을 갖는 꿈도 꾸었다. 하루는 친구 중 한 명이 제안을 했다. 그 친구는 자전거로 갈 수 있을 만큼 멀지 않은 곳에, 말을 위탁해서 보살피는 곳이 있다고 했다. 문제는 돈도 필요하고 우리가 아직은 너무 어릴 수도 있다는 점이었다.

하지만 내가 원한다면 함께해도 되지 않을까? 내가 원한다면?

우리는 이보다 좋은 일이 생길 수는 없을 거라는 데 의견의 일치를 보았다. 우리는 마구간 측과 협의를 했다. 최종 결정이 내려질 그 주 내내 말을 생각하고, 말에 대해 꿈꾸고, 말 이야기만 했다. 그런데 우리가 다시 마구간으로 가기로 했던 어느 날 오후, 내 친구가 전화를 해서는 갑자기 생각이 바뀌었다고 했다. 말은 너무 심심한 동물이라는 것이었다. 나는 완전히 아연실색했다. 도대체 이건 뭐지? 뭐, 상관없었다. 우리는 협의를 했으니까. 나는 내가 맡은 부분만이라도 잘 해내고 싶었다.

비가 퍼붓는데도 나는 자전거를 타고 마구간으로 향했다. 마침내 그곳에 도착해서 초원 위에 서 있는 말에게 다가갔다. 그 말도 나처럼 흠뻑 젖어 있었다. 그리고 나중에 알게 되었는데, 나만큼이나 기분이 안 좋은 상태였다. 나는 우선 말 주인과 대화를 나누었다. 그는 내가 혼자인 데다, 겨우 열두 살밖에 안 됐고, 승마 수업을 들은 지도 1년밖에 되지 않은 데 실망했다. 그는 실망감을 숨기지 않았다. 그다음에 나는 어지럽고 낯선 마구간에서 안장과 재갈, 말 손질용 도구를 찾아다녔고, 온통 비에 젖어 신경질적인 형편없는 말을 돌보려고 했다. 그 말은 내가 여태껏 상대했던 승마 교실의 말들과는 완전히 달랐다. 마침내 말에 다시 재갈을 물렸을 때도 말은 금방 그랬던 것처럼 조용히, 그러나 반항적으로 비를 맞고 서서는 한 걸음도 떼려고 하지 않았다. 두 명의 남자아이가 울타리에 걸터앉은 채로 전혀 도움이 되지 않는 이야기만 해댔다. 말은 모든 것을 거부했다. 전체 상황이 너무나 끔찍했다.

그것들은 병이 아니었다,
그것들은 나였다

자전거를 타고 집으로 돌아오는 길에는 비가

더 많이 내렸다. 나는 화나고, 실망하고, 상처받고, 우울해하고, 슬퍼하면서, 내 심장이 갉아먹힌 것같이 깨진 꿈을 안고 집에 돌아왔다. 나는 친구에게 배신당했을 때 어린 사춘기 소녀만이 느낄 수 있는 큰 절망감을 느꼈다. 꿈이 깨졌을 때와 나이 많은 사람들에게 자존심이 꺾였을 때처럼 말이다. 나는 비를 맞으면서 자전거를 타고 오는 내내 생물 교과서에 실린 '말'에 관한 문장을 생각했다. 책에는 "말은 발가락이 13개인 조상 에오히푸스에서 유래된 발굽동물이다"라고 쓰여 있었다. 이 문장은 전문적이고 냉정한 정확성을 뽐내면서 약간은 굉장한 허튼소리를 지껄이고 있었다. 이 문장은 완전히 옳고, 반박 불가능하며, 지금 내 상황에는 전혀 도움이 되지 않는 조롱거리에 지나지 않았다.

수년이 지난 뒤 조현병이 사라지고 내가 대학교에 입학했을 때쯤 나는 이와 유사한 문장을 다시 접했다. 내 마음은 정신질환 관련 도서에 적혀 있던 이 문장을 즉시 알아보았다.

"조현병의 특징은 사회적 관계의 부족이다. 일부는 다른 사람과 교류를 하거나 문제를 처리할 때 혹은 다른 중요한 역할을 맡을 때 어려움을 겪거나, 몸의 위생 관리가 나쁘거나 부족한 것처럼 자신에 대해 관심을 갖는 능력이 부족하다."

모두 분명 옳은 말이다. 전문가의 관점에서 봤을 때도 옳다. 게다가 이성적으로 들린다. 그런데 도대체 무슨 목적을 위해 이런 문장이 필요할까? 그래, 분명 "말은 발굽동물이다"나 "조현병의 특징은 사회적 관계의 부족이다"와 같은 문장은 외부인에게 설명하기 위한 묘사와 분류가 목적이다. 하지만 이런 문장은 무수히 많은 개별적 다양성을 설명하지 못하거나 그럴 의도가 없다. 말이든 사람이든 상관이 없다. 이들을 이렇게 만든 매우 특별한 상황을 설명하지 않고, 또 특별한 상황에서 이들이 무엇인지도 설명하지 않는다. 이 문장들은 꿈과 친구, 배신과 눈물과는 멀리, 멀리 동떨어진 자칭 보편적 진실을 나타내는 문장이다. 이 문장들은 절대적으로 참이라서 완전히 쓸모가 없다. 아무런 위로도 되지 않는 데다 너무나 정확하기 때문에 호기심조차 일으키지 못한다. 그렇다. 말은 발굽동물이고, 조현병에 걸리면 사회적 능력이 부족해진다. 이런 말을 듣고 무언가 더 궁금한 점이 생길까? 당연히 많이 생기겠지만 그 순간에는 깨닫지 못한다. 그래서 내 마음은 이런 문장을 들을 때마다 경계를 취한다. 호기심을 깨우지 못하는 진실에는 숨이 막힐 것 같다.

"일반적으로 조현병은 사고방식과 지각에 근본적, 특성적 변화를 일으키고, 지속적으로 적절하지 않은 감정 표출이 특징으로 나타난다"라는 또 다른 문장도 이런 진실을 다룬다. 역시 학습서에 쓰여 있는 이 문장 또한 완전히 적절하고 옳고 이성적이라서 아무런 쓸모가 없다. 무엇을 말하려는지 이해했더라도 어떤 감정이 어느 때에 '적절한지'를 도대체 누가 판단하는지 자문하게 된다.

나는 병의 증세를 실제로 뚜렷하게 알아차리기 전에 느꼈던 커다란 회색빛과 끝없는 슬픔이 기억난다. 세상이 어떻게 색깔을 잃어버렸는지, 죽음이 얼마나 두려웠는지 지금도 여전히 기억이 생생하다. 나는 내가 정말 실제로 존재하는지, 누군가의 환상 속에만 살고 있는지, 아니면 책에 등장하는 인물인지 확신이 서지 않았다. 모든 것이 텅 비었고 회색이었기 때문이다. 나는 이런 회색, 공허함, 후퇴, 지각의 변화를 심리학 용어로 '전조증상'이라고 부르는 것을 안다. 병이 실제로 나타나기 이전의 증상을 나타내는 용어다. 주변 사람들이 무엇인가 이상하다고 느낄 때까지 대략 2년에서 3년 정도 전조증상이 이어지는 경우가 많다. 전조증상과 회색. 이는 근본적으로 다르긴 해도 같은 상태에 대한 두 가지 묘사다. 하나는 의학적인 표현이고, 다른 하나는 일상생활에서 나온 표현이다. 같으면서도 모든 것이 다르다.

나는 어느 의사가 갑자기 죽은 일을 기억한다. 다른 병동에서 일하는 모르는 의사였다. 사람들은 그가 착한 사람이었다며 울었다. 나는 웃었다. 내면에서는 이런 내가 너무나 부끄러웠지만, 웃음을 멈출 수도, 내가 이렇게 웃는 것을 얼마나 안타깝게 생각하는지를 말할 수도 없었다. 분명 이런 것이 '적절하지 못한 감정'이라고 표현될 것이다.

나는 늑대가 보였고, 목소리가 들렸고, 때로는 집들이 너무 커져서 공포에 더는 발을 떼지 못했다. 한번은 마치 발이 바닥에 뿌리를 내린 듯이 꼼짝도 못 하고 있다가 아르바이트에 늦은 적도 있다. 내 말이 항상 노르웨이어처럼 들리는 것이 아니라 '나가노 갈링가 보스키토 테 노리바'와 같은, 내 현실처럼 알아듣지 못할, 혼란 그 자체가 되기도 했다. 나는 내 생각과 행동이 먼 훗날 일어날 일에 훨씬 많은 영향력을 끼치고 어떤 일을 일으킬 수도 있다고 생각했다. 나는 목소리가 다시 일어나 원 밖으로 나오는 것을 허락할 때까지, 내가 바닥에 피로 동그랗게 그려놓은 원 안에 앉아 있지 않으면 다른 사람들이 죽을 수도 있다고 확신했다. 나는 이것을 '근본적이고 특성적인 사고방식과 지각의 변화'라고 표현할 수 있다는 사실에 동의한다. 그렇게 하는 것이 내가 건강하거나 평범하다는 암시는 결코 아닐 것이다. 나는 아팠다. 정말 아팠고, 혼란스러웠고, 고통스러웠다. 나는 겁나고, 슬프고, 화나고, 절망스러웠다. 하지만 그래도 나는 여전히 나였다. 내가 가졌던, 그리고 표현했던 생각과 감정은 여전히 이해할 수 있었다. 그것들은 병이 아니었다. 그것들은 나였다.

증상과 진단의 딜레마

'조현병'이라는 개념이 자리 잡은 지 100년도 훨씬 넘었다. 하지만 여전히 이 병에 도대체 어떤 증상이 따르며, 원인이 무엇인지에 대해 많은 질문이 남아 있다. 비록 혼동, 망상, 환각과 같은 증상의 원인이 무엇인지 알지 못하더라도 실제로 이것을 인정해야만 한다. 사람들은 다양한 시각에서 이렇게 할 수 있다. 예를 들면, 증상을 늑대와 늑대의 시대, 선장과 통제 혹은 공허함과 벽지 간의 내적 연관성으로 해석할 수 있는 것처럼 말이다. 사람들은 증상을 통해 언어를 빼앗긴 슬픈 결과를 들여다볼 수 있고, 삶의 상황과 환자의 의사소통 능력을 더 깊이 다룰 수 있다. 아니면 증상을 다른 모든 것이 사라지고 남은 것들의 표현으로, 외로운 박새와 도움을 주는 늑대의 표현으로 이해할 수 있다.

나는 이런 모든 시각이 쓸모가 있고, 옳을 수 있다고 생각한다. 내 이야기를 비롯해 이전에는 환자로, 또 훗날에는 심리학자로 내가 만났던 환자의 이야기를 돌아보면, 한 사람에게 나타난 동일한 증상이 세 가지 시각에서 관찰될 수 있다는 것이 확실해진다. 그중 첫 번째 시각이 가장 중요한데 그것은 병에 초점을 맞추고 있다. 머리는 혼란스럽고, 자신과 타인을 제대로 이해하지 못한다. 또한 어떻게 해야 할지, 무엇을 해야 할지 표현하지 못해서 다른 사람이나 자신을 이해시키지 못한다. 이것은 근본적인 오류다. 하지만 이렇게 되어버리면 다른 것들이 뒤따라온다. 그리고 병도 직접적, 간접적 영향을 받는다.

많은 일반적인 문제 해결 방법과 전략은 새로운 증상이 나타남과 동시에 사라진다. 증상은 이런 상황에서 새롭고, 완전히 다른 의미를 가질 수 있다. 망치와 드라이버를 가진 사람은 드라이버로는 나사를 돌릴 것이고, 망치로는 벽에 못을 박을 것이다. 하지만 누군가 망치를 빼앗은 후 못을 박을 일이 생기면, 그는 드라이버 손잡이를 이용할 것이다. 나는 이런 식으로 내 증상의 일부를 경험했다. 그것들은 우선 내 삶에서 무언가가 근본적으로 잘못되었고, 더는 제대로 기능하지 않는다는 일종의 표현으로 나타났다. 하지만 시간이 흐르면서 원래의 증상에 대안적 기능이 생길 수 있어서, 같은 증상을 다른 방식으로 이해할 수 있게 되었다. 월요일에는 내 자해가 내적 고통의 은유적 표현으로, 혹은 혼란스러운 현실을 통제하려는 헛된 욕구로 이해될 수 있었다면, 화요일에는 자해가 외로움의 발현으로, 병원 직원들과 접촉하고 싶다는 희망 사항의 표현으로 이해됐다.

하지만 모든 증상이 이런 모델에 맞는 것은 아니다. 몇몇 증상, 특히 사고와 이해의 패턴에 영향을 미치는 증상은 사실상 이런 분류법을 따를 수 없다. 이것은 인상을 이해하고 처리하는 능력의 부족과 관련된 근본적인 문제이며, 이런 결함은 다른 증상의 발현에 영향을 미친다. 나에게 세상은 매우 구체적일 때가 많아서, 나는 종종 인상과 비유를 있는 그대로 받아들이고 이에 맞추어 행동했다. 예를 들어 나는 입원 중 아침 운동에 참여했지만, 나의 어떤 부분을 변화시키고 싶은 마음이 들지 않을 때에는, 손을 머리 위로 올리고 최대한 몸을 쭉 펴는 일을 하고 싶지 않았다. 그것은 마치 나에게 거짓말을 하는 것 같았다. 내가 이날은 스트레칭을 하고 싶지 않다는 것을 알았기 때문이다. 치료가 되었든 스포츠가 되었든 상관없이 말이다. 그래서 사람들이 나에게 이런 기대를 하면 화가 났다. 내가 싫다고 말했으니 그냥 그렇게 알아들으면 될 텐데. 나는 다른 사람들이 내가 무슨 의미로 말을 하는지, 혹은 내가 도대체 무슨 말을 하고 싶어 하는지를 이해하지 못했을 거라는 사실을 생각하지도, 이해하지도 못했다.

마찬가지로 나도 다른 사람들의 말과 행동, 의도를 오해할 수 있었다. 저녁마다 병동을 돌면서 옷을 걷어가던 간호사가 기억난다. 그 간호사가 옆방에서 남자 환자의 옷가지를 가지고 나와 내 방에 왔을 때였다. 갑자기 알람이 울리는 바람에 그 간호사는 들고 있던 옷가지를 내버리고 복도로 달려갔다. 그래서 옆 병실 남자의 조깅화와 옷가지가 내 방에 남겨졌다. 그의 신발은 크고, 신발끈도 길었다.

나는 슬프고 실망스러웠다.

나는 그 간호사를 좋아했고, 그 간호사도 나를 좋아한다고 믿었기 때문이다. 나는 그날 밤에 목숨을 끊고 싶지 않았는데…… 그럼에도 나는 그녀가 내게 준 것을 순순히 따랐다. 나는 목을 매달 올가미를 만들기 위해 신발끈을 신발에서 풀었다. 나는 서두르지 않았다. 원래 그런 짓을 저지를 생각이 없었던 데다가, 간호사가 다른 결정을 내려주길 바랐기 때문이다. 천천히 움직였는데도 간호사가 다시 돌아왔을 때는 거의 준비가 끝났다. 간호사는 버럭 화를 냈다. 아마도 나를 보고 갑자기 겁이 났나 보다. 하지만 당시에 나는 그녀를 이해하지 못했다. 나는 그냥 혼란스럽고 화가 났고 실망했다. 정작 신발을 방에 두고 가서 내가 이런 짓을 하게 만든 사람은, 결국 그 간호사였다. 그러니 내게 화를 낼 이유도 없지 않나. 나에게는 말을 하는 것처럼 매우 구체적인 제스처였지만(오해였을 수도 있다) 다른 한편으로 나는 말조차도 오해할 수 있었다.

나는 형상을 실제로, 실제 사물을 형상으로 해석하곤 했다. 아마 틀림없이 오랫동안 이런 상태로 지냈을 것이다. 내가 청소년기에 즐겨 읽던 책을 지금 보면 애매모호하지 않은 곳에서 많은 것을 오해했고, 두 가지 뜻으로 해석될 것이 아닌데도 두 가지 뜻으로 해석한 적이 있음을 깨닫기 때문이다. 그건 종종 오해로 이어졌다. 물론 나 역시 오해를 받을 때가 많았지만. 세상은 무질서 속에 존재하기에 이해하기 힘들었다. 내가 뭔가를 이해하지 못할 때가 많았기 때문에 나는 화가 나고, 절망스러웠다. 무슨 일인지 이해할 수 없었으므로,

주변 사람들에게 협력할 수도 없었다. 그런데 그들은 내가 같이 일하는 것을 원하지 않는다고 생각해서, 나와 함께 일하는 것을 상상도 하지 못할 때가 많았다. 하지만 그렇지 않았다. 나는 그들과 일하고 싶었다. 단지 어떻게 해야 하는지를 이해하지 못했을 뿐이다.

제대로 함께 일하려면 병에 대한 설명과 증상은 뒤로하고, 이해심과 능력 그리고 삶의 상황으로 이동해야 한다. 하나의 증상은 항상 또 다른 증상을 드러내는 증상일 뿐, 병 자체가 아니기 때문이다. 아마도 이것이 진단에서 가장 큰 위험일 것이다. 증상은 너무나 빨리 순환되어서 종종 중요한 것을 숨긴다. 우리는 강압적인 행동, 환각 등 어떤 사람에게 나타나는 증상을 바탕으로 진단을 내린다. 아른힐은 (수많은 다른 증상 외에도)목소리를 듣는다. 즉 아른힐에게는 조현병이 있다. 그런데 아른힐은 왜 목소리를 들을까? 조현병 환자이기 때문이다. 이렇게 증상과 진단은 돌고 돈다. 여기에는 다른 것이 곁들여지지도 않고, 또 어떤 것도 이 원에서 빠져나오지 못한다. 어떤 것에 대해 좀더 깊이 이해하기란 불가능하다. 이러한 묘사는 아무것도 설명하지 못한다. 제대로 이해하기 위해서는 좀더 심층적인 지식이 필요하다.

오늘날 내가 아는 지식을 바탕으로 봤을 때, 내 상태와 병이 생각과 감정의 모양과 표현에 영향을 미치긴 했지만, 내용에는 영향을 끼치지 않았다. 한쪽 다리가 부러진 사람이 음료를 마시기 위해 거실에서 부엌으로 가려면, 다리가 부러지기 이전과는 움직임이 달라진다. 이제 그는 목발을 짚은 채 약간 느리게 절뚝거리며 걸을 것이다. 부엌에서 컵을 가져오는 일도 힘겨워질 것이다. 하지만 그 내용, 즉 마른 목을 축이기 위해 스스로 무엇인가를 하려는 마음은 마찬가지일 것이다. 이런 예시가 반드시 적절하다고 말할 수는 없으며, 당연히 부러진 다리를 조현병처럼 장기간 지속되는 심각한 병과 비교할 수도 없다. 하지만 나는 여전히 내가 그 안에 존재하는 것처럼 느껴졌다. 내가 과거에 항상 원하고 바랐던 삶과 발전 그리고 진전 같은 것들과, 지금 내가 원하고 바라는 것들이 동일한 것처럼 느껴졌다. 그것은 나에게는 잘 구성된 일상이며, 다른 사람과의 이해, 안정, 공동생활과 같은 것이었다. 나는 이것을 해내지 못했다. 내용은 그곳에 있었지만, 그 내용을 담은 형태는 너무나 비틀리고 혼란스러워서 나는 물론 다른 사람도 이해할 수 없었다. 하지만 어떤 것을 이해할 수 없다고 해서 그것이 불명료하다는 의미는 아니다. 이는 단지 의미를 파악하기 위해 좀더 열심히 매진해야 한다는 뜻이다.

내가 '진정한 이론들'에 대해 가장 두려운 것은, 외향에 너무나 치중한 나머지 내용을 위한 공간이 매우 부족하다는 점이다. 그들은 설명에 너무 집착한 나머지 이해를 위한 공간을 제시하지 못한다. 또한 다른 것과 이상한 것에 집착해서 인간적으로 이해할 수 있는 것이 전부 사라져버리고, 내가 실제로 존재한다는 사실조차 거의 잊어버릴 정도다. 나는 이런 것이 무섭다. 내가 그런 곳에 있었기 때문이다. 나는 쉽게 이해되는 사람은 아니었지만, 그래도 이해 가능하고 인간적인 사람이었다. 나는 일탈적 태도에 관해 서술만 늘어놓는 이론들이, 그 뒤에 숨어 있는 생생한 진실을 발견할 수 있게 하는 데 절대 빠져서는 안 될 호기심과 동기를 유발시키기 위해 고안되었다고 생각하지 않는다.

'협력'이라는 단어에 담긴 의미

조현병이란 무엇인가? 이 질문에 대한 답은 많다. 그중 하나는 다음과 같다. 조현병은 정신질환이라고 진단 내려진 병의 한 종류다. 간단히 말해, 진단은 진단 체계의 한 부분이다. 즉 분류 체계 안의 한 단위다. 푸들은 견종에 속하고 개는 다시 포유류에 속하는 것처럼, 조현병은 정신이상에 속하고 정신이상은 다시 정신적 질환에 속한다. 말하자면, 하나의 주제에 관한 정보를 분류하고 정리하는 방법, 그 이상도 이하도 아니다.

질병을 분류하는 체계는 다양하다. 유럽에서는 앞서 소개했던 ICD-10 체계를 쓰는 반면에, 미국에서는 일반적으로 DSM-IV Diagnostic and Statistical Manual of Mental Disorders 체계를 이용한다. 이것은 이미 말했듯이 세계보건기구의 지휘 아래 다양한 배경을 갖춘 수많은 전문가가 만들어낸, 정신질환에 대한 국제적 분류 체계다. ICD라는 약어 뒤에 붙은 10은 열 번째 개정을 의미한다. 이는 이 진단 체계가 계속 논의되고 개정된다는 사실을 보여준다. 우리는 현재 이 열 번째 버전을 사용한다. 이 열 번째 버전은 지난번 버전과는 약간 다르고, 다음에 나올 열한 번째 버전과도 아마 약간 다를 것이다.

한 가지 중요한 점을 짚고 넘어가야겠다. 진단, 특히 정신의학 쪽의 진단은 푸들이나 레트리버를 분류하는 일과는 완전히 다르다. 개와 꽃, 물고기와 암석 등은 매우 고유한 범주에 의해 분류된다. 그래서 우리 모두는 개와 고양이를 확실히 구분할 수 있다. 개와 고양이 사이에는 입증 가능한 근본적 차이가 존재하며, 의심스럽거나 겹치는 부분이 없다.

하지만 정신질환의 진단은 완전히 다르다. 무엇보다 여기에는 자연적으로 주어진 경계는 물론, 다른 집단과의 최종적 경계가 존재하지 않는다. 많은 특성이 겹치기도 해서 완전히 다른 진단을 받고도 같은 증상이 나타날 수 있다. 이런 다른 진단은 약간 '서로 섞이기도' 하고, 적어도 같은 상태의 일부로 묘사될 때도 있다. 앞으로도 장차 시간 간격을 두고 분류 체계를 개정하는 일이 필요할 것이다. 이런 토론에 참여하는 전문가는 다양한 분야로 구성되며, 많은 것들을 다르게 평가한다. 진단 체계가 다양한 분야에 적용될 수 있다는 확신을 얻으려면 이런 일이 필요하지만, 다른 면에서는 이런 이유로 공통적인 입장을 찾기가 어렵다. 그래서 사람들은 반드시 모든 관점에서 합의할 필요는 없다는 결론에 이르렀다. 그들은 다양한 정신이상 상태를 묘사하고, 이런 묘사에 대해 합의하고, 이런 상태를 최신 분류 체계의 어디쯤에 집어넣을지를 정한다. 그 외에도 그들은 특정한 상태라고 진단하려면 어떤 증상이 나타나야 하고, 어떤 증세가 나타날 수 있는지를 합의해야 한다. 또한 이런 상태와는 절대적으로 일치하지 않는 증상이나 요인이 있는지도 합의해야 한다. 그러면 벌써 다 끝난 일이다. 이런 진단 편람의 범주는 정의에 따라 올바른 '교리'

가 된다. 우리는 우리가 조현병이라고 명명한 것이 조현병이라는 것에 합의했다. 즉 조현병은 이렇게 생겼다. 적어도 연구가 진척되어 우리가 정의 내린 것을 바꾸라고 강요하기 전까지는 말이다. 이것은 순수한 묘사에 지나지 않는다. 이런 진단 체계는 다양한 고통의 원인에 대해 약간의 예외를 제외하고는 무엇도 말해주지 않는다. 또한 추천할 만한 치료법이나 예후에 대해서도 말하지 않는다. 즉 환자가 5년 혹은 20년 후에 어떤 상태가 될지는 알려주지 않는다.

진단 편람에는 증상이 다양한 일람표로 묘사되어 있다. 그런 식으로 의사가 환자를 마주할 때 도움을 준다. 의사는 해당 환자의 증상에 가장 잘 맞는 진단명을 찾을 때까지 환자의 상태를 편람과 비교해볼 수 있다('최소한 다음 증상 중 세 가지 이상에 해당해야 한다' '적어도 한 달간 지속되어야 한다' '다시 심신적 고통을 가져와서는 안 된다' 등등). 이 같은 묘사는 의사나 보건 당국을 포함해 환자와 접촉하는 사람들에게 환자를 묘사하려는 목적으로 사용된다. 이는 매우 유용하다. 사람들은 환자 한 명의 증상을 종합적으로 묘사하는 대신, 하나의 진단 결과를 알려줌으로써 빠르고 효과적으로 많은 사항을 전달할 수 있다. 더 나아가 진단은 치료 체계를 꾸리는 데 필수불가결하다. 누가 특정 의료 서비스에 대한 권리를 갖는지를 결정해야 할 때 이미 정해진, 비교적 동일한 규칙을 따르는 것이 큰 도움이 된다. 요컨대 슬픔과 우울증을 분리할 때처럼. 새로운 치료법이 제시되면 어떤 환자 집단에게 우선 적용할지 지침이 필요할 때가 많다. 연구를 하거나 통계를 낼 때도 특정 환자 집단을 분류하려면, 그들의 공통

점을 정의하는 체계를 갖추어야 한다.

거기까지는 좋다. 하지만 진단은 사람을 분류하는 일이기에 동전이나 우표 같은 사물을 분류하는 것과는 다르다. 사람은 무슨 일이 일어나면 여기서 반드시 영향을 받게 된다는 사실을 안다. 정신이상이라는 진단을 받으면 마치 무슨 판결을 받은 느낌일 것이다. 이전에는 전혀 아프지 않았다가도 진단을 받으면 갑자기 자신이 병들었다는 느낌을 갖게 된다. 나는 모든 이상하고 끔찍한 단어와 묘사의 중심에 내가 정말로 서 있다는 사실을 이해하기가 힘들었다. 너무나 이상하고 너무나 진지했다('그건 내가 아니라 다른 사람의 이야기야!').

가끔은 무슨 진단이라도 받는 것이 좋을 때도 있다. 무언가 문제가 있다고 생각했던 것에 마침내 이름이 붙고 내가 아프다는 확인도 받는다. 문화마다 다른 해석 패턴이 있기 마련이다. 예컨대, 이전에는 모든 상황을 종교와 관련짓는 것이 일상화되어서, 정신이 아픈 사람을 마법에 걸렸다거나 악마에 사로잡혔다고 여겼다. 한 사회가 설명을 위해 세웠던 모델이, 기준에서 벗어난 사람들을 치료하는 데도 영향을 미친 것은 자명하다. 병 때문에 우리는 다르게 행동하거나 최선을 다할 수가 없다고, 그럴듯한 이유를 대기도 한다. 이것은 독감으로 결근을 하거나 정신장애로 학교를 중퇴하는 등의 모든 경우에 유효하다. 아픈 경우에는 어떤 일을 해내지 못해도 별문제가 되지 않는다. 그 외에도 진단은 문제를 해결할 가능성이 있다는 희망을 준다. 나를 힘들게 하는 것이 의사가 알고 있는 병에서 기인했다면 그가 나를 치료하고, 건강하게 하고, 문제에서 해방시켜줄 것이라는 희망을 품을 수 있다.

조현병에 대한 진단적 분류를 충족시켰기 때문에 나에게 조현병이라는 진단이 내려졌다. 다시 말해 내 증상은 ICD-10에서 조현병이라고 불리는 묘사에 맞았다. 하지만 대단히 많은 범주가 존재하는 데다 진단을 받기 위해 모든 요건을 충족시킬 필요는 없기 때문에, 상당히 다른 '혼합 증상'이 가능하다. 이것은 사람들이 똑같은 조현병 진단을 받고 비슷한 점이 많아도, 매우 다른 통증과 증상이 나타날 수 있다는 사실을 의미한다. 또한 양성 증상과 음성 증상을 구분하는 것도 일반적이다. 양성 증상이란 망상과 환각과 같이 이전의 성향에 무엇인가가 새로 추가되는 것을 의미한다. 반면에 음성 증상이란 예전보다 조용하고, 내성적이며, 수동적으로 변하는 등 인격의 일부를 잃어버리는 것이다. 음성 증상 역시 조현병이라는 진단의 일부로, 많은 환자가 이런 증상에 시달린다는 사실을 염두에 두어야 한다. 얼마나 다양한 증상이 조현병이라는 진단을 받는지를 보고, 이런 증상을 지닌 사람들에 대해 곰곰이 생각해보면 조현병이 정말 병인지, 아니면 우리가 아직 알지 못하는 다양한 여러 상태에 대한 종합적 개념인지가 점점 불확실해진다.

연구 자료를 살펴보면 조현병은 정말 다양하게 진행하며, 내가 청소년기에 받은 비관적인 예후에는 어떤 근거도 없다는 사실을 알 수 있다. 그 밖에도 다흘Dahl, 에이팅게르Eitinger, 말트Malt, 레터스퇼Retterstøl의 저서에는 조현병의 경과가 소개됐다. 환자에 따라 경과는 굉장히 다양하지만 평균 약 3분의 1이 완전히 혹은 부분적으로 건강해진다. 다른 3분의 1은 여전히 증상에 시달리고 의학적 도움을 필요로 하지만 치료를 매우 잘 해나가는 반면에, 나머지 3분의 1은 계속 병과 통증과 싸워야만 한다. 나는 사람들이 "조현병은 만성질환이야!"라고 강조하는 대신에 이렇게 설명해줬다면, 내가 어떻게 반응했을지를 스스로 물어보곤 한다. 그랬다면 나는 순간적으로 '건강한 3분의 1'에 속하기를 간절히 바랐을 것이다. 내가 어두컴컴한 시기를 거치는 동안 자칫 이를 믿지 못했을지라도 더 많은 희망을 품었을 것이고, 내 머리에서 떠나지 않는 '해낼 수 있다는 꿈'을 증명해 보였을 것이다.

나는 알지 못했지만 통계적으로 나에게는 또 다른 유리한 점이 있었다. 즉 여성이 남성보다, 그리고 양성으로 표시되는 증상을 가진 환자가 수동성과 후퇴 성향이 강한 환자보다 예후가 좋은 듯하다. 하지만 다른 통계는 그리 낙관적이지 못하다. 예를 들면, 어린 시절에 병이 발병했다는 점과 병이 서서히 그리고 느리게 진행된 것은 그리 좋은 징조가 아니라고 한다. 하지만 이를 확정적으로 말하기란 쉽지 않다. 너무나 많은 요인들이 함께 작용하고 상호영향을 미치기 때문에 어떤 것이 정확하고, 어떤 요소가 가장 중요한지를 결론내리기는 어렵다.

그렇다고 해서 각각의 사람과 이들의 증상에 대해 최대한 친숙해지는 일이 중요하지 않다는 것은 아니다. 이것은 결정적인 사항이기 때문이다. 여기서 가장 중요한 것은 가급적 정확한 분류나 진단을 내리는 것이 아니라, 특별한 상황에 놓인 사람들을 도울 수 있는 정

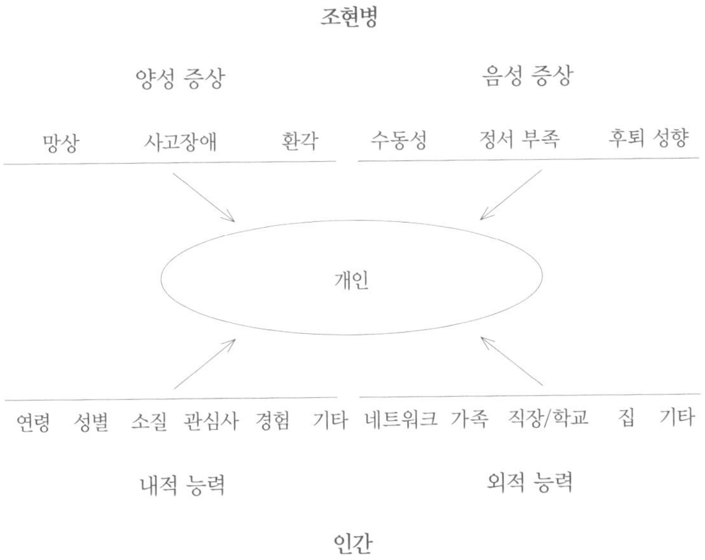

보를 가능한 한 정확하게 파악하는 것이다. 결국 사람들이 치료하는 대상은 '조현병'이 아니라, '조현병 진단을 받은 사람'이기 때문이다. 이것은 완전히 다르다. 위의 간단한 도표는 이런 차이를 파악하는 데 도움이 된다.

도표의 맨 위에 양성과 음성으로 분류되는 다양한 증세가 있다. 이 개요는 조현병의 모든 증상을 완벽하게 나열한 것이 아니라, 단지 몇 가지 사례를 열거한 것에 지나지 않을 수 있다. 각각의 환자에게는 자기만의 혼합 증상이 있으며, 그들은 매우 개인적인 방식으로 각각의 증상에 반응한다. 이것은 요컨대 환자가 어떤 종류의 목소리를 듣는지 혹은 어떤 망상을 하는지에 따라 다르다.

도표의 아래에는 해당 환자가 몇 가지 요소로 묘사되어 있다. 이것 역시 완벽하게 정리된 목록이 아니라 한 사람에게 있거나 없는, 단순히 중요한 내·외적 자원을 위한 제안에 지나지 않는다. 도표의 가운데에는 병과 성격 그리고 외부 환경의 상호작용의 결과로 이해할 수 있는, 매우 특별한 삶의 여건을 가진 사람이 있다. 그리고 바로 그곳, 중앙에 사람이 와야 한다. 내가 아팠을 때 사람들은 내 병과 나의 약점에 굉장히 집중했다. 사람들은 내 강점에는 확실히 관심도, 주의도 적게 기울였다. 내가 병에 걸리지 않았을 때는 어떤 사람이었는지에 대해서도 전혀 관심이 없었다. 때때로 나는 관심과 취미 그리고 소망이, 원래의 목적인 병의 치료에서 우리를 떼어놓고 방해하는 장애물로밖에 느껴지지 않았다. 이런 집중은 작동되지 않는 모든 것과 애처롭기 그지없는 나의 자화상을 더욱더 작아지게 만들었다.

나는 힘든 치료로 물든 일상에서 당장 숨을 돌릴 시간이, 내게 새로운 힘을 줄 무엇이 필요했다. 그것은 내가 이전에 자신 있게 해냈고, 나를 기분 좋게 했던 것들이어야만 했다. 하지만 내 성향과 능력에 대한 관심이 적었기 때문에 나와 함께 일할 수 있는 긍정적인 기회를 찾기가 어려웠다. 내 눈에 나는 '조현병 환자'로 비친 적이 한 번도 없었기 때문이다. 나는 아른힐이었다. 그리고 당시에 아른힐은 빌어먹을 정도로 힘들었다. 이런 어려움을 헤쳐 나가기 위해 내가 가진 모든 능력이 필요했다. 나는 옛 동화에 나오는 기사처럼 괴물과 싸울 때 나를 도울 마법의 무기로 무장했다. 내가 절대 포기하지 않고 버티도록 도와준 것은 반항심이었다. 나는 모든 길이 막혔을 때 새로운 길을 찾도록 도와줄 상상력과 창의력을 지녔다. 나에게는 항상 곁에서 나를 돕고 응원해준 가족이 있었고, 관심을 보여준 여러 의사가 있었다. 시간이 지나면서 의사와 간병인 그리고 사회복지사 등으로 구성된 공동체에 든든한 지원군도 생겼다.

하지만 모든 동화에서처럼 내 동화에도 나쁜 여왕이 등장했다. 그녀는 나에게 별로 좋지 않은 선물을 주었다. 그중 가장 나쁜 것은 나의 어린 나이였다. 나는 너무 어렸기 때문에 분명 내게 도움이 됐을 어른으로서의 경험이 없었다. 나에게는 직업훈련이나 직장, 내 집과 같은 어른의 삶을 '구성하는 요소'도 없었다. 이런 것도 역시 나에게 도움이 됐을 것이다. 나는 친구도 적었고, 사회적 네트워크도 굉장히 좁거나 존재하지 않았으며, 폭풍을 막아내기에 내 인생의 배는 너무 작고 가벼웠다. 내 배에는 나를 몇 년은 더 버티게 해줄 밸러스트가 없었다.

이런 둘도 없을 사람(상황), 즉 병의 혼합을 어떻게 해야 가장 잘 이해할 수 있을까? 수많은 병동에서 지내고 수많은 치료에 참여해본 결과, 한 가지는 확실했다. 일반적으로 의사가 내가 누구인지를 고려했을 경우 치료가 가장 순조롭게 진행됐다. 예를 들어, 의사들이 나와 싸우고 나에게 이런저런 명령을 내리는 대신, 나와 협력하고 내 반항심을 활용하는 경우가 그랬다. 나는 사실 나를 상대하는 일이 그렇게 힘들었을 거라고는 생각하지 않는다. 그리고 나는 누가 나에게 이래라저래라 명령하는 것과 나를 조종하는 것을 그때나 지금이나 좋아하지 않는다(과연 이런 것을 좋아하는 사람이 있을까?). 그런 일이 생기면 나는 종종 마음의 문을 닫고 아무도 다가오지 못하게 했다.

이제 무엇이 효과가 좋았고 무엇이 효과가 없었는지를 곰곰이 생각해보면, 큰 차이가 있다는 사실을 깨닫게 된다. 무엇인가를 이루고자 했던 사람들은 나를 참여시켰다. 그들은 내 능력을 이용하고 발전시키는 한편, 나를 도와 내 부족함과 약점을 보충해주었다. 그들은 나를 항상 자신들의 팀에 소속시켰다. 법률 규정 때문이 아니라 그냥 그것이 내 삶이고 성격이고 병이며, 결국에는 나만이 무엇인가를 할 수 있기 때문이었다. 외부에서 이런 도움을 받지 못했더라면 나는 건강해지지 않았을 것이다. 또 세상의 어떤 의사도 나의 참여 없이는 나를 치료하지 못했을 것이다. 이것이 바로 협력이라는 단어에 담긴 의미다.

3장

삶을 포기하지만 않는다면

변화에 대한 이야기

여행의 동반자들

페테르 아스비에른센Peter Asbjørnsen(노르웨이 작가이자 학자. 에르겐 모에와 노르웨이 구전동화를 수집해서 책으로 묶었다-옮긴이)과 모에Jørgen Moe는 아스켈라덴Askeladden(여러 노르웨이 동화에 등장하는 주인공-옮긴이)과 착한 조력자가 등장하는 동화에서 왕에 대한 이야기를 한다. 왕은 물과 땅 그리고 하늘 모두에서 빨리 이동하는 배를 만드는 사람에게 공주와 왕국의 절반을 주겠다고 약속했다. 귀가 솔깃할 정도로 매력적인 제안이라 많은 사람이 배를 만들기 시작했다.

아스켈라덴의 두 형도 마찬가지였다. 두 형제는 배를 만들려고 숲으로 갔지만 정말 배를 완성할 수 있을지 자신이 없었다. 어쩌면 그들은 경쟁자가 두려웠을지도 모르겠다. 그런데 갑자기 숲에서 작은 노인이 나오더니 형제에게 무엇을 하는지 물어보았다. 그들은 나무통을 만들 것이라고 둘러댔다. 그러자 금세 나무가 나무통으로 바뀌었다. 얼마 후에 피곤해진 형제는 쉬면서 도시락을 먹기로 했다. 그때 노인이 다시 나타나더니 뭐 먹을 것이 있는지 물었다. 형제는 자신들이 가진 맛있는 음식에 대해서는 말하지 않고, 자신들에게는 고작 쓰레기가 있을 뿐이라고(겸손에서 나온 말인지, 아니면 인색함에서 나온 말인지 모르겠다) 대답했다. 그러자 모든 것이 쓰레기로 변하고 말았다.

그다음에는 아스켈라덴의 차례였다. 그도 노인을 만났다. 하지만 아스켈라덴은 모든 것을 솔직하게 말할 만큼 용감했다. 그는 사실대로 물과 땅 그리고 하늘에서 타고 다닐 배를 만들 것이라고 답했다. 그리고 이 일을 해냄으로써 공주와 왕국의 절반을 얻고 싶다고 털어놓았다. 노인이 아스켈라덴에게 먹을 것이 있는지 묻자, 그는 다시 솔직하게 자신이 무엇을 가지고 있는지 말했다. 좋게 꾸미거나 나쁘게 깎아내리지 않고 있는 그대로 대답했던 것이다. 그러고는 노인에게 음식을 나누어주기까지 했다. 노인은 아스켈라덴에게 보답의 의미로 왕궁까지 동반자가 되어줄 아름다운 배를 만들어주었다. 그가 배를 타고 왕궁에 도착했을 때 왕은 아름다운 배를 보고도 별로 감동하지 않았다. 왕은 배를 둘러보지 않았고, 어떻게 만들었는지 묻지도 않았다. 왕은 그저 아스켈라덴을 뚫어져라 바라보기만 했다. 그에게서 품격이 느껴지지 않고, 얼굴이 잘생긴 편도 아니며, 왕족의 핏줄도 아니라는 이유에서였다. "아스켈라덴은 더러운 데다 얼굴에 검댕이 잔뜩 묻어 있어서 왕은 딸을 이런 뜨내기에게 넘겨주고 싶지 않았다"고 한다.

나는 책을 읽으면서 아스켈라덴이 너무 불쌍하다고 생각했다. 그에게서 나 자신을 보았기 때문이다. 나도 내 꿈을 열린 마음과 진심으로 대하면서, 아무리 목표가 불가능한 것처럼 보이고 기회도 최소한으로만 주어질지언정, 내가 세웠던 미래의 계획을 스스로와 다른 사람들에게 인정받으려고 부단히 노력했다. 나는 또한 내 능력에 대해 솔직해지려고 노력했고, 내가 가진 '식량'을 더 좋지도 더 나쁘지도 않게 표현하려고 애썼다. 꺼내어 보일 만한 것이 많지 않을 수도 있었지만 그래도 아무것도 없는 것보다는 나았고, 최소한 그것들은 쓰레기가 아니었다. 그리고 이에 대한 보상으로 나도 배를 한 척 받았다. 아스켈라덴의 배처럼 화려한 배는 아니었지만 나는 반항심, 의지력, 확신을 얻었다. 이것들은 나를 멀리까지 데려다준 훌륭한 교통수단이었다. 어쨌든 왕궁까지는 갈 수 있었다. 하지만 여기서 항상 끝이었다.

사람들은 배를 아예 쳐다볼 생각도 없고, 그들의 여행 계획에는 일말의 관심도 없는 작은 왕을 만난다. 그는 여행 계획보다는 허름한 옷과 진단에만 신경을 쓴다. "당신의 병력을 들여다보면……" "그런데 당신의 진단……" "완전히 비현실적으로……" "불가능해……" "……원치 않는……"

다행히 아스켈라덴은 도중에 착한 조력자를 몇 명 만났다. 눈 깜짝할 사이도 없을 만큼 빨리 진귀한 배를 함께 만들고, 멍청한 질문을 하지도 않고, 아스켈라덴의 생각과 계획을 인정해준 용감한 사람들이었다. 그들은 각각 서로 다른, 굉장히 독자적인 능력을 지니고 있어서 '날아다니는 비행기 배'라는 프로젝트에 도움이 됐고, 아스켈라덴의 목표 달성에 반드시 있어야 했다. 조력자가 없었더라면 아스켈라덴은 결코 왕에게 가지 못하고 공주를 얻지도 못했으리라.

나에게도 특별한 능력으로 도움을 준 조력자들이 있었다. 하지만 동화가 아니라 좀더 복잡하게 얽힌 현실 세계이다 보니, 그들 모두가 딱 한 가지씩만 좋은 점을 가진 것은 아니었다. 어떤 사람들은 여러 가지 능력을 갖춘 반면에 어떤 사람들은 한두 가지 일만 잘했다. 어떤 사람은 나와 오랫동안 함께한 반면 어떤 사람은 잠깐 동안만 함께했다. 이들 모두 성스러운 사람도 아니었기에 나쁜 일을 가져온 사람도 있지만, 어차피 이런 것이 현실이니까. 나에게 큰 의미가 되어준 사람이 있는 반면에, 작은 역할을 한 사람도 있었다. 하지만 이들 모두가 나에게는 중요했다. 이들이 없었더라면 나는 결코 왕궁에 닿지도 못했을 것이며, 내 미래를 얻지도 못했을 것이다.

그들은 나를 견뎠고
또 기다렸다

아스켈라덴의 첫 번째 조력자는 놀랄 정도로 굶주린 인물이었다. 그는 항상 배가 고팠다. 까다롭거나 요구 사항이 높은 편은 아니었다. 고기가 없으면 돌을 먹는 것으로도 만족했다. 나는 마치 그 조력자의 여사 형제인 듯한 사람들을 많이 알게 됐다. 그중 많은 사람이 운동치료사나 작업치료사로 일했다. 운동치료사들은 대부분 미래보다는 전적으로 현재에 집중했다. 그들은 당장 고기가 없으면 돌이라도 가진 것에 기뻐할 줄 아는 사람들이었다. 내가 가본 운동치료소들은, 온통 해내지 못했거나 해낼 수 없는 일만 가득한 병원 안에 자리 잡은 '성공의 오아시스들'이었다.

정신이상 상태로 지내는 것은 무척 힘든 일이다. 그리고 나는 끊임없이 내가 되지 못하거나 해내지 못한 것에 괴로워했다. 일상은 깨진 꿈과 이루지 못한 계획으로 높은 산을 이루었고, 치료 과정은 결과에 치중하는 치료나 변화를 불러올 훈련으로 이루어졌다. 치료는 변화였다. 나에게 절대적으로 필요한 변화 말이다. 내 인생이 형편없어서 계속 살아나가려면 큰 변화가 필요했기 때문이다. 나를 바꾸는 일은 정말 힘들었다. 어느 정도 시간이 지나자 나는 내 행동을 모두 분석해서 무엇을 바꿀 수 있는지를 파악하는 것이 고통스럽기만 했다. 무엇이 잘못됐는지, 대신 내가 무엇을 해야 했는지 분석하는 일이.

이런 순간에는 항상 운동치료사가 다가와 작업실에 가기를 권했다. 이곳에서는 잘못을 바로 발견해 쉽게 고칠 수 있었다. 게다가 시키는 일도 구체적이어서 쉽게 따라할 수 있었다. 정말 좋았다. 이런 요구 사항을 받고 일을 하는 것이 마음에 들었다. 나는 한 병동에서는 도자기 흙을 가지고 일했다. 당시 나의 일상은 점점 더 빨리 돌아가는 바깥세상에서 다시 연결점을 찾고, 실습 자리를 받은 다음, 내가 병원 밖에서 살지, 아니면 관리인이 함께 거주하는 주거 공동체에서 살지를 결정하기 위한 과정들로 구성되어 있었다. 치료 차원의 일상은 내가 내 병의 희생자라는 위치에서 벗어나, 다시 내 삶에 책임을 지고 스스로 선택을 하는, 고통스러운 일들로 이루어졌다.

작업실에서는 흙으로 만들어놓은 것이 가끔씩 깨졌다. 가마에서 구워지는 동안 터질 때도 있고, 건조 과정에서 금이 갈 때도 있었다. 그러면 터지거나 갈라진 흙을 버리고 다시 새롭게 시작하곤 했다. 아니면 깨진 조각을 주워서 그걸로 새로운 작품을 만들기도 했다. 잘못은 얼마든지 고칠 수 있었다. 크리스마스가 얼마 남지 않은 어느 저녁, 나는 몇 시간 동안 도자기 컵에 그림을 그렸다. 붓을 물에 헹구려던 순간, 붓과 부딪힌 컵이 바닥에 떨어졌다. 나는 깨진 컵 조각을 들고는 내가 멍청하다고 생각했다. 그 뒤에 무슨 일이 벌어질지 예상하기는 정말 쉬웠다. 하지만 당시 내 병은 많이 나아진 상태여서 나는 그저 도움을 요청했다.

"깨진 조각들을 가져가세요. 그러지 않으면 아마 그걸로 내 손목을 그어버릴 거예요."

나는 나중에 이야기해서 깨진 컵을 돌려받았다. 몇몇 조각은 다시 붙였고 컵 바닥도 괜찮았다. 하지만 윗부분이 많이 없어졌기 때문에 흙으로 테두리를 만들어 붙였다. 고양이도 몇 마리 만들어서 컵 가장자리로 기어오르는 것처럼 컵에 붙였다. 흙이 굳은 후에 색깔을 칠하고 유약을 발랐다. 나는 여전히 그 컵을 책상 위에 올려두고 연필꽂이로 사용한다. 깨진 것은 어떻게든 다시 붙일 수 있다는 것, 그리고 결과가 이전과 같지 않더라도 그것만으로도 괜찮을 수 있다는 것을 내게 알려주기 위해서 말이다.

상황은 바꿀 수 있다고 생각하는 조력자를 만나기 전까지 나는 항상 안 될 것에만 집중했다. 나는 내가 만성적인 정신질환을 앓는다는 사실을 이해하고, 내 한계 속에서 살아가는 법을 배워야 했다. 과거에 지녔던 꿈을 포기하고, 내가 이제는 할 수 없는 것들을 깨달아야만 했다. 나는 세상의 모든 작은 왕들이 자신들의 충고를 한 번이라도 몸소 실천한 적이 있는지 모르겠다. 하지만 만성적으로 미쳤다고 타협하는 일이 하나도 재미있지 않다는 것은 확실히 알았다. 그리고 다행히도 그때 작업실이 있었다. 나는 그곳에서 단 한 번도 이런 말을 듣지 못했다. 오히려 정반대였다. 우리는 바늘과 실로 하는 작업에 집중했다. 그러다 가위 같은 위험한 도구가 필요해지면 실, 페인트, 풀, 종이, 나무로 만든 장식품으로 작업을 이어갔다. 나는 예쁜 물건을 많이 만들었다. 운동치료사는 모든 것을 병동 프런트(나는 그곳까지 갈 수 없었다)로 가져가서, 직원과 방문객을 위해 예쁘고 앙증맞은 크리스마스 바자를 열었다. 운동치료사는 이렇게 벌어들인 돈을 다시 나에게 가져다주고, 나는 그 금액을 장부에 적어두었다. 재료비로 이만큼, 수익은 이만큼. 내 삶이 이런 일을 통해 반드시 변하지는 않았겠지만, 그래도 이런 것이 없었다면 그저 아픈 나날만 계속됐을 것이다. 이런 일은 내 삶에 약간의 정상적인 생활을 선물해주었다. 당시의 내게는 이런 것이 필요했고, 또 다행히 이런 것을 즐길 수 있었다.

응급 병동에도 작업실이 있었다. 항상은 아니지만 가끔 운동치료사와 간병인, 그리고 재료를 충당할 수 있을 경우 작업실이 제공되었다. 작업실에 가 있으면 항상 내 안의 광기가 잠깐 사라지고 휴지기에 들어갔다. 목소리의 힘도 약간 약해졌다. 아마 그곳에 있으면 마음이 편해졌기 때문일 것이다. 작업실에서 보낸 시간이 삶을 바꾼 것도 아니고 건강을 돌려준 것도 아니었지만, 그냥 그곳에 머문다는 사실과 무엇인가를 한다는 것이 마음에 들었다. 작업실에 있으면 과거는 과거고, 미래는 미래였다. 그곳에서는 무엇을 분석할 필요도, 계획할 필요도 없었다. 사람들은 그림을 그리거나 뜨개질을 했다. 아니면 모자이크 타일을 붙이든지. 그것도 싫으면 무엇이든 해도 괜찮았다.

완전히 하얀색인 병원이 많다. 거의 흰색에 가까운 노란색 벽과 하얀 의사 가운에 하얀 침구. 나는 하얀색 이불이 싫고, 되도록 덮지 않으려고 한다. 이것은 '하얀 세상'을 떠오르게 하기 때문이다. 과거에 나 자체는 회색이고, 내 미래는 검은색이었는데, 모든 것이 하얀색과 합쳐지면서 더욱 회색이 되고 말았다. 하지만 작업실에는 색깔이 있었다. 구슬, 실, 물감, 모자이크 타일이 내 회색을 완전히 걷어낼 수는 없었지만, 그 속에 색깔이 있다는 사실을 상기시켰다. 하루에 한 시간이라는 짧은 시간 동안, 나는 단순하고 구체적이며 알록달록한 세계에서 혼란을 잊고 그냥 그대로일 수 있었다. 게다가 병원에서 퇴원했을 때 단지 병만이 아니라 다른 이야깃거리가 생긴 것도 중요했다.

그곳에는 운동치료사와 작업치료사 외에도, '있어야 할 것'이 아니라 '실제로 있는 것'을 볼 수 있는 다른 사람들이 있었다. 병 뒤에 여전히 무엇인가 좋은 것이 그대로 있다는 사실을 파악한 사람들이었다. 좋은 소식의 열 가시 특성을 가르쳐준 간병인이 그중 한 명이었고, 미안하다고 용서를 구한 의사도 그중 한 명이었다. 나를 단순히 환자로만 보지 않고 한 명의 인간으로 인정해준 나와 같은 평범한 사람들도 있다. 나와 산책을 가고, 병 외의 다른 것에 대해 이야기를 나눠주고, 책이나 카세트를 빌려주고, 나를 극장에 데려가고, 상태가 정말 나쁠 때도 내가 마치 회복 중인 평범한 사람인 것처럼 대해준 간병인들도 있다. 그들은 나를 바꾸려고 애쓰지 않았다. 어쨌든 매번 그러지는 않았다. 또한 그들은 무작정 나를 바꾸려고 억지를 부리지도 않았다. 그리고 내가 미쳤든 미치지 않았든 그저 있는 그대로 받아주고, 그 상태에서 최상의 것을 만들려 노력했다.

내가 독방에 있을 때 십자말풀이 문제를 가져다준 간병인도 있었다. 그는 나와 말을 해서는 안 된다는 지시를 받았다. 누구도 나와 말을 해서는 안 됐다. 내가 시간이나 식사 메뉴에 대해 물었을 때조차 대답하면 안 됐다. 내게 휴식이 필요하다는 이유에서였다. 나는 그곳에서 10주 동안 있었는데 말이다. 빌어먹을 이런 휴식 때문에 나는 완전히 이성을 잃을 정도였다. 그렇게 많은 휴식은 거의 고문에 가까워서, 나는 휴식을 깨뜨려줄 뭔가를 갈구했다. 예컨대 십자말풀이 같은 것. 십자말풀이를 푸는 것은 말하는 것과 아무 상관이 없고, 해답을 넌지시 말하는 것은 대화가 아니기 때문이다. 병원 직원이 병동 독실로 읽을거리를 가져오는 것은 금지되지 않았다. 거의 대부분의 직원들이 무엇인가를 들고 왔고, 그중 몇 명이 십자말풀이를 가져왔다. 하지만 다른 사람들과 달리 그는 내게 옆에 앉아서 같이 십자말풀이를 하자고 했다. 물론 내가 항상 그럴 수 있는 상태는 아니었다. 어떨 때는 답을 하나 풀기 위해 내 혼란 속으로 너무 깊이 들어갈 때도 있었지만 뭐, 아무래도 상관없었다. 그러면 간병인은 십자말풀이를 옆으로 치워놓았다. 그리고 그는 다음번에 다시 시도했다. 인생이란 그런 것이기 때문이다. 고기가 있을 때도 있고 돌, 심지어 모래만 있을 때도 있는 법이다. 나는 삶이 그냥 그런 것이라고 받아들이고는, 내가 스테이크 조각을 줄 수 없다고 해서 바로 떠나버리지 않는 조력자들을 좋아했다. 나는 단 한 번도 이런 것을 줄 수 없었기 때문이다.

아스켈라덴이 만난 다음 사람은 땅바닥에 누워서 물통 뚜껑을 빨던 남자였다. 그는 너무 목이 말라서 아무리 물을 많이 마셔도 갈증이 해소되지 않을 듯했지만, 물이 없었기 때문에 물통 뚜껑으로 만족해야 했다. 그는 돌조차 필요로 하지 않고, 빈 물통 뚜껑만으로도 충분하다고 생각했다. 이런 이야기는 나를 감동시켰다. 내가 처음으로 만난 두 명의 치료사가 바로 이런 사람들이었다. 나는 이들에게 정말 감동을 받았다. 그들은 몇 년 동안 나를 견디고, 항상 주의를 기울이고, 관심을 갖고, 무엇이든 열심이었다. 내게 보답이라고는 한 방울도 받지 못했는데도 말이다. 당시 병이 호전될 가망은 전혀 없었다. 오히려 내 상태는 점점 나빠졌지만 그래도 그들은 인내했다. 그들은 나를 가르치고, 나와 관련된 단체 회의에 참석하고, 내게 가능성을 열어주었다. 그들은 답변도, 성공도 필요로 하지 않았다. 그들은 아무것도 나올 게 없으니 물통 뚜껑을 버리라는 유혹에도 빠지지 않았다. 아니, 그들은 무슨 일이 있어도 묵묵히 자기 일을 계속해나갔다.

그런데 어떻게
포기할 수 있었겠는가

정신병원 같은 전문 의료기관이 할 수 있는 최고의 일은 당연히 환자를 치료하는 것이다. 하지만 환자를 치료하지 못하더라도 살려두는 일이 중요하지 않다는 의미는 아니다. 내가 자살에 성공했더라면 치료를 위한 시도는 완전히 쓸모없어졌을 것이다. 환자가 사망하면 희망도 사라진다. 따라서 어떤 프로그램이든 가장 중요한 것은, 항상 사람들을 살려두는 일이다. 그들은 이 일에 성공했다. 끊임없이 대화가 대화의 꼬리를 물고, 연달아 지시가 내려왔다. 의사들은 내가 필요로 하는 순간에는 항상 내 옆에 있어주고, 절대 포기하지 않았다. 몇 년 동안 내내. 그들은 내가 싫어졌더라도 그런 감정을 숨기는 재주가 있었다. 그들은 무시무시한 인내심을 지녔고, 이에 걸맞게 굉장히 관대했다. 그런 사람들이 그곳에 있었다. 어쩌면 그들이 너무 적은 것만을 기대하고, 모든 가능성을 보지 못했을 수도 있다. 어쩌면 그들은 나쁘기는 하지만 바꿀 수는 없고, 단지 부정적인 효과만을 약화시키는 시스템의 일부였는지도 모르겠다. 그래서?

나는 그곳에 있었다. 나는 가능성과 시스템을 경험했다. 세상은 가끔 환자에게 믿을 수 없을 정도로 가혹하지만, 이것은 의료 분야 종사자들에게도 마찬가지다. 나는 이들이 최고의 능력을 발휘했고, 온 마음을 담아 수년간 항상 최선을 다했다는 것을 안다. 이들이 시스템의 저주를 모두 극복하지 못했을 수도 있다. 하지만 그들은 저주의 효과를 약하게 하고, 내가 계속 살아가게 하는 법을 이해했다. 마치 언젠가는 빈 물통에서 과일즙이 흘러나오리라 확신하는 것처럼, 그들은 몇 년 동안 열성적으로 물통 뚜껑을 빨았다. 그들은 희망을 담을 통이 더 이상 없다는 사실을 나만큼이나 또렷이 보면서도 이런 일을 계속했다. 그들은 물통이 없었지만, 희망은 꼭 붙들고 있었다. 여행의 동반자에게서 무엇을 더 기대할 수 있을까?

어떤 사람들은 귀에다 아무리 소리를 질러도 다른 사람의 말을 듣지 않는다. 또 어떤 사람은 누군가 명확하고 분명하게 말하고, 필요한 것을 구체적으로 요구하면 들어준다. 이 정도는 괜찮다. 하지만 조현병을 앓는 동안 나는 분명하고 명확한 것과는 거리가 멀었다. 나는 매우 혼란스러웠기 때문에, 어쩌다 간신히 다른 사람이 알아들을 수 있게 의사 표현을 했던 것 같다. "정신이상 환자는 의사 전달 능력에 장애가 있다"라는 것이 일반적인 상식이다. 전문 용어로 이렇게 표현한 것이 믿기지 않을 정도로 굉장히 오만불손하게 들리지만, 어쨌든 맞는 말이다. 머릿속에서 모든 것이 꼬이는 가운데, 자신의 생각과 느낌 그리고 다른 사람의 표현을 이해하지 못하면서 무언가를 구체적으로 말하는 것은 어려운 일이다.

아스켈라덴의 세 번째 조력자는 너무나 집중력이 뛰어나서 풀이 자라는 소리까지 들을 수 있을 정도였다. 나는 굉장히 집중력이 좋은 몇몇 사람들을 만난 적이 있다. 그들은 심지어 말하지 않은 것까지 들을 수 있을 정도였다. 계속 빨리 걸어가면 풀이 자라는 소리나 정신이상자가 웅얼거리는 소리에서 중요한 무엇인가를 들을 수 없기 때문에, 가던 길을 멈추고 귀를 기울이는 사람들. 풀은 조용히 자라기 때문에 정말로 뭔가를 듣고 싶으면 정확히 소리가 나는 곳에 귀를 기울여야 한다. 게다가 풀은 천천히 자라서 많은 시간을 들여 귀를 기울여야 한다. 오늘날 공공 건강 관련 분야에서는 유감스럽게도 풀이 자라는 소리를 듣기 위해 시간을 내는 일에 관심이 없다. 모든 것은 빨리 돌아가야 하고, 빨리 효과를 내야 한다. 중요하게 생각하는 것은 조치와 수용력, 환자의 순환이다. 비효율성과 시간 낭비에 반대하는 것은 좋지만, 재촉할 수 없는 과정에 압력을 가하는 일은 좋지 않다.

때로는 문밖에서 기다리는 대기자 명단이 너무 길고, 압박이 커서 자신이 문안에 있다는 사실이 마음 아플 때도 있다. 내 치료사들은 내게 많은 시간을 들였다. 건강해지기까지 수년간 수많은 치료 시간이 필요하다. 내면에서 성장해야만 하는 데다 서두를 수 없는 변화와 판단의 과정이 이어지기 때문이다. 내가 처음 만난 두 명의 치료사는 내게서 아무런 가능성도 보지 못했지만 많은 시간을 들이고, 나를 믿어주었다. 시기가 무르익었을 즈음에 나는 세 번째 치료사를 만났다. 그는 내가 큰 식물로 계속 자라도록 시간을 주었다. 해바라기 씨가 바로 해바라기 꽃이 될 수 없는 것처럼, 판단력과 건강은 곧바로 얻을 수 있는 것이 아니다. 해바라기 씨는 껍질에서 바로 꽃을 피우지 않는다. 작고 딱딱한 껍질을 깨고 화려한 꽃을 피우려면 공간, 좋은 흙, 물, 빛, 영양소가 필요하다. 씨가 싹을 틔우려면 가능성과 보살핌이 필요하다. 사람들은 이것을 주었고, 나는 이것을 받았다. 나는 시간과 확신 그리고 자리를 받았고, 안정적인 환경에서 내 증상에 대해 알아갔다. 함께 풀이 자라는 소리를 들을 수 있을 만큼 귀가 굉장히 밝은 동반자 한 명과도 함께할 수 있었다. 그녀는 풀의 소리를 정말 귀담아들었기 때문에 나도 그녀처럼 귀를 기울였다. 그런 일이 허용됐고, 심지어 그런 일을 요구받았기 때문이다. 그럼으로써 나 역시 풀이 내는 소리를 들었다. 그래서 우리 두 사람은 늑대, 자해, 선장 등을 어떻게 해야 할지 함께 방법을 찾을 수 있었다. 나는 완성된 답이 아니라 스스로 답을 키워나갈 한 뼘의 땅을 받았다. 최고의 방법이었다.

아스켈라덴의 네 번째 조력자는 세상 끝까지 볼 수 있는 좋은 눈을 가진 남자였다. 아스켈라덴이 그를 바라보았을 때 그는 그곳에 서서 계속 앞만 응시했다. 이런 모습은 매우 멍청해 보일지 모르겠다. 도대체 왜 세상 끝까지 바라봐야 할까? 무엇인가를 관찰하고 싶으면 시야에 놓인 어떤 것을 봐야 하지 않을까? 아니면 내가 틀린 것일까? 세상의 끝을 보는 일은 사람들이 통찰력을 키우고, 미망에서 깨어나고, 멀리 있는 목표를 알아차리는 일을 돕는다.

나는 감히 세상 끝까지 쳐다보는 일을 감행한 사회복귀 상담사를 만난 적이 있다. 그녀는 내 계획이 매우 갈팡질팡하는 듯이 보였음에도 신뢰해주었다. 그녀는 나와 함께 안전망을 계획하기 위해 건전한 현실감각을 유지해나갔다. 나는 세상 끝까지 바라보는 일을 겁내지 않았던 여러 치료사를 만났다. 그들은 마치 이런 일이 사소한 일인 것처럼 당연하게 해냈다. 나는 치료 과정을 거치면서 다른 간병인, 간호사, 사회복귀 조력자, 병원 행정 직원, 의사들을 만났다. 내가 부탁을 하면 그들은 고개를 들어 멀리, 아주 멀리를 바라봐주었다. 나에게는 굉장히 중요한 일이었다. 하지만 무엇보다 나에게는 가족이 있었다. 내 상태가 얼마나 심한지 인정하지 않고, 내 경과가 어떤지에도 연연하지 않은 채 엄마와 언니는 앞을 바라보는 일을 멈추지 않았다. 내가 더는 할 수 없어서 스스로 목숨을 끊으려 했을 때, 혹은 그전에 강제로 입원해야만 했을 때, 혹은 단순히 시간이 지나면서 일상적인 정신이상으로 무너졌을 때마다 언니는 약간 체념한 듯 한숨을 내쉬면서 내게 다가와 말했다.

"뭐, 다시 괜찮아지겠지. 나는 네가 아직도 아주 멀고 낯선 곳에 있다는 것을 알아. 게다가 지금은 어떤 구멍에까지 빠져 있고. 그런데 괜찮아. 다시 약간 돌아가면 되지 뭐. 다시 길을 찾을 거야."

10년 동안 늘 이렇게 말해주었다. 그리고 매번 실망했을 텐데도 언니의 결론은 항상 똑같았다.

"알았어. 이번에도 길을 잃어버렸네. 괜찮아, 이건 돌아가는 길일 뿐이야. 얼른 그냥 계속 가. 그러면 올바른 길을 찾을 거야."

10년 동안 똑같았다.

내가 심리학자 자격시험을 치렀을 때, 언니는 내가 세운 목표 중 하나를 정말로 해냈음을 증명하는 증인이 되어주고 내가 정한 도착점에서 나를 맞아주기 위해, 450킬로미터나 떨어진 스타방에르에서 오슬로까지 한걸음에 달려와주었다. 여행 가방에는 나를 위해 그린 그림이 들어 있었다. 내가 걸어온, 굴곡이 많은 길이 그려진 그림이었다. 산으로 올라갔다가 갑자기 습지대로 내려갔다가 숲에 들어갔다가 나왔다가, 위아래로, 앞뒤로 움직였다가, 그러다 깊은 구멍으로 들어갔다가 다시 언덕 위로 오르는 그림이었다. 그리고 마지막에는 목표를 통과하는 길이 보였다. 어디로 가야 할지를 알고 길을 완주할 수만 있다면, 한 번쯤 길을 잃어버리는 것은 괜찮다. 내가 목표를 이룰 수 있었던 이유 중 하나는 엄마와 언니가 항상 시선을 앞으로 고정시키고, 내가 나를 포기할 권리를 절대 주지 않은 덕분이다. 어쨌든 하루가 넘도록 그렇게 내버려둔 적이 없었다. 이런 노력에도 내가 목숨을 끊으려 하면 그들은 그래도 포기하지 않았다. 그저 계속 이렇게 말했다.

"단지 조금 돌아가는 것뿐이야. 넌 할 수 있어, 어서!"

이렇게 말하는데 내가 어떻게 포기할 수 있었겠는가?

내가 폐쇄 병동에 있을 때는 뾰족한 물건에 아예 손도 대지 못하게 했다. 그때는 그림을 많이 그렸다. 물, 종이, 붓 같은 도구는 위험하지 않기 때문이었다. 일반적으로 수채 물감에는 독성물질이 들어 있지 않아서 나는 수채화를 그렸다. 많은 그림이 내 상태를 상징적으로 나타내는 슬픈 그림이었지만, 나머지는 그냥 단순한 그림이었다. 예컨대 어두운 배경에 반짝이는 커다란 크리스마스 별 같은 것이 그려진 그림 말이다. 이 그림은 내가 오랜 시간 공을 들인 덕분에 정말 예쁘게 완성됐다. 작업치료사와 함께 까만 판지로 액자를 만들어 그림을 벽에 걸었다. 엄마는 "나중에 금색 액자를 사다가 거실 소파 위에 걸어놔"라고 말했다. 엄마는 내가 유리로 만든 물건이 있는 집에 머물 수 없다는 사실을 알고 있었다. 소파, 거실, 집, 외출, 돈 같은 것들도 나와는 거리가 멀었다. 엄마는 어떤 기대가 현실적이고, 어떤 기대가 비현실적인지를 가르쳐주는 수많은 강좌를 찾아다녔다. 하지만 엄마가 그런 곳에서 정말 귀 기울여 들었는지는 의심스러웠다. 지금 내가 사는 집에는 거실도 있고 소파도 있다. 엄마가 말했던 곳에 그림도 걸려 있다. 바로 내 거실 소파 위의 금색 액자에. 이 모든 것은 엄마가 얘기했을 때는 없었던 것들이다. 하지만 엄마는 그래도 그것들을 보았다. 세상 끝을 바라보면, 이런 것은 아무런 문제도 아니다. 엄마는 아직 존재하지도 않는 것을 보는 능력을 통해, 아직 존재하지도 않는 것이 언젠가 생길 가능성을 높였다. 그리고 그건 정말 이루어졌다.

열다섯 번의 겨울을
삼킬 수 있는 남자

아스켈라덴이 자신의 배에 태운 마지막에서 두 번째 조력자는, 몸이 굉장히 가볍고 발이 빨라서 공중에 붕 뜨지 않도록 발에 납덩어리를 일곱 개나 묶어야 했다. 그는 세상 끝까지는 볼 수 없었지만 5분 안에 그곳에 갔다 돌아올 수는 있었다. 게다가 그는 언제든 이런 일을 해낼 마음의 준비가 되어 있었다. 왕이 세상 끝에 있는 우물에서 떠온 물을 마시고 싶어 하자, 그는 바로 그곳으로 달려갔다. 도중에 잠이 들기도 했지만 다른 사람들의 도움으로 잠에서 깨어난 덕분에 정해진 시간에 맞추어 왕궁에 도착했다. 내가 이 조력자나 그의 후손들이 아무래도 우리 동네를 비롯한 몇몇 동사무소에서 일하는 것 같다고 말하면, 이의를 제기하는 사람이 반드시 몇 명은 나올 것이다. 일반적으로 행정기관의 공무원들은 모든 것을 복잡하게 만들기를 즐기는, 융통성이라고는 전혀 없는 관료주의자들로 알려져 있다. 이들은 업무를 질질 끌고 인간성과 효율성은 전혀 갖추지 못했다는 평이 많다. 하지만 내 경험은 이런 일반적인 생각과 일치하지 않는다.

나는 몇 년간 심리학자들과 대화를 나눴는데 이는 나에게 큰 도움이 됐다. 사회복지청의 직원이 치료의 중요성을 깨닫지 못했거나, 적어도 비용의 일부를 지원한다는 결정을 내리지 않았더라면 이 중 많은 대화는 결코 이루어지지 않았을 것이다. 다른 선구자는 내가 살던 구의 주택사업국에 있었다. 그들은 내가 안전하다고 느끼고 나를 발전시키기에 충분한 집을 마련할 수 있도록 지역사회의 융자를 얻어주었다. 이 융자금은 내가 부동산 시장의 신규 고객으로 진입하여, 나중에 집을 사고 빚을 갚도록 도와주기도 했다. 주택사업국의 직원들은 세상에 다시 발을 디딜 발판을 마련해줄, 중요한 열쇠와도 같았다. 또 다른 사람들은 보건소에 있었다. 사회복귀 프로그램의 직원들과 가사 도우미들, 정신병원 간병인들과 간호사들은 세상이 너무 복잡해지거나 내가 나 자신과 외로움 사이에서 휴식이 필요할 때 도움을 주었다.

아스켈라덴이 배에 태운 마지막 조력자는 열다섯 번의 겨울과 일곱 번의 여름을 삼킬 수 있는 남자였다. 왜 겨울을 하필이면 열다섯 번이나 삼켜야 하는지는 잘 모르겠다. 15라는 숫자는 일반적으로 동화에 자주 나오지도 않는데. 어쨌든 이 남자는 여름의 따뜻함과 5월의 바람보다는 겨울의 추위와 눈보라를 두 배나 더 많이 몸에 품을 수 있었다. 그는 주위가 너무 뜨거워졌을 때 모든 사람을 구해낼 수 있었다. 나는 그의 힘을 절대적으로 이해할 수 있었다. 모든 것을 한꺼번에 내면에 지니는 일은 정말 보통의 능력이 아니며, 매우 중요하다. 때로는 결정적 의미를 갖기도 한다. 나는 이런 조력자와 같은 사람을 많이 알지는 못하지만 몇 명은 여기 속한다고 생각한다. 모든 커다란 감정을 받아들이고도 견뎌내고 저항할 수 있는 사람들. 폭풍이 치기 시작하면 도망가지 않고, 분노, 증오, 괴로움, 불안, 슬픔, 수치심, 죄책감, 질투, 기쁨, 갈망, 그리고 사랑으로 이를 다스릴 수 있는 사람들. 겨울 눈보라와 여름의 따뜻함을 기쁘게 맞이하고, 햇빛과 잔잔한 이슬비보다는 거친 겨울 날씨를 위해 두 배나 많은 자리를 마련해둔 사람들.

청소년기에 용이 나를 삼켜버릴 거라는 사실을 깨달았을 때, 나는 앞으로 무슨 일이 있든 내가 가지고 있는 크레파스통의 모든 색깔을 써서 그림을 그릴 거라고 일기장에 썼다. 당시에는 내가 치러야 할 대가가 얼마나 클지 몰랐음에도 나는 내 말을 지켰다. 나중에 나는 유감스럽게도 나와 비에른손(비에른스티에르네 마르티니우스 비에른손Bjørnstjerne Martinus Bjørnson, 노르웨이 소설가이자 극작가로 노벨문학상을 수상하고 정치가로서 왕성히 활동했다-옮긴이)에 동의하지 않는 사람들이 의료 분야에 있다는 것을 알게 됐다. 이들은 무엇인가를 이루려는 의지가 아니라, 평화가 최고라고 생각했다. 그리고 모든 색깔을 이용해서 그림을 그리지도 않았다. 이들은 불안과 약으로 강렬한 감정에 대처해 그 힘을 꺾고는, 진한 핏빛을 다시 부드러운 파스텔 색깔로 만들었다. 때로는 내게 너무나 클 것 같은 고통을 줄이기 위해 이런 조치가 필요했다. 하지만 장기적으로 보면 이런 방법으로는 어떤 문제도 해결할 수 없다.

커다란 감정은 폭력적이고, 힘세고, 충격적이고, 고통스러울 수 있다. 하지만 그 자체가 위험한 것은 아니다. 이런 감정 탓에 통제력을 잃고, 사람들이 이런 감정을 너무 두려워하면 이것이 위험한 행동으로 이어질 수는 있다. 하지만 감정 자체가 위험한 것은 절대 아니다. 나는 시간이 흐르면서 이 점을 배웠다. 바로 본인은 물론, 다른 사람의 감정을 두려워하지 않고 이들을 받아들일 공간을 충분히 갖추고는, 자기 안에 이를 받아들이고, 품고, 자제력 있게 발산하는 사람들에게서. 그들은 행위와 감정이 좋은 것이라고 마음으로 받아들임으로써 이를 나에게 보여주었다. 그리고 모든 색깔을 이용해 낙서가 아니라 좋은 그림을 그리도록 가르쳐주었다. 이것은 중요한 것에 머물지 않고, 더 나아가 결정적인 의미가 됐다.

가끔은 많은 것도 필요 없다. 한 간호사는 야간 근무를 할 때면 매번 내 방에 들렀다. 그녀는 방 한가운데에 서서 90도로 상체를 구부리고, 다리 하나를 뒤로 들어 쭉 펴고는 두 팔을 양쪽으로 우아하게 펼쳤다. 간호사는 이 자세로 비행기가 움직이는 듯한 동작을 했다가 다시 똑바로 섰다. 무엇을 하는 것인지 물어오는 사람에게 그녀는 늘 같은 대답을 했다.

"아른힐이 비행기를 타고 싶어 하기에, 그녀를 위해 그냥 조금 날고 있는 거예요."

간호사는 내 방에 있던 여러 장의 스케치를 눈여겨보았던 것이다. 나는 그림 위에 "단지 새장에 갇힌 새만이 자유로운 새가 날아다니는 것을 동경한다"라고 적었다. 간호사는 내가 나는 것을 그리워하고, 새장 때문에 괴로워하는 것을 보았다. 그녀는 내가 구체적으로 생각한다는 것, 동작이 나에게 커다란 상징적 의미를 갖는다는 것을 알았다. 그래서 그녀는 나를 위해 우선 비행기가 되어 날고 난 후에 근무를 시작했다. 그녀가 나는 데는 1분이 걸렸다. 그 1분 동안, 그녀는 자신이 나를 보고 있다는 것, 그리고 내가 꿈꾸고 갈망하는 것을 인정하고, 내 표현 방법에 동의하며, 내 꿈이 살아 있도록 나를 돕고 싶다는 것을 나에게 이해시켰다.

나는 최근에 정신질환을 앓는 사람들의 돌봄 체계에 위기가 닥친 것을 안다. 이것은 더 많은 자금과 전반적인 구조 변화를 통해서만 해결할 수 있는 거대하고 근본적인 문제다. 많은 체계가 손상되었고, 조직은 개편이 요구된다. 하지만 돈과 시스템 뒤에는 사람들이 있다는 사실을 잊지 말아야 한다. 때로는 시스템 전체를 통째로 바꿀 수 있고, 때로는 시스템을 조금 개선하거나 나쁜 시스템의 해악을 최소화할 수 있다.

그리고 때로는 조금 날아다니는 흉내를 내는 것이 유일하게 할 수 있는 일일 때도 있다. 이런 것은 금방 사라질 것처럼 별 볼 일 없어

보이고, 장기적으로는 아무것도 변화시키지 못한다. 게다가 중요하거나 불가피하거나 대단하지도 않다. 하지만 도움이 되고 희망을 준다. 어쩌면 이런 것을 가능하게 했다면 간호사는 시스템을 바꾸었을지도 모른다. 하지만 그 당시, 그곳에서는 그런 일이 불가능했다. 하지만 그녀는 날 수 있었다. 그래서 날았다. 나는 그것이 정말 좋았다.

지팡이, 목발, 울타리,
그리고 약

멀쩡한 막대기 몇 개만 있으면 많은 것을 만들 수 있다. 사람이나 짐승을 가둬두는 울타리를 만들 수 있고, 걷기 힘든 사람을 위한 지팡이를 만들 수도 있다. 아니면 다리를 다친 누군가를 위해 목발을 만들 수도 있다. 물론 자신이 좋아하지 않거나 자신과 다른 의견을 가진 사람을 막대기로 때릴 수도 있다.

약도 마찬가지다. 약을 올바로 사용하면 큰 도움이 된다. 약은 병의 증상을 완화시키고 고통을 없애서 삶을 조금이나마 진전시킨다. 또한 자신을 괴롭히는 목소리를 진정시키고, 자해같이 병으로 인한 굴욕적인 행위를 줄여서, 사람들이 당당히 일상생활을 할 수 있게 돕는다. 하지만 약은 마치 효과와 부작용으로 사람들을 병의 증세에 가두어놓고, 병을 이겨낼 힘을 빼앗으며, 적극적인 치료로 병이 호전될 가능성을 막을 수도 있다. 이미 말했듯이, '약'은 어느 토론장에서나 설전이 펼쳐지게 하는 뜨끈뜨끈한 주제다. 여기서는 오로지 자신의 말이 맞고 진실은 오직 하나뿐임을 상대방에게 확신시키려 한다. 즉 자신의 주장이 진실이고, 막대기의 가장 중요한 기능은 무기임을 확신시키려는 것이다.

지난 몇 년간 나는 여러 곳을 돌아다니면서 정말 많은 환자와 가족을 만났다. 그중 꽤 많은 사람들이 약의 사용을 강하게 반대했다. 그들은 위기에 놓인 사람이 약 대신 아무것도 제공받지 못한다는 사실에 격한 반응을 보였다. 이런 분노의 원인은 과거의 나쁜 경험이었다. 하지만 약물 사용에 찬성하는 사람도 적지 않다. 그들은 약물이 환자가 정상적으로 일상을 살아가도록 돕기 때문에, 이런 종류의 도움에 만족한다고 확신한다. 그중 많은 사람들이 여러 차례 약을 끊어보려고 했지만 그 시도가 병을 재발하게 하고, 치료를 실패하게 했을 뿐만 아니라 혼란까지 가져왔다고 느꼈다. 이들은 훨씬 더 조용히 말했다. 결국 약 없이 지내지 못한 것이 부끄러운 듯이. 하지만 그렇다고 그들이 성공적으로 약을 끊은 사람만큼 건강하지 않다고 말하는 것은 당연히 말도 안 된다.

나는 살아남았다

얼마 전 정말 간단하게 내 삶의 연대기를 만들어보기로 했다. 내가 처음 학교에 입학한 때가 언제인지, 아니면 대학교에 들어간 때가 언제인지, 내가 처음 입원한 때가 언제인지 등을 기억해내기 위해 항상 연도를 계산하는 일이 성가셨던 것이다. 그래서 연도별로 정리를 해놓으면 편하겠다 싶었다. 처음에는 잘됐다. 내가 언제 태어났고, 아빠가 언제 돌아가셨고, 내가 언제 초등학교에 입학했는지를 기억하는 일은 쉬웠다. 나는 내가 언제 상급 학교에 진학하고, 언제 처음으로 정신병원에 입원했는지도 생각났다. 그 이후 몇 년간 무슨 일이 있었는지도 다 말할 수 있었다. 하지만 기억은 거기에서 멈추었다.

그래서 나는 현재에서 거꾸로 기억을 더듬어가기 시작했다. 내가 지금 어디에 살고, 어디에서 일하는지를 알기 때문에 아무런 문제 없이 과거로 돌아가 내가 언제 학업을 마쳤고, 언제 이 집으로 이사를 왔고, 언제 블린데른의 대학에 다니기 시작했고, 언제 대학입학 자격시험을 치르기 위해 야간 학교에 다녔는지를 생각해낼 수 있었다. 하지만 이 방법도 어느 시점에는 결국 막혀버렸다. 나는 어쩔 수 없이 포기해야만 했고, 20대 초반의 몇 년은 완전히 '잠'으로만 채워졌다. 내가 실제로 잠만 잤기 때문이다. 나는 이 시기에 대해 이야기를 꺼내지 않는다. 강연할 때도 정말 가끔만 이야기하고, 되도록 언급하지 않는다. 이 시기가 말하지 못할 만큼 너무나 끔찍해서가 아니라 아예 말할 거리가 없기 때문이다. 그냥 아무 일도 일어나지 않았다. 나는 잠을 잤다. 나는 몇 년 사이에 여러 병원에 입원했고, 자주 자해를 했고, 심각한 행동감퇴에 시달렸고, 극심한 고통을 느꼈다.

나는 고통을 줄이고, 병원 밖에서 살기 위해 신경이완제 등 수많은 약을 복용했기 때문에 잠을 잤다. 엄마와 함께 살면서 엄마가 식사와 숙제 같은 모든 일상생활을 관리해주었다. 나는 느지막한 오전에 일어나 옷을 입고, 아침을 약간 먹은 것 같다. 그것만으로도 너무 피곤해져서 다시 침대로 가서 몇 시간 동안 잠을 잤다. 그러고는 다시 일어나 엄마와 이야기를 조금 나눴다. 날씨가 좋은 날에는 정원에 잠깐 앉아 있다가 음악을 조금 듣고 다시 자러 갔던 것 같다. 엄마는 내가 다른 사람들을 볼 수 있도록 토요일에는 나를 차에 태우고 쇼핑몰로 갔다. 하지만 우리는 그곳에 오래 있지 않았다. 내게 그럴 힘이 없었기 때문이다. 나는 여전히 치료를 받으러 다녔다. 택시를 타고 왔다 갔다 했음에도 항상 완전히 녹초가 됐다. 나는 이런 치료가 나에게 특별하게 도움이 됐다고는 믿지 않는다. 나는 잠을 잤다. 한 번에 두세 시간씩 깨어 있었던 적이 드물었다.

그런데 바로 이것 때문에 이 시기에 대해서는 말할 거리가 적었다. 거의 모든 것이 생각나는데도, 심지어 고통스러웠던 일들도 모두 생각나는데도 이 몇 년간의 기억은 잘 떠오르지 않는다. 가끔 심각하게 아팠던 시기를 떠올리면 매우 혼란스럽다. 왜냐면 종종 연관성이 없기 때문이다. 이것은 마치 꿈이나 아주 어린 시절의 일을 기억하는 듯한 느낌을 준다. 뇌가 비논리적이고 다르게 구성된 상황에서 생긴 일이기 때문에, 기억은 기이하고 비논리적이다. 아니, 기억이 기이해지는 것이 아니라 그냥 사라져버린다. 몇몇 사소한 기억은 내 머릿속 어두운 곳에 아직 있지만, 나머지 일들에 대해서는 주변 사람들에게 물어야 한다. 나는 몇 년의 시간을 잃어버렸다. 이것은 사람들이 내 역사에서 잘라낸 시간이지만, 그럼에도 깊은 구멍으로 여전히 내 역사의 일부를 차지하고 있다. 빈 곳이 들어 있는 역사 말이다.

내가 얌전히 진정된 상태였다고 해도 증상이 완전히 사라진 것은 아니었다. 나를 집에 데리고 있는 것이 엄마에게는 결코 쉽지 않은 일이었다. 내가 이 시기에 대해 물어봐도 엄마는 별로 말해주지 않았지만 약간은 기억할 수 있다. 한번은 내가 도망가려고 했던 적이 있다. 무엇 때문에 도망치려고 했는지는 모르겠다. 불안과 공포에 질려서 고통스러워했던 것도 같고, 내 안의 목소리가 나를 심하게 억압했던 것도 같다. 내가 얼마 동안 신경을 쓰지 않아도 목소리는 완전히 사라지지 않았다. 한번은 내가 강제 입원을 당할 정도로 상황이 복잡해진 적도 있다. 나는 이 시기에 두렵고 불안하다고 토로한 적이 많았다. 예전에는 이런 적이 단 한 번도 없었다. 내가 특별히 무언가를 무서워하는 사람이 아니었는데도 그때는 정말 겁이 많았다. 어쩌면 내 안의 어딘가에서, 내 안에 삶이 너무 적다고 깨달았던 것인지도 모른다. 아니면 복용하던 약물이 두려움과 불안 같은 부작용을 일으켰을 수도 있다. 아니면 다른 이유일 수도 있겠다. 잘 모르겠다. 나는 단지 내가 굉장히 많은 것을 무서워했다는 사실을 기억할 뿐이다.

"집에 갈래. 무서워, 집에 갈래"라고 거의 강박적으로 말했다는 것도 안다. 내가 실제로 집에 있을 때조차 이렇게 말했기 때문에 엄마는 슬퍼했다. 하지만 지금 되돌아보면 왜 그랬는지 이해가 된다. 나는 안갯속에서 길을 잃은 채 헤매고 있었다. 나 스스로를 잃어버렸고, 반항심, 꿈, 의지력까지 잃어버렸다. 무서웠다. 그래서 나는 자신에게로 향하는 길을 다시 찾으려고 했다. 예컨대, "내가 무슨 생각을 하는지 너는 절대 몰라" 혹은 "생각은 자유롭지. 누가 알아맞힐 수 있겠어. 생각은 밤 그림자처럼 그렇게 지나가 버리지"라는 노래 가사가 있다. 나는 폐쇄 병동의 독방과 응급치료소의 철창으로 둘러싸인 베란다에서 이 노래를 불렀다. 나는 다음 소절에 나오는 반항심 가득한 가사를 좋아했다.

"그리고 나를 어두운 지하 감방에 가둔다고 해도 모두 헛수고일 뿐이지. 내 생각은 모든 장벽을 부숴버리니까."

하지만 내가 오랫동안 잠을 잤던 시기에는 이 노래를 부르지 않았다. 그때는 반항심이 마취되고, 생각이 가둬졌으며, 의지는 붙잡혔다. 그때 나는 잠을 잤다.

지금 이 글을 쓰면서 당시 내가 정말 아파했고, 스스로에게 너무 많은 상처를 주었다는 사실을 깨달았다. 독한 약물 대신에 좋은 병원에 재입원하는 것이 대안이었을 수도 있겠다. 하지만 장기간 위탁과 보호, 치료에 집중하며, 정말 훌륭하게 환자를 이끌어줄 기관을 찾기는 쉽지 않다. 그 외에도 나는 이미 오랫동안 병원에서 지냈기 때문에, 잠시 밖에서 지내는 편이 내게는 더 좋았다. 나는 이런 독한 약이 건강에 좋지 않다는 사실을 안다. 하지만 당시에는 현실적인 대안이 거의 없었다. 그때 어떤 면에서 보아도 나는 건강하지 않았다. 나는 하나도 나아지지 않았다. 다만 약이 영구적인 손상을 남기지 않았다는 것에 기뻐할 수 있을 뿐이다.

나는 살아남았다.

흥미와 재미와 의미,
내가 빼앗긴 것들

이렇게 몇 년이 지난 후 나를 담당했던 팀은 좀 더 야심찬 치료 계획을 세워야 한다는 결론에 이르렀다. 당시 내 상태는 비교적 안정적이었다. 비록 약물의 영향을 받기는 했지만 의지가 일부 남아 있었다. 의료팀은 나를 위해 회화, 형태, 색깔에 관한 기초 강좌를 알아봐주었다. 아이디어는 매우 좋았다. 강좌를 들으러 갈 수 있도록 택시가 마련됐고, 그곳에서는 항상 관리인이 내 옆에 붙어 있었다. 강좌는 한 번에 반나절 정도 걸렸다. 그들은 많은 것에 대해 생각했지만, 약에 대해서는 아무 말도 하지 않았다. 의사가 약을 처방하는 반면에, 강좌를 고안한 사람은 교육학자와 심리학자, 그리고 해당 기관의 직원이었기 때문이다. 의사도 강좌를 그만두게 할 이유를 찾지 못했다. 나는 약을 복용해야 하고, 강좌에도 가야 했다. 하지만 이 둘은 완전히 별개의 일이었다. 나는 홀로 두 가지 일을 해내야 했다. 강좌에 참석할 수 있도록 나를 충분히 안정시키고 선생님의 말을 제대로 알아들을 수 있도록 환각을 줄여주는 약은, 강좌에 가는 일이 괴로움이 될 정도로 나를 졸리고 피곤하게 만들었다. 게다가 섬세한 동작을 하는 작업에도 영향을 끼쳤다.

나는 청소년기부터 일기를 써왔다. 가끔씩이라도 꾸준히 썼다. 그때 쓴 일기를 지금 들여다보면 몸에 약 기운이 있을 때와 다시 나로 돌아왔을 때의 글씨체가 얼마나 다른지를 똑똑히 볼 수 있다. 열여덟 살 때의 글씨와 지금의 글씨 사이에는 거의 차이가 없다. 하지만 내가 약을 복용했을 때의 글씨와는 엄청나게 차이가 크다. 약은 내 삶의 다른 많은 부분에도 영향을 끼쳤다. 나는 신발끈을 묶는 일이 너무 힘들어져서 지퍼가 달린 운동화를 고르기도 했다. 칼과 포크를 들고 뼈에서 살을 발라내는 일이 너무 어려워서 그렇게 좋아하던 통닭구이 대신, 좀더 먹기 편한 스프를 선호했다. 이런 상태로 회화, 형태, 색깔에 대한 강좌를 듣기 시작했다. 하지만 잘 꾸려진 계획표와 파격적이고 훌륭한 조건에도 그다지 큰 성공을 거두지 못했다. 나는 단순히 이런 일을 해내지 못했다. 내 글씨는 형편없었고, 캘리그래피 시간은 재앙과 같았다. 창의성은 나에게서 완전히 떠나버렸다. 내 손은 어떤 결과도 내지 못했다. 나는 소묘, 뜨개질, 그림, 직조에 온힘을 다해 매달릴 때나, 전혀 노동이 필요 없는 펠트지 공작을 할 때나 똑같이 항상 피곤했다. 더구나 모든 강좌를 좋아하고 재미있어 했기 때문에 제대로 듣지 못하면 굉장히 슬펐다. 그때는 나를 방해하는 것이 약의 부작용이라는 사실을 몰랐다.

지금 생각하면 왜 그때 이를 알아채지 못했는지 도무지 이해할 수가 없다. 아마도 내가 너무 깊이 병들었거나 너무 약을 많이 복용했거나, 아니면 그냥 더는 그런 일을 해낼 능력이 없었나 보다. 하지만 어쩌면 이것에 대해 전혀 생각하지 않았을 수도 있다. 일기를 읽으면 글씨만이 아니라 내용도 약의 영향을 받았다는 사실을 알아차릴 수 있다. 내용은 깊이 없이 얄팍하고, 진부하며, 너무 부끄럽다. 열정과 숙고, 비유가 빠진 좋지 않은 글이었다. 나는 내가 병들었다는 사실을 인정할 수밖에 없었다. 나는 이때 쓴 글을 자주 읽지 않는다. 글을 읽다 보면 슬퍼지고, 스스로가 창피해지기 때문이다. 글을 쓰면서 전혀 생각이란 것을 하지 않았음이 분명하다. 아마 내가 글을 쓰지 않을 때도 아무런 생각을 하지 않았음을 추론할 수 있을 것이다. 기억이 희미하기는 하지만, 나는 일상생활에서 나타난 문제가 약과 관련 있으리라고는 생각하지 못했다.

몇 년이 지난 후에야 나는 이런 연관성을 알아차리기 시작했다. 당시 내가 아무것도 이해하지 못했고, 내가 만든 모든 것이 볼품없었으며, 내가 무엇에도 재미를 느끼지 못했다는 사실을 깨달았던 것이다. 이런 일은 나를 슬프게 했고, 불안감으로 표출되기도 했다. 나는 학교에 다니는 즐거움을 잃어버렸고, 오히려 학교에 가는 것이 무서워졌다. 하지만 학교와 기초 강좌는 중요한 재활 도구였다. 나를 담당하던 팀은 두 가지 방법을 통해 이 문제를 해결해야만 했다. 즉 나는 계속 강좌에 다니라는 요구를 받았고, 필요하다면 약의 복용량을 조금 늘려야 했다. 덕분에 내 글씨는 더 나빠졌고 불안감도 더 높아져서 약의 복용량이 더 늘어났다. 그리고 나중에 또 복용량은 더 늘어났다. 하지만 좋아지는 것은 없었다. 아무도 약과의 연관성을 보지 못했다. 다시 말해, 상황을 개선시키기 위한 조치가 실제로는 모든 것을 악화시킨다는 사실을 깨닫지 못했던 것이다. 몇 달 후에 나는 결국 강제 입원을 당했다. 병원에서 나와 다시 학교에 다니려다가 다시 강제 입원을 당했다. 나는 이 기초 과정을 끝까지 해낸 적이 없다.

외부 사람들은 분명 이렇게 말할 것이다. 최상의 조건을 제공했음에도 이런 계획을 수행하기에는 조현병 증상이 너무 심해 재활 활동에 실패한 것이라고. 하지만 당사자인 나는 이런 조치가 실패로 돌아간 이유가 단지 내 잘못이나 병 때문만은 아니었다고 믿는다. 나는 이런 시도가 처음부터 실패하리라고 믿었다. 계획을 세울 때 의학 분야의 전문가가 함께하지 않았기 때문이다. "아, 그래요, 나는 약 처방전을 맡을게요. 당신네들은 학교에서 어떻게 할지 계획을 세워보세요"라고 말하는 의사를 뜻하는 게 아니다. 각각의 약에 어떤 부작용이 있는지를 정말 잘 알며, 약이 실제로 내게 어떤 영향을 끼치는지를 기록하는 사람을 말한다.

이런 적극적인 협력은 다양한 결과를 불러올 수 있다. 사람들은 재활 시도를 약간 늦추거나 동작이 덜 필요한 활동으로 바꿀 수 있었을 것이다. 약의 부작용을 실험해볼 수도 있었을 것이다. 또한 나에게 최소한 상황에 대해 설명하고는, 나 때문이 아니라 약 때문에 나쁜 결과가 나왔다는 사실도 알려줬으면 좋았을 것이다. 이렇게 했어도 어쩌면 많은 것이 변하지 않았을 수도 있다. 하지만 최소한 약 복용량을 늘리는 일 따위는 막을 수 있었을 것이다. 장기적으로는 오히려 약의 복용량을 줄이는 일도 분명 생각해볼 수 있었을 것이다. 아마도 말이다. 어쨌든 적극적인 협력을 통해 완전히 절망적인 프로젝트에 큰돈을 낭비하는 일도 줄일 수 있지 않았을까. 또한 나는 이전에는 할 수 있었던 일을 지금은 해내지 못한다는 사실을 몰라도 됐을 것이다. 만약 그랬다면 '재활 활동 실패'라는 단어가 내 환자 차트에 곧바로 기입되지도 않았을 것이고, 모두가 실패의 원인을 치료 방법이 아니라, 병과 관련시키는 일도 없었을 것이다.

약의 경우, 병이 수년간 지속되는 가운데 병원 담당 직원이 바뀌어 버리면 처음에 환자의 상태가 어땠는지 잊어버리고, 그다음에는 어떤 증상과 부작용이 나타났었는지 헷갈리는 큰 위험이 따른다. 나를 담당했던 치료사 한 명은 나를 오랫동안 보아서 나에 대해 잘 알았다. 내가 다시 건강해졌을 때 이 치료사는 내 상태가 점점 나빠지는 상황을 꾸준히 관찰했었다고 말해줬다. 정신질환이 나를 무디게 하고, 조용해지게 하고, 점점 치료 불가능한 상태로 만들어가는 것을 말이다. 이 말을 듣고 나는 무서웠다. 그녀의 말은 다 옳았다. 다만 이렇게 상태가 바뀐 이유는, 정신질환 자체 때문이 아니라 정신질환에 좋다는 약 때문이었다. 이 둘은 같지 않다. 다른 위험은 실제로 사람을 약간 이상해 보이게 하는 뚜렷한 부작용으로 고생하게 되면, 정신질환 환자라는 외적 낙인이 더욱 심하게 찍힌다는 점이다.

결론을 위한 생각

약을 먹을 때는 몸무게가 평소보다 20~30킬로그램 정도 늘었다가 약을 끊자 원래 체중으로 돌아왔다. 이때는 얼굴 표정도 줄어들어, 살아 있는 얼굴이 아니라 마치 뒤집어쓴 가면 같은 느낌을 주었다. 몸도 굳어져서 움직임도 둔해졌다. 이로 인해 큰 동작뿐만 아니라 작은 동작도 영향을 받았다. 나는 걸어갈 때 양팔을 더 이상 흔들지 않고 무겁게 걸었다. 내가 어디서 움직이든 마치 물살을 헤치고 가는 느낌이었다. 정신적으로 아플 때 육체적

활동이 도움이 된다. 하지만 이런저런 약이 몸속에 잔뜩 들어 있으면 움직이는 일이 정말 힘겹다. 약이 나에게 어떤 영향을 미치는지와 실제로 무슨 일이 벌어지고 있는지를 이해하기 시작했을 때, 최고의 운동선수에게 신경이완제를 먹여서 사람들에게 약의 영향을 보여주고 싶다는 생각까지 했다. 그러면 병원 직원들은 내가 게으르거나 의지력이 없는 것이 아니라는 사실을 드디어 이해하고, 내가 산책을 무서워한다고 욕할 필요가 없음을 깨달을 거라고 생각했다. 나는 내가 먹은 약 때문에 몸 전체가 완전히 약 기운에 휩싸였을 뿐이다. 이것은 놀라운 일이 아니고, 내 잘못도 아니다. 나는 움직이고 싶었지만 그럴 수 없었다. 병원 직원들은 모두 내 탓을 했지만 사실은 그렇지 않았다. 모두 약 때문이었다.

지금은 약을 복용하지 않기에 모든 것이 약 때문이었다는 사실이 더욱 분명해졌다. 지금 나는 다시 나로 돌아왔다. 요즘은 하루에 여섯 시간 내지 여덟 시간 정도를 잔다. 너무 피곤할 때면 조금 더 잘 때도 있지만, 열다섯 시간이나 열일곱 시간을 자는 일은 없다. 끈으로 묶는 신발을 다시 신는다. 그리고 생각을 하고, 반응을 보이고, 손으로 하는 일을 즐긴다. 몇 년 동안 약을 복용했음에도 후유증이 그리 크지 않은 것은 정말 큰 행운이다.

대학교에 다닐 때 우리는 여러 실험을 위해 서로 돌아가며 실험 대상이 되어주었다. 당시에는 내가 소근육 동작에 아직 문제가 있는 것은 아닌지 의심이 들었다. 나사와 같이 작은 물건을 손에서 놓치는 경우가 허다했기 때문이다. 하지만 이것은 내가 집에서 뭔가를 내 손으로 직접 수리하는 일을 막지도 못했고, 새로운 취미생활을 찾는 데도 방해가 되지 않았다. 예전의 글씨체도 다시 돌아왔고, 얼굴 표정과 반응을 보이는 능력도 다시 갖추었다. 나는 추위와 더위도 느끼고, 피부도 민감해졌다. 나는 벌써 수년째 약을 먹지 않는다. 이것이 나에게는 더할 나위 없이 맞는 해답이라는 것을 느낄 수 있다.

지금 나는 다시 나이기 때문이다.

동시에 약을 복용하지 않는 것이 모든 환자에게 올바른 접근법은 아니라는 사실도 강조하고 싶다. 모든 사람은 다르다. 우리가 자라온 배경이 다르고, 저항력도 다르며, 목표도 다르다. 나이, 병의 증세, 병에 걸린 기간 등 모든 것이 다양하다. 어떤 사람에게는 장기간 혹은 단기간에 걸쳐 약을 복용하는 것이 올바른 치료법일 수 있다. 이제는 신경이완제가 훨씬 적게 쓰일 뿐만 아니라 새로운 약이 새로운 효과를 보이고 있다. 물론 새로운 부작용이 따르기도 하지만 말이다. 부작용은 어쩔 수 없이 여전히 존재한다. “이런 약을 복용하면 환자에게서 젖이 분비될 수도 있어요. 남자 환자의 경우 물론 원하지 않는 현상이겠지만, 여자 환자의 경우는 그리 심각하게 받아들이지 않을 수도 있습니다”라는 제약회사 대변인의 말을 들으면 정말 끔찍하다. 여자 환자의 경우는 심각하지 않다고? 정말 그럴까? 나는 몇 가지 약을 복용했을 때 젖이 분비된 적이 있다. 무슨 일이 일어나는지 전혀 몰랐기 때문에, 정말 기분 나쁜 데다 무서웠다. 하지만 의사에게는 절대 묻지 않았다. 그때 내가 있던 병동에 일주일에 한 번씩 나이 많고, 매우 근엄한 남자 의사가 찾아왔다. 나는 그에게 왜 내

옷에 얼룩이 있는지 절대 말할 수 없었다. 시간이 지나면서 조금씩 나아졌지만, 그래도 나는 이에 대해 말을 꺼내는 일이 너무나 무서웠고, 절대 그걸 원하지도 않았다. 아무리 내가 여자라고 해도 아기 엄마가 아닌데 젖이 나오는 일은 싫다. 이런 일은 환자에게 영향을 끼친다. 유감스럽게, 나도 그중 한 명이었다.

약 자체가 미심쩍은 것은 아니다. 경험에 의해 나도 병세가 정말 심할 때 약을 복용하면 이를 완화하고, 삶을 좀더 견딜 만하게 해준다는 사실을 안다. 어떨 때는 고통이 더욱 심해서 약 없이는 참을 수가 없다. 가끔은 너무 피곤해서 화학적 해결책만이 유일한 가능성이 될 때도 있다. 또한 환자마다 상황이 다르기에 약이 최선의, 어쩌면 유일한 해결책이 되는 환자도 있다. 또 가끔은 좀더 큰 고통이 따르는 다른 방법으로 병을 호전시킬 수 있는데도, 오히려 약을 원하는 사람들도 있다. 나는 이런 고통을 스스로 경험해봤기 때문에, 다른 사람에게 그냥 고통을 참으라고는 말하지 못하겠다. 그냥 각자에게 선택을 맡겨야만 한다. 그리고 보건 체계에 소속된 사람들은 약 때문에 환자에게 불가능한 것을 기대해서는 안 된다. 또한 성분이 강한 약을 복용하는 환자를 관찰할 때는 눈앞에 보이는 것이 전부 실제는 아니고, 단지 일부일 뿐이라는 점을 기억해야 한다. 또 무엇보다 사람을 존중하고 경외하는 자세를 유지해야 한다. 부작용이 아무리 적더라도 환자가 원해서 생긴 것이 아니며, 전혀 괜찮지 않기 때문이다.

조현병에 걸린 사람도 마찬가지로 사람이다.

결론을 위한 생각은 이렇다. 약은 어떤 사람에게 심각한 결과와 부작용을 초래할 수 있다. 그럼에도 갑자기 약을 끊어서는 절대 안 된다. 이것은 매우 위험하며, 더 큰 손상을 일으킬 수도 있다. 뇌 안의 화학적 균형을 변화시키기 위해 약을 먹는 것이다. 그래서 갑자기 약을 끊으면, 단순히 신체적 위험이 일어나는 것 외에도 엄청난 혼란이 발생하고 병이 악화될 수 있다. 따라서 약을 중단하거나 바꾸기 전에 반드시 의사에게 상담을 받아야 한다. 의사와 대화를 나누다 보면 질문에 대한 답을 들을 수 있다. 신뢰할 수 있는 똑똑한 의사와 이야기를 나누다 보면, 이런 상황에 가장 적합한 해결 방안을 찾을 수 있을 것이다. 어쩌면 다른 효과와 부작용이 있는 약으로 바꿔야 할 때도 있다. 아니면 복용하는 약이 어떤 부작용과 효과, 장단점을 지녔는지에 대한 정보를 얻는 것만으로도 큰 도움이 된다. 천천히, 조심스럽게 복용량을 줄이는 방법도 있다. 약을 조금 줄이거나 언젠가는 완전히 끊는 식으로 말이다.

모든 사람이 다르기 때문에 해답도 매우 다양하다. 나는 모든 사람이 장기적으로는 약을 먹지 말아야 한다고 말하는 것이 아니다. 이렇게 되는 것이 나의 소망이기는 해도, 현실적으로는 거의 불가능한 일이다. 하지만 조현병 진단이 내려진 모든 환자가 평생 약을 복용해야 한다고도 믿지 않는다. 내가 이미 경험해봤기 때문이다.

꿈을 꿀 권리, 희망을 품을 자유

"세상 좀 멈춰줘. 나 내릴 거야!" 나는 예전부터 노르웨이어에 있는 이런 구어를 이상하다고 생각했다. 빨리 달리는 차에서 뛰어내리는 일은 사실 그리 어렵지 않기 때문이다. 물론 여기저기 멍이 들고, 타박상을 입고, 가끔은 더 크게 다칠 수도 있겠지만, 어쨌든 달리는 차에서 내릴 수는 있다. 다만 주위를 좀더 살펴보아야 한다. 뛰어내리거나 아래로 떨어진 사람들이 점점 늘고 있다는 증거를 볼 수 있기 때문이다. 세상은 점점 더 빨리 돌아가고, 같이 가려고 하는 사람에게 점점 더 많은 것을 요구한다. 속도를 잃는 일은 너무나 쉽다. 하지만 진짜 문제는 달리는 차에 다시 올라타는 일이다. 너무나 많은 사람들이 달리는 차에 올라타려다가 실망과 상처만 얻는다. 이런 일을 해내지 못하면 사람들은 자신의 실력이 충분하지 않다고 생각하지만, 절대 그렇지 않다. 매우 빠르게 움직이는 무엇인가에 올라타는 일이 굉장히 어려울 뿐이다.

성공하려면 우선 올라탈 수 있는 탈것이 필요하다. 이 탈것이 잠깐 멈추었다가 세상이 회전하는 속도와 같아지기 위해 점점 더 속력을 내면, 우리는 이쪽에서 세상으로 옮겨 탈 수 있어야 한다. 이것은 공중에서 비행기에 연료를 급유하는 것과 비슷하다. 가능한 일이지만 용의주도해야 한다. 몇 가지 준비를 갖추어야 하고 계획도 짜야 한다. 그리고 계획을 세우려면 우선 어디로 가고 싶은지를 알아야 한다. 나는 완전히 건강을 회복하고, 심리학자가 되고 싶었다. 이것이 내 목표였다. 하지만 내 상태가 얼마나 나쁜지를 지켜본 주변의 조력자들은 내게 좀더 현실적인 목표를 제시했다. 바로 증상을 지니고도 좀더 자립적이 되고, 좀더 잘 사는 법을 배우는 것이었다. 이 목표도 괜찮기는 하지만 자극이 되는 것이 하나도 없었다. 사람들은 이를 두고 이따금씩 '동기 부족'이라고 불렀다. 추진력이 없어서 동기를 부여하지 못하는 것이 마치 내 성격상의 잘못인 듯이 말이다.

하지만 절대 그렇지 않다. 나는 하고 싶어 하는 마음이 굉장히 컸다. 다만 대부분의 다른 사람들처럼 나에게도 모든 것이 똑같이 중요하다고 생각되지 않았을 뿐이다. 나는 북극까지 걸어갈 마음이 없었고, 연주회장에서 피아노를 치는 사람이 되고 싶지도 않았으며, 내 증상을 안고 사는 법을 배우고 싶지도 않았다.

심리학자는 꼭 되고 싶었다.

하지만 완전히 불가능하고 비현실적인 꿈이었기 때문에, 주변에서 나를 돕던 사람들이 이 꿈을 재빨리 옆으로 치워버렸다. 내 계획이 그들에게 어떤 동기를 부여하지 못했기 때문이다. 그래서 우리는 그들이 세운 계획에 따라야만 했다. 다시 말해 그들은 그들의 계획에 따라 움직였다. 나는 거의 꼼짝도 하지 않았다. 하지만 이런 상황이 별로 놀라운 일은 아니었나 보다. 나는 병에 걸렸기 때문에, 나에게 그렇게 많은 것을 기대할 수 있으리라고는 아무도 생각하지 않았을 테니까.

그들은 결국 몇 가지 다른 것을 계속 시도했다. 이런 시도는 다양한 결과를 내놓았지만, 나는 이로써 목표에 다가가는 데 도움을 받았다는 느낌을 항상 받지는 못했다. 어떤 장소에서는 이런 방법을, 또 다른 장소에서는 저런 방법을 시도했기 때문에, 전체적으로 무슨 의미인지를 파악하는 일이 늘 쉽지만은 않았다. 물론 주변 사람들이 내 목표를 진지하게 믿지 못해서, 그리고 내가 언젠가는 목표를 반드시 이룰 거라고 믿지 않아서일 수도 있다. 그래서 그들은 어쩌면 내 옆에서 정말 효과적으로 도움을 주기 힘들었을지도 모른다. 하지만 그들은 계속 시도했다. 나는 직업훈련을 받았다. 작업실에서 수면제를 굴리는 일이었다. 나는 찰흙같이 생긴 분홍색 덩어리를 자르고 무게를 재는 일을 했다. 무게는 정확히 5그램이 되어야 했다. 그다음에는 이것을 굴려서 동그란 구슬로 만들었다. 그다음에는 하나의 종이 상자마다 구슬을 두 개씩 집어넣었다. 나는 한 상자에 5크로네씩 돈을 받았다. 하지만 나는 일을 끝까지 마치지 못할 때가 많았다. 이것은 그들의 생각을 더욱 뒷받침했다. 즉 이런 단순 노동조차 해내지 못한 사람은, 대학에서 공부를 하고 싶다는 꿈이 얼마나 비현실적인지를 알아야 한다는 것이었다.

하지만 그들은 여기서 매우 중요한 것을 빼먹었다. 바로 재미다. 나는 수면제를 동그랗게 굴리는 일에 조금도 관심이 없었다. 너무나 따분했고 무의미했다. 나는 정말 지루한 일도 잘 해내는 사람이지만 단, 그 안에는 적어도 의미가 있어야 했다. 알약 만드는 일은 나에게 어떤 의미도 주지 못했다. 그 일을 통해 무엇인가 새로운 것을 배운 것도 아니고, 내가 발전할 계기를 얻지도 못했으며, 목표에 좀더 다가가지도 못했다. 그들은 내가 동기가 없다고 말했지만, 나는 수면제가 나에게 어떤 동기도 유발시키지 못한다는 사실을 알았다. 이 둘은 같지 않다.

한 걸음 앞으로 나아갈 준비

당시 조직의 재편성과 법안 개정이 있었고, 이는 나를 담당하는 지역 관청에도 영향을 주었다. 노동청이 지원금 관리를 맡게 됐고, 나를 담당하는 직원이 바뀌었다. 나는 한참 전부터 지원을 받았는데 이제는 의료 차원에서가 아니라 노동 지원금이라는 명목으로 돈을 받게 됐다. 대신 구체적인 계획과 전망을 제출해야만 했다. 내가 관청으로 갈 수 없었기 때문에, 직원이 당시 내가 살고 있던 장기 입원시설로 찾아와 나의 계획에 대해 이야기를 나누었다. 한 번 더 확실히 짚고 넘어가자면 직원이 나를 찾아온 것이다. 독한 약에 취해 있으면서도 여전히 환각에 시달리고, 자해를 하고, 절대 밖으로 나갈 수 없고, 혼자서는 살 수 없고, 고등학교 졸업장도 없고, 병원 직원들에 의하면 수면제조차 제대로 만들지 못하는 환자에게 말이다. 직원이 날마다 환청을 들으면서도 나중에 심리학자가 되고 싶다고 말하는 환자를 찾아왔다.

나라면 이런 상황에서 어떻게 반응했을지 궁금할 때가 많다. 나는 단지 사람에 대한 믿음을 간직할 수 있기를 바랄 뿐이다. 하지만 그럴 수 있을지 확신이 서지 않는다. 어쨌든 관청에서 나온 여직원은 나를 믿었다. 우리는 그날 함께 앉아 대학 진학을 목표로 지원 계획을 짰다. 완전히 미친 일이었다. 하지만 어찌됐든 이제 우리에게는 계획이 있었다. 조현병이 생기고 수년이 지난 후에 처음으로 나를 목표로 이끌어줄 계획이 생겼다. 예전부터 내가 가고 싶어 했던 곳으로 향하는 계획이었다. 이것은 엄청난 차이였다.

계획은 야심적이었다. 굉장한 야심으로 가득했다. 계획은 실패할 위험을 최소화하고, 완벽히 실행되도록 대안도 담고 있었다. 내가 아직 대학입학 자격이 없었기 때문에 우선 고등학교 졸업자격부터 따야 했다. 내가 대학입학에 성공하지 못할 위험이 있었기에, 우리는 야간 학교 수업을 보건학과 사회학의 기초 과정으로 조합했다. 이는 현명한 결정이었다. 우선 이 과목들은 내게 동기를 유발했다. 무척 흥미로웠으며, 열심히 공부하고 싶은 마음을 이끌어냈다. 다른 한편으로 이런 강좌는 효과적인 안전망이기도 했다. 내가 대학에 들어가지 못할 경우 나는 강좌를 마치고, 요컨대 작업치료사가 될 수 있었다. 작업치료사가 되는 일도 분명 괜찮았을 것이다. 만약 일상적인 직업을 가질 만큼 충분히 건강해지지 못한다면, 아마 관리인이 상주하는 집에 살면서 일주일에 몇 시간 정도 공동체의 감독하에 일을 할 수 있었을 것이다. 예컨대, 양로원의 작업실 같은 곳에서 말이다. 이런 것도 괜찮았을 것이다. 여러 면에서 당시 내 처지보다는 분명 훨씬 좋았을 것이다. 그래서 우리의 계획은 완벽했다고 본다. 계획을 통해 꿈을 실현할 기회가 주어졌기 때문에 내게 강한 동기를 유발했다. 동시에 내가 모든 것을 해내지 못하더라도 모든 것을 잃을 위험은 없었기 때문에 안전했다. 정말 훌륭했다. 드디어 계획이 완성되고, 목표를 향해 나아갈 수 있게 되었다.

시작은 정말 힘들었다. 우리는 앞으로 조금씩 나아갔지만 보폭이 정말 좁았다. 나는 여전히 장기 입원기관에서 살았지만 고등학교 교사가 일주일에 몇 번씩 나를 찾아왔다. 우리는 내가 좋아했던 과목인 노르웨이어 수업부터 시작해 첫 작문을 완성했다. 다른 선생님과는 학교 식당에도 가볼 수 있었다. 이것은 일상생활에 중요한 활동을 훈련한다는 목적 아래 실행됐다. 여기서 중요한 활동이란 병동 주방에서 음식을 하는 것을 의미했다. 나는 일주일에 두 시간씩 청강생 자격으로 학교 수업에도 참여할 수 있었다. 이 모든 것은 알약을 굴리는 일을 훨씬 뛰어넘는 대단한 도전이었다. 그럼에도 나는 모든 것을 알약 만들기보다 훨씬 잘 해냈다. 마지막으로 다른 학생들과 한 교실에 함께 앉아본 것이 오래전 일이었기에, 낯선 교실에 가는 일이 죽을 만큼 무섭긴 했다. 그래도 나에게는 소중한 꿈이 있었기 때문에 교실로 갔다. 꿈을 이루기 위해서라면 약간의 대가를 치르는 것이 아무렇지 않게 느껴졌다.

봄에 조심스럽게 수업을 시작하고 몇 개월이 지난 뒤, 우리는 다음 단계로 가기 위한 준비를 했다. 바로 일반 학교의 일반 학급에 들어가 '일반' 과목을 듣는 일이었다. 하지만 나는 1년 과정을 2년에 걸쳐 들을 수 있었다. 일주일 내내 수업을 모두 따라가는 것은 나에게 너무 벅찼기 때문이다. 보조교사가 항상 학교 앞에서 나를 기다리고 있다가 나와 함께 다녔다. 내가 아직은 충분히 용기를 내지 못했기 때문에 보조교사는 모든 시간마다 내 옆에 있었다. 복용했던 약 때문에 뇌가 굉장히 천천히 돌아가긴 했지만, 학습 내용 자체가 문제는 아니었다. 나는 다른 학생과 나 자신, 그리고 아직 나를 괴롭히던 환각과 망상이 더 무서웠다. 보조교사는 내가 교실로 들어가 앉을 수 있도록 나를 안심시켰다. 나는 내 도전을 도와주는 보조교사를 신뢰하는 법을 배웠다.

첫해에 나는 아직 장기 입원시설에서 지냈다. 나는 이곳에서 도보로 5분 거리에 있는 학교까지 혼자 가서 수업을 듣고, 다시 시설로 돌아왔다. 학교에서는 보조교사가 내 옆에 붙어 있었고, 병원에서는 직원들이 내 곁에 있었다. 그중 몇 사람은 내가 숙제를 하거나 신학기를 계획할 때 도전을 이어가도록 도움을 주었다. 특히 새로운 치료사가 많은 지원을 해주었다. 나는 그녀와의 상담을 통해 많은 것을 배웠다. 일은 순조롭게 진행됐다. 나는 어릴 때 살던 지역에서 집을 임차했고, 전환기를 거친 후 여름이 시작될 무렵 입원시설에서 나왔다. 그 지역의 관공서가 이미 오래전부터 내가 이사할 것을 알고 있었음에도 나를 받아들일 준비는 아직 덜 됐기 때문에, 나는 슬픈 여름을 보내리라고 예상했다. 하지만 그 시절도 지나갔다.

나는 가을에 새 학기가 시작돼도 이전과 같은 학교에 다니고, 같은 보조교사의 도움을 받기를 바랐다. 그런데 작은 문제가 발생했다. 장기 입원시설과 학교는 에이드스볼에 있었고, 나는 그곳에서 70킬로미터 떨어져 있는 내 고향 뢰렌스코그에 살고 있었다. 나는 당연히 차도, 운전면허도 없었다. 말하자면, 아직도 약간의 정신질환을 앓고 있으며, 독한 약물의 영향을 받는 내가 버스를 타고 릴레스트룀까지 가서, 기차로 갈아타고 에이드스볼까지 가야 한다는 뜻이었다. 이곳에 도착하면 기차역에서 버스를 타고 버스터미널로 간 뒤 거기서부터 학교까지 산을 넘어야 했다. 버스터미널에서 학교까지는 지금의 상태로 걸어도 10분이 족히 걸리는 거리였다. 당시에 약을 먹은 상태에서 걸으려면 최소한 30분이 필요했다. 전체 시간을 계산하면 한 시간에서 두 시간 정도가 걸렸다. 한 번 가는 데에만 그만큼의 시간이 필요했다. 나는 내가 잘 해낼 것이라고 말하는 사람에게 어떻게 설명해야 할지 몰랐다.

상황이 별로 안 좋게 흘렀다. 나는 다시 쓰러져서 응급실로 실려갔다. 사람들은 모든 것이 선천적으로 타고났고, 유전적으로 취약하며, 조현병 때문이라고 설명했다. 사람들이 무슨 생각을 했는지는 모르겠지만, 단 한 명도 내가 날마다 얼마나 큰 압박을 받고 있었는지를 언급하지 않았다. 나를 누르는 압박감이 너무 컸다. 1년 전만 해도 그들은 나에게 거의 아무것도 기대하지 않았는데, 이제는 내가 곧장 모든 것을 해내기를 원했다. 그러니 선장이 분노한 것도 놀라운 일이 아니었다. 이 시기에는 치료 과정에서 듣게 되는 "너는 자신을 배려해야 하고, 한계를 정할 권리가 있어" 같은 말과 날마다 지루하게 '숙제-학교-혼자만의 집-버스-기차'가 반복되는 일 사이에 어떤 연관성도 없었기 때문에, 선장이 경고등을 켠 것은 매우 당연한 일이었다.

게다가 당시에는 내 꿈이 더 이상 매혹적으로 보이지 않았다. 나는 성인이 되고 나서 한 번도 건강한 상태로 지낸 적이 없었기 때문에, 성인의 삶이 어떤 것인지 전혀 알지 못했다. 어린 시절부터 아프다가 이제야 처음으로 학교에 다니며 혼자 '정상적인' 삶을 살았다. 그리고 솔직히 말하면 나는 이런 것을 조금도 좋게 생각한 적이 없었다. 도대체 이런 것이 좋은 것이라면 이를 위해 그렇게까지 싸울 이유가 없었다. 치료 과정은 나에게 너무 많은 것을 요구했고, 버스를 타는 것은 힘에 겨웠으며, 모든 일과가 끝난 저녁과 주말은 끝없이 외로웠다. 더 이상 아무것도 재미있지 않았다. 나는 무엇이 잘못되고 있는지 깨달을 만한 능력을 아직 갖추지 못했었다. 이런 생활이 제대로 지속될 수 없는 것은 정말 당연했다. 게다가 내 머릿속에는 아직 단어보다는 그림이 많이 담겨 있었고, 문제를 해결할 방법은 거의 들어 있지 않았기 때문에 정신병이 재발해, 평소처럼 나를 파괴하는 대신 오히려 나를 구해냈다. 당연히 이것은 좋은 해답이 아니었지만 어쨌든 생각해볼 만한 해결책이었다. 여직원은 나를 다시 병원의 안전함으로 돌려보내고, 이런 식으로는 계획이 이루어질 수 없음을 주변에 알렸다. 우리는 새로운 것 혹은 새로운 방식을 시도해봐야 했다.

그리고 우리는 새롭게 도전했다. 쉬지 않고 계속해서. 시간이 흐르면서 계획은 변했다. 예컨대, 우리는 어느 정도 시간이 지난 뒤에 보건학 기초 과정을 빼고, 야간 학교에서 진행하는 일종의 전문대학 입학자격 과정에 집중했다. 내가 이랬다저랬다 하면서 포기할 때도 있었지만, 목표는 항상 일정했다. 어떨 때는 모든 것이 순조롭다가 다시 잘못될 때도 있었고, 어떨 때는 아예 아무것도 하지 못할 때도 있었다. 시간이 지나면서 나는 올바른 시점을 굉장히 존경하게 됐다. 적당한 조치를 잘못된 시점에 취하면, 그냥 잘못된 조치가 되어버린다. 때로는 무르익도록 가만히 내버려둬야 하는 것도 있다. 나는 이전에 '편안하게 잠자는 시설'에 강제 입원되기 전에도 학교에 가보려고 했고, 그림 강좌도 들었다. 좋은 시도였지만 제대로 계획이 세워지지 않았고, 시점도 잘못되었기 때문에 좋은 결과를 가져오지는 못했다. 설령 세상에서 가장 좋은 사과라도 해도 익지 않으면 신맛만 날 뿐이다.

치료 과정의 중요한 부분은, 내가 나의 증상을 이해하고 성숙해질 공간을 주어서 그림과 감정이 적절한 단어를 찾아, 다루기 힘든 그림으로만 머물지 않게 하는 것이었다. 치료의 또 다른 주요 부분은 세상과 그 속에서 나의 역할을 이해하는 데에 중점을 두었다. 병원에서 오래 머물며, 그저 치료 체계의 일부로만 존재하면 사람들은 조금씩 망가진다. 예를 살펴보자. 내가 슬픔 속에서 혼자 외롭게 병원 휴게실에 앉아, 말동무가 되어줄 사람이 있으면 좋겠다고 생각할 때면 늘 한 명의 간호사가 다가와 괜찮은지, 아니면 도와줄 것이 있는지 물었다. 하지만 야간 학교에 다닐 때는 쉬는 시간에 나 혼자라고 느끼고 교실에서 혼자 앉아야 하는 것에 슬퍼해도, 아무도 나에게 다가오지 않았다. 모두가 나를 좋아하지 않거나, 나를 위해 무엇인가를 하고 싶지 않아서가 아니었다. 이것은 정말 쉽게 설명할 수 있다. 평범한 세상에서는 다른 사람과 떨어져 혼자 앉아 있으면, 대개는 방해받고 싶지 않다는 바람을 분명하게 알리는 신호다. 이는 내가 몰랐던 신호였다. 하지만 우리는 이런 상황을 함께 연습하고 대안을 고려함으로써 이를 배울 수 있었다.

다음 단계는 확실히 좀더 불편했다. 나는 대안적 해결 방법을 실제로 시도해보아야 했다. 예를 들면, 쉬는 시간에 다른 사람들이 앉아 있는 테이블에 같이 앉아서, 학교나 날씨 같은 주제로 대화를 나누는 것이다. 그들이 나를 인정하는지를 보기 위해서였다. 물론 처음에는 어려웠다. 하지만 실제로 효과가 있었기 때문에 시간이 지날수록 점점 쉬워졌다. 우리는 이렇게 여러 가지 상황을 실행해보고 세밀히 분석하고 연구했다. 나는 다르게 행동해봄으로써 새로운 해답을 평가할 수 있었다. 어떤 방식이 효과가 좋았고, 어떤 방식이 효과가 좋지 않았나? 어떤 것을 다르게 시도해볼 수 있을까? 이것은 힘든 작업이었지만 효과가 있었다. 성공할 수 있었던 이유는 분명 치료가 내 삶과 평행하게 가는 과정이고, 내가 이제는 스스로 꾸리는 삶을 가진 덕분이었다. 나는 의욕이 넘쳤고 내 곁에는 나와 함께 이런 삶을 위해 일하는 사람이 있었다. 그 밖에도 이번에는 타이밍이 맞았다.

나는 한 걸음 앞으로 나아갈 준비가 되어 있었다.

인간 실존의 세 단계

나는 건강해지고 싶었지만 '건강하다'라는 말의 의미를 어떻게 이해해야 할지는 제대로 알지 못했다. 한 병동에서는 아침에 가끔 환자들에게 "건강해지고 싶으세요?"라고 묻곤 했다. 직원들은 해당 환자들의 참여 상태가 불만족스럽거나, 직원이 옳다고 여기는 무엇인가를 환자가 하지 않을 경우 이렇게 물었다. 나는 이 질문이 너무 싫었다. 건강해지고 싶냐고? 나는 이런 질문을 받으면 항상 그렇다고 대답했다. 달리 뭐라고 대답할 수 있을까? 그러면서도 내가 솔직하지 않다는 느낌이 항상 들었다. 나는 정말 건강해지고 싶었을까?

덴마크 철학자 쇠렌 키르케고르는 인간 실존의 세 단계에 관해 말했다. 첫 번째 단계인 심미적 단계는 쾌락과 심미, 기쁨으로 이루어진 상태다. 좋은 것, 재미있는 것, 아름다운 것, 그리고 지루하지 않은 것을 기준으로 결정이 이루어진다. 이는 육체적 행복에 관한 것이 아니라 예술과 향유에 관한 것이며, 지루함이 생기지 않도록 도울 수 있는 모든 것에 관한 것이다. 키르케고르가 높은 가치가 있다고 여긴 다음 단계는 윤리적 단계다. 사람들은 이 단계에서 윤리적 가치와 평가를 바탕으로 결정을 하며, 도덕적 범주를 신중히 검토하고, 아무리 지루하더라도 의무를 행한다. 윤리적 단계에 있는 사람들은 미와 선에 대해 이야기하지 않고, 정당성과 진실에 대한 시도 쓰지 않는다. 그들은 아무리 힘들거나 지루하더라도 밖에 나가 선을 행한다. 키르케고르가 가장 높은 단계라고 여겼던 세 번째 단계는 종교적 단계다. 키르케고르에 따르면 이것은 가장 어려운 단계라서, 단지 몇 명만이 여기에 이른다. 그는 세 번째 단계를, 마치 매우 깊은 물 위를 배를 타고 가는 일과 같다고 설명했다. 모든 결정과 행동이, 알지 못하고 보이지 않고 입증되지 않는 무엇인가에 대한 맹목적인 믿음과 신뢰에서 기인하기 때문이다. 영혼의 불멸성에 대한 맹목적 믿음으로 독배를 비운 소크라테스 혹은 신의 말이 옳다는 신념하에 자신의 외아들을 희생물로 바치려던 아브라함처럼 말이다.

이런 비유는 왠지 '너 정말 건강해지고 싶어?'와 같은 불편한 질문에 대해 생각하게 한다. 행동해야 한다는 맹목적 믿음으로, 두려움을 일으키는 무언가를 복잡하게 한다. 이것이 올바른 길이라든가 성공을 보장한다는 어떠한 증거도 없이. 이것이 항상 똑같은 효과를 내지 않는 상황을 보면서도, 그리고 이것이 상처가 되는데도 그냥 해버리고, 계속 참는다. 맹목적인 신뢰. 아무런 증거도 없이. 확신하건대, 나는 키르케고르가 말한 세 번째 실존의 단계에는 절대 이르지 못할 것이다. 나는 나 스스로가 굉장히 단순화시킨 버전의 단계조차 굉장히 어렵다는 것을 안다. 중간에 직업을 바꾸기란 쉽지 않다. 또한 무엇이 나를 기다리고 있는지, 도대체 내가 무엇을 위해 그토록 열심히 하는지, 언젠가 목표를 이룰 날이 올지를 확실히 알지 못하는 것도 세 번째 실존의 단계에 오르는 것을 힘들게 한다.

'환자'라는 직업을 가진 사람들

환자도 직업이다. 환자라는 직업을 가진 사람도 모든 다른 직업을 가진 사람들처럼 시간이 가면서 발전한다. 나는 이미 몇 년 동안 아팠다. 어른이 되고 나서는 물론이고 그전에 청소년기에도 환자로 살았다. 내가 지금의 직업을 결정한 것은 이것 때문이라고 이해했다. 내 인생의 많은 부분은 내가 환자였다는 사실에 기반을 두고 있다. 아팠기 때문에 내게 집이 생겼고, 아팠기 때문에 '지원금'이라는 돈을 받았다. 내가 통달했던 사회적 규칙은 질환에 기초를 두었다. 병동이든 주간 보호소든 복귀 프로그램이든 간에, 내가 낮에 했던 일의 출발점은 진단이었다. 나는 아팠기 때문에 내면에서 들리던 목소리는 물론, 사회적 네트워크와 간호사들 그리고 간병인들까지 곁에 있었다. 내가 건강해지면 이 모든 것을 잃게 되리라 상상했다. 다른 경험을 해본 적도 없고, 내가 많은 것을, 가지고 있던 것보다 훨씬 더 많은 것을 받았기 때문이다. 나는 이것을 상상할 수 없었다. 그래, 나는 이것을 믿을 수 없었다. 그래도 나는 찬물로 무턱대고 뛰어들어 헤엄쳐야만 했다. 나는 약간 용기가 났다. 하지만 아주 조금만.

나는 신이 있다고 믿고, 가끔 교회에도 간다. 한번은 내가 아직 아픈 상태였을 때, 교회에 있던 사람들이 아픈 사람을 위해 기도를 했다. 하지만 몇몇 사람이 앞으로 나가 신앙 고백을 할 때 나는 이것이 도대체 무슨 의미가 있을까 생각했다. 나는 신앙 고백을 하지 않았다. 게다가 전체 분위기가 너무나 들떠 있었다. 대신 나는 기도를 했다. 내가 어디에 있든 신은 내 기도를 들을 수 있을 거라고 생각하면서. 나는 내가 건강해지기를 원하기는 해도, 사실 그렇게 되는 것이 엄청나게 두렵다고 기도했다. 그래서 나를 다시 건강하게 만들어주되, 되도록 천천히 건강해지게 해달라고 빌었다. "저는 너무 빨리 건강해질 자신이 없습니다."

내가 다시 건강해지는 데는 오랜 시간이 걸렸다. 믿지 못하겠지만 정신질환은 그나마 잘 알려진 병이기 때문에, 이 병에 걸렸다는 사실을 알게 되면 약간의 안도감을 느끼기도 한다. 나는 다행히 이 점을 이해하는 치료사를 만났다. 그녀는 마치 오슬로 시내의 전화번호부만큼 두꺼운 내 증상과 병력, 환자 차트를 보고는, 다른 사람들이 나를 건강하다고 여길 때까지 어느 정도 시간이 필요할 거라고 했다. 이 말에 나는 안심했다. 나에게 아직 시간이 있다는 말이었기 때문이다. 그 외에도 내가 무서워하는 것이 무엇인지를 치료사가 말해준 것도 정말 좋았다. 스스로 다시 완전히 건강해졌다고 느끼려면 아직 한참 남은 것 같은데도, 자칫 병이 호전된 기미를 보이면 우리가 속한 체계에서는 유감스럽게도 치료받을 권리를 잃고 퇴원을 당하게 된다. 의사가 누군가를 괴롭히려 하거나 멍청해서가 아니라, 한 환자에게 나눠주는 치료 시간은 결국 또 다른 사람을 도울 수 있는 시간이기 때문이다. 다행히 모든 곳이 그렇지는 않다. 몇몇 병원에는 적어도 도움이 너무나도 절박하게 필요한 환자를 위해 장기간 보호를 제공할 자리가 충분히 있다. 아직 환자였을 때 나는 항상 내 상태가 조금이라도 나아지면, 혹시라도 보호 조치를 잃을까봐 두려웠다. 이제 내가 심리학자가 되어 다른 환자들에게 물어보자, 그들도 비슷한 반응을 보였다. 그래서 나는 가끔씩 물어본다. 치료 과정이 효과를 보이면 치료를 계속 진행할지에 대해 사람들의 의견이 일치할 경우, 보호자와 환자 사이에서 일하는 것도 쉬워진다.

마지막으로 응급실로 실려 갔을 당시, 나는 그때가 마지막이리라고는 전혀 예상하지 못했다. 나는 모든 것이 정말 끝났다고만 믿었다. 상황이 약간 좋아졌을 때였다. 나는 파트타임 일자리를 구했고, 더 이상 약도 먹지 않았으며, 무엇인가 이성적인 일을 하려고 노력했지만, 결국 다시 침대에 결박당했다. 모든 것을 포기하고 싶었다. 더 이상 방법이 보이지 않고 죽고만 싶었다. 내가 했던 일들이 모두 수포로 돌아갔기 때문이었다. 아무리 열심히 일하고 많이 노력했어도 말이다. 항상 목소리와 혼란과 안개가 살아났고, 나는 내 감각을 다시 믿지 못했다. 나는 결국 침대에 달려 있는 끈이 모든 것을 정리하고 맡아줄 때까지 혼란 속에 갇혀버렸다. 모두 쓸모없었다. 나는 그렇게 믿었다. 이번이 마지막이라는 사실을 몰랐기 때문이다. 그때가 정말 마지막이었다는 것을 깨닫기까지 수년이 걸렸다. 나는 다시 그곳으로 돌아가지 않았다. 하지만 그 당시에는 그걸 몰랐다.

사람에 따라 변화가 중요하다. 내게는 건강해지기 위해 일을 하는 것이 중요하고, 올바른 조치였다. 분명 모든 사람에게 이것이 맞지는 않을 것이다. 이 점을 기억해두어야 한다. 내가 조현병에 걸렸을 때 사람들은 이 병이 만성적이라면서, 내가 다시 건강해지는 일은 없을 거라고 했다. 병이 진행되면서 이런 말을 반복적으로 들었다. 바로 이런 이유 때문에 어떤 사람은 알약을 만드는 일에 적합한 것이다. 하지만 내게는 알약 만드는 일이 전혀 좋은 조치가 아니었다. 희망이 보이지 않는 일에 계속 집중하는 것은 나에게 해를 입히기 때문이다. 그래서 아무리 심각한 진단을 받더라도 사람들에게 회복 가능성이 있다고 믿음을 주고, 희망을 퍼뜨리는 일이 굉장히 중요하다. 아팠을 때 나는 이런 희망이 얼마나 소중한지를 스스로 깨달아야 했다. 그래서 이제는 내가 사람들에게 이런 희망을 전달하고 싶다.

내가 다시 건강해질 수 있었던 것은 정말 큰 행운이었다. 이런 일이 가능했던 것에 깊은 감사를 드린다. 이런 감사함에는 내가 져야 했던 것보다 더 큰 짐을 지고 있는, 건강해지지 못한 모든 사람에 대한 이해와 존중, 경외심이 들어 있다. 다른 병들도 마찬가지다. 어떤 사람들은 말기암에 걸렸어도 치료가 된다. 병에 걸렸어도 오래 사는 사람이 있는가 하면, 매우 빨리 죽는 사람도 있다. 조현병의 경우에도 마찬가지다. 어떤 사람은 내내 심한 증상에 시달리고, 어떤 사람은 자살을 감행하기도 하고, 어떤 사람은 사고로 죽기도 한다. 반면 어떤 사람들은 굉장히 오랜 시간 병을 잘 다스리며 살아가기도 하고, 놀랍게도 다시 건강해지기도 한다.

건강하기를 바라는 사람은 그 희망이 현실적이든 아니든 희망을 품을 권리를 가져야만 한다. 지금은 이미 결과를 알기 때문에, 내가 다시 건강해질 가능성을 품고 있었다고 쉽게 말할 수 있다. 하지만 내가 방에서 완전히 세상을 등진 채 벽지를 뜯어 먹을 때는 이렇게 믿은 사람이 거의 없었다. 현실적인 계획에는 희망이 필요 없다. 그것은 현실주의에서 기인한다. 하지만 모든 것이 까맣고, 가망이 없어 보일 때는 희망이 필요하다. 실현되는 꿈도 있고, 실현되지 않는 꿈도 있다. 내가 아직 어린 사춘기 소녀이고 학교에 다닐 무렵에는 심리학자가 되고 싶었다. 노벨상도 타고, 오페라극장에서 발레도 추고 싶었다. 현재의 나는 발레리나도 되지 못했고, 노벨상을 탈 생각은 아예 못 한다. 하지만 나는 심리학자가 되어 만족스럽게 살고 있다. 잘 살기 위해 반드시 모든 꿈을 이룰 필요는 없다. 하지만 꿈을 꿀 권리는 주어져야 한다.

'터널 끝에 빛이 있다'는 진부한 말

연못의 다른 오리에게 따돌림을 당하지만 나중에 품위 있는 백조로 자라는 오리에 대한, 한스 크리스티안 안데르센의 『미운 오리 새끼』는 종종 내용이 축약되어 소개될 때가 많다. 어린 시절 우리 집에 있던 안데르센의 동화책에는 "길고 혹독한 겨울이 왔습니다. 오리들은 어려운 시기를 견뎌야 합니다"라고 쓰여 있었다.

기나긴 겨울에 대해 딱 한 문장이 적혀 있을 뿐이었다. 하지만 사실 안데르센은 여러 장에 걸쳐 겨울을 묘사했다. 안데르센은 오리가 어떻게 기만당하고 이용당했는지, 얼마나 많은 위험에 처했는지를 길게 이야기했다. 무엇보다 오리가 얼음 속에 갇혀 얼었을 때 착한 농부를 만나 구출됐다는 문장은 너무나 아름답다. 농부는 오리를 집으로 데려가 난로 앞에 앉히고 몸을 녹여주었다. 농부의 아이들이 오리와 놀려고 하자, 오리는 아이들이 자기를 괴롭힐까봐 무서웠다.

오리는 푸드덕거리며 날다가 우유통에 부딪히는 등, 집 안을 온통 뒤집어놓은 뒤에 문틈으로 도망갔다. 세상에서 오랫동안 나쁜 일을 겪은 사람은 좋은 것이 있어도 쉽게 알아보지 못한다. 또한 정말 오랫동안 아무도 자신을 믿어주지 않았다면, 자신조차 스스로를 믿는 것이 힘들어진다.

마침내 봄이 다시 찾아오자 오리는 위풍당당한 백조 세 마리가 헤엄치고 있는 작은 호수를 찾았다. 오리는 그들에게 감탄하고 말았다. 하지만 곧이어 백조들이 자기를 무시하거나, 심지어 죽일 수도 있다고 생각했다. 그럼에도 오리는 자기가 겪어온 겨울을 한 번 더 견디느니, 차라리 이렇게 아름다운 새들한테 죽임을 당하는 편이 낫다고 생각했다. 오리는 백조들이 자기를 인정할 거라고 믿어서가 아니라, 그들이 자기를 죽여줄 거라고 기대하면서 백조들에게 헤엄쳐 다가간다. 현실에서는 이런 것을 자살 시도라고 말할 것이다. 하지만 백조들이 오리를 죽이지 않았기 때문에 오리의 계획은 무산된다. 백조들이 자기를 공격하고 업신여기기를 기다리면서, 오리는 수치심과 두려움에 떨며 고개를 숙이고 물에 비친 자기의 모습을 본다. 백조들은 오리를 죽이지 않고 자신들 무리에 끼워주었다. 그제야 오리는 스스로를 보고는, 자신이 미운 오리 새끼에서 백조가 된 사실을 깨달았다.

그렇다. 세상이 슬프기만 하고, 오랫동안 절망 속에서 살다 보면 다시 세상에 발을 들여놓고 스스로에 대한, 세상에 대한, 그리고 사람들에 대한 모든 기대를 뒤집어버리는 일은 큰 변화(시작)다. 이런 것은 사람들을 많이 혼란스럽게 할 수 있다. '터널 끝에 항상 빛이 존재한다'라는 말은 너무 진부하다. 나는 지금은 깜깜하게 보이더라도 저 멀리 빛이 있다는 말을 자주 들었다. 운전을 할 때 나는 눈부심의 위험에 대해 말하는 사람은 한 번도 본 적이 없다. 어두운 곳에서 갑자기 밝은 햇빛 속으로 나오면 눈이 부시기 때문에, 터널 출구가 사고 다발 지역이라는 사실은 잘 알려져 있다. 물론 햇빛이 있는 곳에서 운전하는 일이 더 어렵다는 의미가 아니다. 나는 갑작스러운 변화가 충격이 될 수도 있다는 말을 하고 싶은 것이다.

멸시와 차별,
그리고 친절

나는 수년간 매일 돈을 받는 조력자들에 둘러싸여 살았다. 인생의 여섯 내지 일곱 해 동안 직계가족을 제외하고는 누구도 무료로 나와 함께 있어주지 않았다. 이것은 당연히 나의 자아상에 영향을 미쳤다. 이런 유료 간병인들 중에는 잘난 체하거나, 관심 또는 배려심이 없는 사람도 몇몇 있었지만 대부분은 그렇지 않았다. 거의 모든 사람이 환자를 존중하는 마음과 이해심을 보여주었고, 전문성을 갖추었거나 적어도 갖추려고 노력했다. 그들은 내 자존감을 키워주려고 애썼다. 그리고 내가 가치 있고, 매우 특별한 사람이라는 등 좋은 말을 해주었다. 이런 말이 특별히 도움을 주지는 않았지만, 실제로 이들이 나와 함께 있는 매 순간을 위해 내가 돈을 지불해야 한다면, 간병인과 치료사가 아무리 좋은 말을 해주어도 소용이 없을 것이다. 그들은 한 번도 공짜로 무엇인가를 준 적이 없다.

시간 외에 추가적으로 일을 하면 다음번에는 정확하게 그만큼의 시간을 줄였다. 그러니 그들이 나에게 했던 말이 얼마나 가치가 있을까? 그러니 내 가치는 도대체 얼마나 될까에 대해 생각을 안 해볼 수가 없었다. 나는 마치 돈을 받고 일하는 사람들과 대화를 하고 그들의 관심을 사려는 고객처럼 느껴질 때가 많았다. 굴욕적으로 느껴지기는 했다. 그래도 그들에게는 그 일이 돈을 벌어주는 안정된 직업이니 어쩌겠는가. 돈을 받는 조력자들은 계속 도울 사람이 있는 한, 안정된 직업을 가졌다. 나는 그들이 나에게 관심을 두거나 나를 좋아하거나 소중한 사람으로 존중했다고는 생각하지 않지만, 그들로부터 거부당하거나 배제당했다고도 생각하지 않는다.

여러 해가 지난 뒤 다시 밖으로 나와서 사람들이 나와 함께 있으려고 한다고, 그것도 단지 흥미와 재미가 있어서 자발적으로 있으려고 한다고 믿는 것은 엄청난 과정이었다. 어떻게 믿을 수 있겠는가. 이 딜레마를 없애기는 쉽지 않다. 공공기관 직원들은 공무원이기에 공과 사를 정확히 구분해야 하기 때문이다. 더는 인간이 아니라고 느껴질 만큼 정확하게는 아니더라도, 공과 사가 서로 섞이지 않을 정도는 구분해야 한다. 장기적으로는 그것이 환자와 환자를 관리하는 사람을 위해 최상이라고 믿는다. 치료를 받으러 오는 환자는 바로 치료를 받을 권리가 있다. 치료에 방해가 될 만한 우정이나 사생활이 끼어들면, 치료는 순식간에 너무도 복잡해진다. 하지만 "나는 네가 좋아. 우리가 다른 상황에서 만났더라면 분명 친구가 되었을 거야. 하지만 여기서는 안 될 것 같아. 나는 네 건강과 치료에 신경을 써야 할 의무가 있거든"이라고 말하는 것처럼, 각자의 역할을 좀더 명확하게 해야 하는 경우, 이런 딜레마를 주제로 삼아서는 안 된다는 의미는 아니다. 이런 것이 모든 문제를 해결해주는 것은 아니지만 말이다. 모든 문제를 똑같이 쉽게 풀 수 있는 것은 아니다. 하지만 문제에 대해 말은 할 수 있다.

과거에 환자였던 사람이 다시 사회에 발을 내딛을 때 부딪치는 다른 문제는 낙인과 차별이다. 사람들은 내적으로뿐만 아니라 외적으로도 차별을 당할 수 있기 때문에 이것도 역시 이중적 문제다. 다르다는 이유로 다른 사람들이 환자였던 사람들을 깔볼 수도 있다. 하지만 환자였던 사람들 스스로도, 실제로 있지도 않은 뭔가를 보는 것 때문에 멸시를 받을지도 모른다는 두려움을 키울 수 있다. 브렌다 메이저Brenda Major와 제니퍼 크로커Jennifer Crooker는 1993년 진행한 연구에서 실험 대상자들의 얼굴을 크고 흉측한 상처가 난 것처럼 분장하게 했다. 이들은 거울로 자신의 모습을 본 다음에 다른 사람을 만나 대화를 나눠야 했다. 참가자들이 사람들을 만나기 직전에 화장을 해준 사람은 피부를 '보호'한다는 명목하에 보습 로션을 한 번 더 발라주는 척하면서, 그들이 눈치채지 못하게 상처를 전부 지웠다. 참가자들은 그다음에 다른 사람들과 대화를 나누러 갔다. 연구자들은 참가자들과 다른 사람들이 대화를 나누는 과정을 녹화했다. '상처'가 완전히 지워졌기 때문에 눈에 띄는 결함이 전혀 없었는데도, 몇 명은 대화 상대자가 자신을 확실히 차별하는 것이 느껴졌다고 보고했다. 이들은 심지어 대화 상대자가 자신에게 굴욕감을 주려고 어떤 말과 행동을 했는지까지 재현했다. 이들은 실제로 어떤 결함 때문이 아니라, 단지 차별을 당할 수 있는 어떤 집단에 속해 있다는 믿음만으로도 차별당한다고 느꼈다. 백조가 자기를 죽일 거라고 믿었던 '오리 새끼'나, 자발적으로는 어느 누구도 나와 함께 있지 않을 거라고 믿은 나도 마찬가지였다. 사람들은 어떤 것을 분명히 '안다'고 믿지만 그것이 반드시 옳다는 보장은 없다.

그렇다고 정신질환을 앓는 사람에 대한 차별이 없다는 뜻은 아니다. 차별은 존재한다. 내 과거에 대해 무엇인가를 알기 때문에 어떤 사람은 나를 나쁘게 혹은 부적절하게 대했다. 하지만 이것은 어디까지나 예외에 속한다. 내 병에 대해 알게 된 동료를 포함한 대부분의 사람들은 긍정적이고 인간적이며 전문적으로 반응했다. 놀라고 당황하고 불안해한 사람도 있었지만 대부분은 친절했다. 그렇다고 해도 차별은 있다. 대부분은 좀더 간접적인 방식으로 나타난다. 즉, 내가 다시 건강해지는 것을 거부하려는 듯한 고정적인 관점을 통해 드러나는 것이다. 이런 차별은 보통 "너 아직 아프잖아"와 "네가 언제 아팠어?"라는 두 가지 형태로 드러난다. 나는 이런 표현 방식들을 좋아하지 않는다.

"너 아직 아프잖아"라는 말은 내가 함께 시간을 보내고 싶어 하는, 친절하고 호감이 가는 사람들이 자주 하기 때문에 나는 이런 말을 들으면 대체적으로 놀라게 된다. 나를 사람으로, 그리고 전문가로 평가한다고 공공연히 말하는, 겉보기에 진실한 사람들이. 하지만 이렇게 말하면서 그들은 내가 어떤 약을 복용하는지, 환영과 실재를 구별하기 위해 어떤 특별한 전략을 사용하는지, 다시 병들지 않기 위해 어떤 행동 규칙을 따르는지 등을 갑자기 물어온다. 이런 질문을 받았을 때는 웃지 않고 그냥 넘기기가 굉장히 힘들다. 가끔은 내가 매우 잘 짜인 계획에 따라 살아간다고 대답해주곤 한다. 하지만 이런 것은 내 스타일이 아니다. 훌륭하게 짜인 계획에 따라 사는 사람으로 내 모습을 상상하는 일은 왠지 너무 낯설고 멀다. 물론 약이나 환각 증상에 관한 질문도 마찬가지다. 나는 약을 먹었을 때와 조현병에 걸렸을 때 어떤 느낌이었는지 잘 안다. 이런 상태는 지금 나의 삶과 직업과 일치시킬 수 없다.

두 번째로 "네가 언제 아팠어?"라는 말은 내가 조현병에 걸린 일이 아예 없고, 다만 오진이었을 뿐이라고 주장하는 사람들이 하는 말이다. 나는 그들에게 "진단을 내리는 일은 현재 내 일과 중 한 부분이에요"라고 대꾸한다. 기억을 더듬어 당시 내 상태를 조현병에 대한 진단 범주와 비교해보면, 그때 내려졌던 진단은 매우 정확했다고 판단된다. 무엇보다 진단을 내린 사람은 조현병과 진단에 대해 제대로 잘 아는, 그 분야에서 전문가로 통하는 학자였다. 하지만 이미 말했듯이 진단은 자연적인 범주가 아니므로, 항상 의심이 가는 사례와 겹치는 부분이 있기 마련이다.

당연히 진단이 틀린 경우도 있다. 하지만 내 경우가 그랬다면 내가 훨씬 좋은 상태가 되었을 때까지 아무도 이를 눈치채지 못했다는 말이 된다. 그러면 '잘못된' 진단을 받고도 아직 이를 알아차리지 못한 사람들이 많을 수도 있다는 의미가 된다. 내가 아팠을 때 나는 조현병이라는 진단을 받았다. 내가 다시 건강해질 때까지 나에게 진단이 잘못되었을 수 있다고 말한 사람은 아무도 없었다. 어떤 사람은 내가 건강하다고 말했고, 또 어떤 사람은 내가 절대 다시 건강해질 수 없다고 말했다. 이것은 문제다. 나는 조현병 환자 중 3분의 1이 다시 건강해질 수 있고, 3분의 1은 조현병 진단을 받았어도 잘 살 수 있으며, 나머지 3분의 1은 평생 심한 증상을 앓을 수 있음을 증명한 연구를 여러 번 보았다. 이런 사실에도 조현병은 여전히 밖으로 빠져나올 수도 없고, 안으로 들어갈 수도 없는 상자에 비유된다. 영원히 상자 속에 갇혀 있거나, 아니면 아예 들어가지 못한다는 것이다. 이런 말을 들으면 화가 난다. 사실이 아니기 때문이다. 이런 말은 삶에 해를 끼칠 만한 견해에 사람들을 가두어놓는다. 삶은 발전이다. 철학자 헤라클레이토스는 같은 강물을 두 번 건널 수는 없다고 말했다. 두 번째로 강물에 들어갈 때는, 강은 물론 사람도 이미 다르기 때문이다. 자신을 발전시키고 변화시키고 건강하게 만드는 일은 허용되어야 한다. 이는 이미 충분히 어렵다. 이것에 추가적으로 치료가 불가능하다는 단정을 더함으로써, 우리를 더 힘들게 하는 보건학 따위는 필요하지 않다.

이제 모든 것이 지나갔다

"잘 지내?"라고, 사람들이 가끔 내게 묻는다. 나는 잘 지낸다. "언젠가는 완전히 지나가겠죠? 다시 완전히 건강해질 수 있나요?"라며 알고 싶어 하는 사람도 있다. 하지만 어려운 질문이다. 병은 사라졌다. 나는 지금 건강하고, 다시 정신이 이상해질 거라는 두려움도 없다. 나는 건강해지는 일은 학습 과정이라고 생각한다. 이를테면 자전거를 타거나 글자를 읽는 것처럼 한 번 배우면 정말 무슨 일이 일어나지 않는 한, 잊어버릴 수가 없다. 나는 내가 언젠가 다시 머릿속에서 울부짖는 목소리를 듣고, 뒤죽박죽된 감각으로 끝없는 혼돈에 빠지고, 결코 나 자신이나 세상을 이해하지 못하는 상태로 돌아갈 거라고는 믿지 않는다. 이제 모든 것이 지나갔다. 나는 이제 이해할 수 있다. 산타 할아버지의 수염을 아래로 내리고 사실은 아르네 삼촌이 산타 할아버지라는 것을 한번 확인했다면, 계속해서 산타 할아버지의 존재를 믿기는 어렵다. 다시 말하지만 병은 지나갔다.

하지만 내 이야기는 당연히 항상 존재할 것이다. 나는 수많은 상처의 훈장을 얻었다. 팔과 다리, 그리고 영혼에 많은 상처가 났다. 때로는 "내가 나에게 정말 혹독한 짓을 했구나"라며 안타까워하기도 한다. 강제치료로 인한 상처는 가끔 밤잠을 설치게 한다. 내 몸이 그때 겪은 일로 계속 고통스러워하기 때문이다. 지금은 횟수가 줄었지만 가끔 악몽을 꿀 때도 있다. 내 이야기에는 여전히 많은 틈이 있다. 노르웨이의 국왕 올라프 5세가 서거했을 때 내가 어디 있었는지를 누군가 물은 적이 있다. 나는 당시에 독방에 격리되어 있었다. 나는 걸프 전쟁이 일어났을 때도 텔레비전에서 아무것도 보지 못했다. 동계 올림픽이 열렸던 릴레함메르와 굉장히 가까운 곳인 에이드스볼에 있었지만, 약을 복용한 탓에 무엇을 기억할 만한 상태가 아니었고, 올림픽 경기를 보러 간 적도 없었다. 내가 반드시 알고 있어야 하지만 경험하지 않았기 때문에 알지 못하는 일들이 있다. 마찬가지로 내가 알지만, 어쩌면 더 잘 알지는 못하는 일들도 있다. 예컨대, 수갑이 채워진 채 자동차에 앉아 있던 일을 알지만, 어떤 느낌이었는지 혹은 유리 섬유가 어떤 맛이었는지 같은 것은 잘 모른다.

내가 상상했던 내 삶은 전혀 이렇지 않았다. 어떤 것은 영원히 달라져서 삶의 방향을 완전히 다른 곳으로 틀어버렸다. 가끔은 고비를 넘긴 사람들이 예전 일을 돌아보면서 그때가 전혀 그립지 않다고 말하곤 한다. 나는 그런 말을 할 수 없다. 나는 내 인생이 얼마나 끔찍하고 절망적으로 보였는지를 아직도 기억한다. 내가 얼마나 멍청한 짓을 많이 했는지, 내가 나와 내가 좋아하던 사람들에게 도대체 무슨 일을 저질렀는지도 안다. 상황이 얼마나 쉽게 나빠질 수 있는지도, 내가 아직도 살아 있는 것이 믿을 수 없을 만큼 큰 행운이라는 사실도 안다. 그래, 내게 만약 선택권이 있었다면 나는 이런 고통을 피하고 싶어 했을 것이다. 내가 그런 선택을 할 수 없었던 것은 그래서 정말 다행이다. 나는 남들이 결코 얻을 수 없는 기회를 통해 많은 것을 배웠기 때문이다.

내가 좀더 나은 사람이 됐는지는 잘 모르겠다.

하지만 대신 좀더 좋은 심리학자가 됐다는 것에는 확신이 선다.

내 이야기가 대체 가능하고 일반적이기 때문이 아니라, '그들'과 '우리'가 없다는 것을 내 경험을 통해 알게 됐기 때문이다. 우리는 모두 다른 동시에 근본적으로 모두 같다.

흠, 언젠가는 완전히 지나가겠지? 지금 나는 아주 잘 지내고 있다. 나는 훌륭하고 풍족하며 완전한 삶을 살고 있다. 기쁠 때도 있고 슬플 때도 있다. 어떨 때는 사람들이 지금의 내 모습 그대로가 아니라, 나에게 한 번 내려졌던 진단을 근거로 나를 평가하는 것을 경험하며 상처받는다. 때로는 완전히 다른 일로 상처를 받거나 슬퍼지기도 한다. 나는 비가 오면 빗속에서 비를 맞기도 한다.

항상 모든 날이 즐겁지만은 않다. 하지만 나는 건강하다.

나는 나만 쓸 수 있는 냉장고가 있어서 무엇을 요리할지 결정할 수 있는 것이 좋다. 마음이 이끄는 대로 빗속으로 들어갈지, 아니면 햇빛 속으로 들어갈지 혼자서 생각할 수 있는 것이 굉장히 좋다. 아침마다 피곤하긴 해도 차를 타고 가야만 하는 직장이 있어서 너무나 감사하다. 나는 흥미진진한 일을 맡고 있고, 친절한 사람들에 둘러싸여 있으며, 계획과 꿈, 내가 즐겨하는 일들이 있다. 나는 삶다운 삶을 살고 있으며, 아주 잘 지낸다.

알프 프뢰위센Alf Prøysen은 '내일 찾아오는 하루'에 대해 말한 적이 있다. '빈 종이와 색연필이 가득 들어 있는 상자'와 함께 새로 시작하는 날에 대해서. 내 종이는 비어 있지 않다. 내가 10주 동안 독방에 웅크리고 앉아 있을 때 바라본 세상은 완전히 절망적이었다. 고립되어 있는 사람에게 10주는 정말 길다. 이 두 달 반의 기간은 크리스마스에서 부활절 사이의 시간이다. 너무나 길다. 간호사와 간병인이 내 옆에 앉아 있다고 해도 그뿐이었다. 이들은 단지 그곳에 앉아서 나를 지켜봤다. 나와 말을 나누는 것도 허용되지 않았다. 다행히 모두가 그대로 규칙을 따르지는 않았다. 이런 사람들이 삶을 조금은 견딜 수 있게 해주었다. 하지만 그래도 마음이 아팠다. 나는 독방에 있을 때조차 심하게 자해를 했다. 내가 그러지 못하게 하려고 간호사는 손가락에서 어깨까지 모두 붕대로 칭칭 감아놓았다. 이 순간 나는 내가 소유했던 모든 것을 잃었다. 내 손가락에 대한 권리까지도. 나에게서 빼앗아갈 것이라고는 더 이상 남지 않았다. 모든 것이 너무나 절망적이었고 나는 진심으로 죽을 수 있기를 바랐다. 더 이상 살아갈 가치가 있는 삶이 없어졌기 때문이다. 나에게 미래는 없었고 삶은 파괴됐다.

이 순간에 한 간병인이 침묵을 깨고, 나와 이야기를 나누었다. 그는 스케치북을 가져와 종이 한가운데에 까만 네모를 커다랗게 그렸다. 그다음에 그림과 색연필 몇 자루를 나에게 건네고는 그림을 완성해달라고 부탁했다. 내 첫 번째 반응은 그에게 아무것도 주지 않는 것이었다. 나는 나를 배신하고 싶지 않았다. 그가 까만 네모 뒤에 무엇이 숨어 있는지를 알아내기 위해, 나를 대상으로 실험을 해서는 안 된다고 굳게 믿었다. 나는 굉장히 많은 것을 잃었다. 그러니 이제 나도 조금은 무엇인가를 간직해야만 했다. 이렇게 생각하면서도 나는 색연필을 쥐고 그림을 그리기 시작했다. 손이 붕대에 묶여 있어서 쉽지는 않았지만, 색연필을 두 손바닥 사이에 끼우면 어느 정도는 괜찮았다. 나는 이런 방법으로 종이에 색깔을 입혀갔다. 피처럼 붉은 원과 양처럼 회색인 사각형, 외로운 파란색의 삼각형, 봄의 초록색으로 그려진 물방울, 사자처럼 금색인 반달. 나는 계속 그림을 그려갔다. 마침내 종이는 전체가 온갖 색깔과 모양으로 가득했고, 까만 네모는 그림의 작은 일부가 됐다. 나는 종이를 간병인에게 다시 주었다. 그러자 그는 그림을 보면서 미소를 지었다. 간병인은 "내가 네 그림을 망쳤구나, 아른힐"이라고 말했다.

"종이 한가운데에 모든 것을 망가뜨릴 까만 네모를 커다랗게 그려놓다니. 그것도 먹으로 말이야. 네가 지우지도 못하게. 그 네모는 아직 그곳에 있어. 하지만 너는 이제 그 네모가 포함된 무늬를 하나 그렸어. 이제 네모는 더 이상 밉지 않고, 그 무엇도 망칠 수 없어. 이 네모는 알록달록한 전체의 자연스러운 일부가 됐어. 너도 네 인생을 이 그림처럼 만들 수 있어."

나는 그렇게 했다. 내 페이지는 비어 있지 않다. 네모는 여전히 그곳에 있지만 아무것도 망가뜨리지 않는다. 이것은 전체의 일부며, 내 인생의 일부다. 긴 시간이 걸렸지만 우리는 해냈다. 그리고 나는 모든 색깔을 전부 사용했다.

참고문헌

- Atkinson, R. L., Atkinson, R. C., Smith, E. E., Bem, D. J. & Nolen-Hoeksema, S. (1996). *Hilgard's Introduction to Psychology*. Orlando: Harcourt Brace College Publishers.
- Bentsen, H. (1998). *Predictors of expressed emotion in relatives of patients with schizophrenia or related psychoses*. Doktorgrad. Oslo: Medisinsk fakultet.
- Bjerke, André. (1982). *Moro-vers*, Oslo.
- Brickman, P., Rabinowitz, V. C., Karuza, J., Coates, D., Cohn. E. & Kidder, L. (1982). *Models of helping and coping*. American Psychologist: Journal of the American Psychological Assosiation, 37 (4), 368–384.
- Dahl, A. A., Eitinger, L., Malt, U. F. & Retterstøl, N. (2000). *Lærebok i psykiatri*. Oslo: Universitetsforlaget.
- Dahl, A. A., et al. (1994). *Lærebok i psykiatri*. Oslo: Universitetsforlaget.
- Green, Hannah. (1973). *Ich hab dir nie einen Rosengarten versprochen*. Stuttgart: Radius.

- Knardahl, S. (1998). *Kropp og sjel. Psykologi, biologi og helse.* Oslo: Universitetsforlaget.
- Lagerlöf, Selma. (1960). *Keiserinnens skattkiste.* Legender og historier, norsk overs. Finn Halvorsen, Oslo.
- Major, B. & Crocker, J. (1993). Social stigma. I D. M. Mackie & D. L. Hamilton (Red.), *Affect, cognition, and stereotyping.* (S. 345–368). San Diego: Academic Press.
- Markus, H. & Ruvolo. A. (1989). Possible Selves: Personalized Representations of Goals. I Pervin, L.A. (Red.), *Goal Concepts in Personality and Social Psychology.* New Jersey: Lawrence Erlbaum Associates, Publishers.
- Scott, R. A. (1981). *The Making of Blind Men. A Study of Adult Socialization.* New Brunswick: Transaction Books.

나는 자주 죽고 싶었고,
가끔 정말 살고 싶었다

초판 1쇄 발행 2020년 5월 20일
초판 4쇄 발행 2022년 8월 19일

지은이 | 아른힐 레우뱅
옮긴이 | 손희주

발행인 | 박재호
편집팀 | 김선경, 강혜진, 이복규
마케팅팀 | 김용범, 권유정
총무팀 | 김명숙

디자인 | 이경란
교정교열 | 윤정숙
종이 | 세종페이퍼
인쇄·제본 | 한영문화사

발행처 | 생각정원
출판신고 | 제25100-2011-000320호
주소 | 서울시 마포구 양화로 156(동교동) LG팰리스 814호
전화 | 02-334-7932 **팩스** | 02-334-7933
전자우편 | 3347932@gmail.com

ISBN 979-11-969574-3-8 (03180)

이 도서의 국립중앙도서관 출판예정도서목록(CIP)은 서지정보유통지원시스템 홈페이지(http://seoji.nl.go.kr)와 국가자료종합목록 구축시스템(http://kolis-net.nl.go.kr)에서 이용하실 수 있습니다.(CIP제어번호: CIP2020011985)